「十一五」期間國家古籍整理重點圖書出版規劃項目
中華人民共和國教育部人文社會科學研究專項任務項目
（項目批准號 01JD770001）
本書的整理編輯出版由廣州市人民政府資助

葉名琛檔案

清代兩廣總督衙門殘牘

第九册（提要）

劉志偉　陳玉環　主編

廣東省出版集團
廣東人民出版社
·廣州·

圖書在版編目（CIP）數據

葉名琛檔案：清代兩廣總督衙門殘牘 / 劉志偉，陳玉環主編.—廣州：廣東人民出版社，2012.12
ISBN 978-7-218-06658-5

Ⅰ.①葉… ②清… Ⅱ.①劉… ②陳… Ⅲ.①檔案資料—中國—清後期 Ⅳ.①K252.06

中國版本圖書館 CIP 數據核字（2010）第 025853 號

YeMingchenDang'an：Qingdai LiangguangZongduYamen Candu
葉名琛檔案：清代兩廣總督衙門殘牘
劉志偉 陳玉環 主编

出 版 人：曾 瑩

選題策劃：戴 和
責任編輯：柏 峰 張賢明 陳其偉
裝幀設計：張力平
責任技編：周 傑 黎碧霞

出版發行：廣東人民出版社
地 址：廣州市大沙頭四馬路 10 號（郵政編碼：510102）
電 話：（020）83798714（總編室）
傳 真：（020）83780199
網 址：http: //www.gdpph.com
印 刷：東莞市本色印刷有限公司
書 號：ISBN 978-7-218-06658-5
開 本：787mm × 1092mm 1/16
印 張：316.25 **插頁：**9 **字數：**6450 千
版 次：2012 年 12 月第 1 版 2012 年 12 月第 1 次印刷
定 價：4800.00 元 (全套定價)

如果發現印裝質量問題，影響閱讀，請與出版社(020-83795749)聯繫調換。
售書熱綫：（020）83790604 83791487 83797157

第九冊 目錄

前言……〇〇一
凡例……〇〇一
全球一體化旋風中的近代中國：從葉名琛檔案談起……黄宇和 〇〇一
第一冊提要（FO931-0001—FO931-0073）……〇〇一
第二冊提要（FO931-0074—FO931-0338）……〇二七
第三冊提要（FO931-0339—FO931-0550）……〇五一
第四冊提要（FO931-0551—FO931-0979）……〇八五
第五冊提要（FO931-0980—FO931-1222）……一三七
第六冊提要（FO931-1223—FO931-1432）……一六一
第七冊提要（FO931-1433—FO931-1666）……一八五
第八冊提要（FO931-1667—FO931-1954）……二一一

前言

「葉名琛檔案」是目前所知僅存的成批傳世的清代總督衙門檔案。在第二次鴉片戰爭中，英法聯軍進攻兩廣總督衙門時，兩廣總督葉名琛從衙門帶出一批文件，這批文件隨葉名琛一起被英法聯軍俘獲，幾經輾轉，最後爲英國國家檔案館（The National Archives）收藏。中國學者歷來對這批檔案懷有濃厚興趣。早在數十年以前，海外的學者已經在整理、利用和研究這批檔案方面，取得矚目的成就，但在相當長的一段時間裏，中國大陸地區的學者都没有條件直接看到並利用這批檔案。1995年，我們在牛津大學訪學期間，曾到位於Kew Garden的英國公共檔案館（Public Record Office，2003年後與其他數個檔案館合併爲「英國國家檔案館」）翻閱這些檔案，爲其中豐富的內容所吸引，同時也爲在國內難以利用這批檔案感到遺憾。後來，我們向廣州市政府申請資助，得市政府大力支持，撥出專款，在廣州市博物館立項，從英國公共檔案館購得檔案縮微膠卷，並委托中山大學歷史系負責整理和研究，編輯影印出版。

在英國國家檔案館中全宗號爲FO931的這批檔案，大部分爲兩次鴉片戰爭之間兩廣總督衙門的官方文件，也有少量是在此期間歷任兩廣總督的私人文件，經歷數次揀選編目，無論是在內容還是形式上都呈零亂之態，幸經龐百騰教授（Prof. David Pong）整理，編撰了完整的目錄，內容稍成系統，使我們得以在較有條理的基礎上進行編輯。鑒於檔案本身的殘缺狀態已不能改變，又考慮到學界多年來已慣於利用英國國家檔案館的編目，爲了與直接在英國國家檔案館裏利用這批檔案的研究者保持一致，我們這次整理出版，不對檔案的編排進行調整和重新編號，只是把由縮微膠卷掃描製成的圖像進行裁切拼接，使這批檔案儘量以較爲整齊的頁面影印成册。同時，爲便於學者利用，我們重新編撰了每份文件的內容提要，另册刊行，以便讀者檢讀。我們所擬的提要，與龐百騰教授編寫的英文目錄有較大的差異，除訂正了其中一些錯漏外，更多的是直接根據或參照文件本身所列的事由撰寫，相對地較少對文件的內容作細節上的描述，希望能够盡可能減少對讀者産生的誤導。

本書的編輯，前後經歷了十多年，其中曾經因爲我們個人工作狀況的變動而擱置了數年；後來由於計算機硬軟件和圖像處理技術的進步，爲了提高排版質量，我們又把早年以較低分辨率掃描後排妥的版面徹底捨棄，重新掃描和排版，由此又拖延了數年。長達十餘年的編輯整理工作過程，同很多朋友的努力是分不開的。科大衛教授不但自始至終都給予我們很多幫助和鼓勵，還曾經帶領我們的幾位學生圍繞葉名琛檔案開展過專題研究和討論；邱捷教授親自撰寫了一部分檔案提要，並對提要體例應如何處理提出了很多重要的建議；程美寶教授參與了整理工作的全過程；楊培娜博士在後期承擔了檔案校對和修訂提要的大部分工作，没有她的努力，本書的編輯工作可能還要繼續拖延下去；溫春來教授和陳永升博士早期在艱苦的工作條件下完成了檔案的初步拼接工作，爲後來的整理奠定了基礎；在後期檔案核查過程中，吴滔教授提供了相關圖像以幫助校對；工作小組的其他成員在不同的階段，也爲整理編輯工作做出了多方面的貢獻。我們最應該感謝的，當然是對這些檔案的整理編目做出奠基性貢獻的龐百騰教授，在開展工作的初期，我們也向龐百騰教授就編纂目錄的問題作過一些諮詢，得到他的指點。我們尤要表達感謝的，是研究葉名琛檔案用力最多的黄宇和教授給予我們的支持，當我們在2000年向黄院士提出希望他爲本書撰寫一篇序言時，他在了解到我們已經得到英國國家檔案館的允許後，當即答應，並很快撰寫了一份長篇序言，詳細介紹了這批檔案幸存下來、輾轉流離的經歷，以及學者們整理利用的許多情況，同時也發表了一些他個人的意見。我們還要感謝的，是廣東人民出版社十餘年來不離不棄，戴和、倪臘松、柏峰、張賢明、陳其偉等編輯朋友鍥而不捨的努力，是本書最終能够面世不可缺少的推動力。

我們衷心期望，這批檔案的影印出版，能够爲學界提供研究的便利，但由於我們的能力有限，本書還存在一些明顯的缺陷，也一定會有不少錯漏，我們爲此深感遺憾，更希望學界朋友能給予指正。

此外，因本書的《前言》、《凡例》及黄宇和教授的《全球一體化旋風中的近代中國：從葉名琛檔案談起》對「葉名琛檔案」的來源、内容價值、研究概況、整理規則等有比較詳細的介紹，今一併附於本册前面，以省卻讀者使用提要時來回翻檢第一册之煩。

編者謹識

凡例

一、本書輯錄的是第二次鴉片戰爭期間，兩廣總督葉名琛被俘時被英法聯軍同時繳獲的部分文件，原件現藏於英國國家檔案館，編號爲FO931。書名以學界習稱之「葉名琛檔案」爲題。

二、本書輯錄的檔案，沿用經龐百騰教授整理編目後的檔案順序編排，每件檔案的編號亦沿用英國國家檔案館的檔案編號，在頁眉處標示。爲使版面整齊起見，檔案序號以加0的方式統一爲四位數字，如FO931-1改標記爲FO931-0001。

三、本書所用圖版，利用英國國家檔案館提供的縮微膠卷掃描、拼接、整理而成，其中膠卷原標記缺失的文件，多錯置於其他文件中，編輯時已移回原來的位置。

四、原檔案文件中存有明顯錯簡者，若在同一編號內，儘量校正其頁次；有疑問而不能確認者，仍保留原頁序；但同一文件被分別編在不同編號內的，則不予調整。

五、檔案的版面處理，以完整呈現文件內容爲首要前提，不一定能完全保存文件形制的完整性和原狀。出於版面編排的需要，在確保檔案內容完整的前提下，對檔案中的一些空白處進行適當的剪裁。

六、爲最大限度利用版面，同一文件的不同頁面未能按相同比例縮放。

七、檔案在縮微膠卷拍攝和掃描製作過程中形成的黑邊，一般情況下予以清除，其中部分文件需要適當保留黑邊以呈現文件原貌的，則酌情保留。

八、文件中存在的黑點、蛀痕、摺痕、浮水印、缺損痕蹟等盡可能保留，但對部分底色較深的文件，爲有利於文字的辨讀，對其中底色作了必要的調校。經調校仍不能顯出文字者，保留原貌。

九、大部分檔案上有早期整理時留下的舊編號（即FO682），儘量予以保留；部分因版面裁切的需要，將該編號位置略加移動，仍以不影響檔案內容爲前提。

十、原檔案部分文件上有粘附紙條覆蓋，以分別保留兩個圖像的方式處理，或在一頁中以上下欄排，或排爲前後兩頁，一般爲掀開紙條後的頁面在前，紙條覆蓋的頁面在後。

十一、爲便於研究者檢讀利用，編者根據檔案內容爲每份文件作了簡短的提要。提要的草擬，參考了龐百騰教授編撰的目錄 *A Critical Guide to the Kwangtung Provincial Archives Deposited at the Public Record Office of London*（Cambridge Mass.: Harvard University East Asian Research Center, 1975），但除訂正了龐氏目錄中的一些錯漏外，在內容選擇和表達方式上，與龐氏目錄有較大的差異，建議讀者一併參酌使用。

十二、原檔案編號有一號多件者，亦有一件多號者，今一律以同一編號文件爲基本單位。同一文件編號內，若有兩份獨立文件，提要分行排列（如FO931-1493）；同一文件編號下包括多份文件者，以阿拉伯數字順序編號並分別撰寫提要（如FO931-0058、FO931-0454等）。

十三、提要由撰文人、事由、文件相關日期三部分組成。撰文人爲文件主題內容的責任人，撰文人不詳者，用「無撰文人」表示；事由以文件主體內容爲主，過於繁複的內容作簡省處理；文件相關日期或爲擬文日期，或爲發文日期，或爲奉上諭日期，或爲收文日期，依次擇用。

十四、撰文人只以文件本身直接提供的信息爲依據，一般不參照其他文件或書籍考證、推斷撰文人，但個別學界熟知的文件（如FO931-0015）除外。

十五、具文人爲兩人及一人的，一同列出；爲三人以上者，只列第一人，並以「等」標示。

十六、撰文人或受文人職銜全稱較長，或多個職銜並列者，一般只列一個主要職銜並用簡略稱謂。

十七、撰文人中的外國國家名和人名採用現行通用名稱，事由中則均保留文件中的譯名用字（如「嘆咭唎、嚧㖿嘚」）。

十八、文件沒有直接標示相關日期者，以「無年份日期」標示；若只有年份，或只有日期，只標出年份或日期。

十九、文件相關日期沒有直接信息，但文中所涉事有發生時間者，儘量在事由中標出。

二十、上諭的各種鈔傳本以及軍機大臣字寄上諭等，均直接著錄爲「上諭」，並以奉上諭日期爲行文日期。

二十一、硃批奏摺抄片以原具奏人爲撰文人，並以上奏日期爲行文日期，一般不特別標出是否有硃批。有上奏日期的，省略硃批日期；若上奏日期不明，則標出硃批或奉到硃批日期。

二十二、檔案中有稿本、鈔本，提要中一般不予標明，只錄其內容要點。

二十三、提要不標記文體，於事由中以「奏」、「咨」、「呈」、「詳」等字樣標示，鈔本不另外注明。文件中很多件明顯爲殘本，但無法一一判斷原件是否完整，故一律不予標明。

二十四、奏摺提要若照錄原摺事由，保留「奏爲……事」的寫法；若爲編者據內容另擬，則只寫作「奏……」。

二十五、奏摺附片用「片奏」標示。

二十六、原檔案中有多幅地圖（圖版），因縮微膠卷清晰度的限制，本輯一律只縮印爲適合本書開本大小的圖版。研究者如需細覽原圖，當參考華林甫編：《英國國家檔案館庋藏近代中文輿圖》，上海社會科學院出版社2009年版。

全球一體化旋風中的近代中國：從葉名琛檔案談起〔一〕

黃宇和

一　劫後餘生：葉名琛檔案來源

1857 年 12 月 28 日黎明，英法聯軍開始炮轟廣州城。「連珠炮聲如千萬爆竹」，〔二〕專擊廣州新城內的兩廣總督葉名琛督署。南海縣知縣華廷傑急趨視，則轅門內不見一人。冒煙入，至花廳，見葉氏袍襟上挽，獨自在此尋檢緊要文件。華廷傑請速徙。葉氏不允，繼續收拾要緊文件。不久，紳士林福盛帶勇百餘入內敦勸，葉氏乃遷入廣州內城粵［越］華書院。「不愈刻而全署火發，盡化灰燼，行李重物無得出者。」〔三〕

上面華廷傑這段記錄，有兩份外國人的目擊記可作佐證。第一份是英國全權公使額爾金伯爵（Earl of Elgin）的私人秘書奧利芬（Laurence Oliphant）的目擊記。他說，劫後的督轅盡是一片灰燼。〔四〕第二份文獻則說得更具體：它正是《泰晤士報》特派戰地記者柯克（G. W. Cooke）的目擊記。當英法聯軍炮轟葉名琛的督轅時，他早已爬到英國軍艦「獵人」號（HMS *Nimrod*）的主桅桿最高處觀戰。他目睹連天炮火之下，佔地約兩英畝的兩廣總督衙門內之亭臺樓閣，一棟一棟地倒下去，無一幸免。與此同時，大批附近的居民蜂擁而至。他們冒著槍林彈雨，不顧一切地搶奪家私雜物。甚至門戶窗框、屋樑木柱，凡是能搬得動的都全搬走了。最後剩下來的只有瓦礫一片、兩根被炮彈打斷了的旗桿和兩頭熏黑了的石獅子。〔五〕

〔一〕本文乃應中山大學歷史系劉志偉教授的邀請，介紹其編輯的《葉名琛檔案》而寫。初稿完成於 1999 年 11 月 29 日，並蒙該系邱捷教授費神細閱並提出寶貴意見，至以爲感。二稿則作爲學術報告，先於 2000 年 9 月 8 日在北京召開的「第二屆近代中國與世界國際學術討論會」上宣讀。繼而在 2000 年 9 月 11 日和 15 日分別於北京大學和中山大學舉行的研討會上作報告。感謝各方賢達不吝賜教，準此再作修改。應該聲明，邱捷教授和其他先進所提的意見，純屬技術性的事情。本文的內容及所有觀點，皆本人原意。文責自負，與別人無關。由於技術緣故，阻遲了《葉名琛檔案》的出版。經劉志偉教授奮戰多年，終於在 2005 年 7 月 31 日接其來鴻，謂已克服重重困難，《葉名琛檔案》行將出版。大慰！志偉教授造福學林，功德無量。準此，我把序言重新訂正增補，把六年以來對葉名琛及第二次鴉片戰爭曾作過更深入研究的心得寫進去，權作序。

〔二〕華廷傑：《觸藩始末》，載齊思和等（編）《中國近代史資料叢刊：第二次鴉片戰爭》（上海：上海人民出版社，1978），（一），第 180 頁。以下簡稱《二鴉》。

〔三〕華廷傑：《觸藩始末》，載《二鴉》（一），第 180 頁。

〔四〕Laurence Oliphant, *Narrative of the Earl of Elgin's Mission to China and Japan*, two vs. (Edinburgh and London: Blackwood, 1859), v. 1, p. 137.

〔五〕這位戰地記者寫了不少通訊，刊登在英國《泰晤士報》。後來他把這些通訊集中在一起整理出版成書。見 George Wingrove Cooke, *China: Being "The Times" Special Correspondence in China in the years 1857—1858, with corrections and additions* (London: Routledge, 1858), p. 368.

由此可知，葉氏未來得及收拾的文件當然是盡化灰燼，或被附近居民搶回家裏生火做飯了。那麽，葉氏已撿起來的要緊文件，下落又如何？華廷傑沒有說明。我們從英方的檔案資料中卻知道，葉氏是帶出了。是否把欲帶走的都全帶了，就不清楚。〔一〕無論如何，學術界真的要感謝這位葉相。他在炮火連天當中，冒著性命危險，拼命收拾的不是金銀細軟，而是一批文獻。

翌日，英法聯軍佔據了廣州的制高點觀音山，「守城滿兵全潰」。〔二〕葉氏藏身的越華書院離觀音山太近，「敵兵已常到門」。於是華廷傑等又勸葉氏再搬，終於在1858年1月2日晚上移到左都統雙齡署中。雙齡住第三院，葉氏住第五院。〔三〕這麽一搬再搬，葉氏星夜又隨身帶了多少文件？可有遺留？華廷傑沒有說。外國文獻也無從斷定，只憑常理推測，說可能丟了一部分。〔四〕

上述華廷傑所述有關葉氏一搬再搬的情節，由於華氏曾親歷其境，娓娓道來，非常確鑿。至於葉氏具體如何被俘，則由於葉氏被俘時華廷傑不在場，所以說得比較模糊。只說1858年1月5日，敵人「先挾雙都統出署而去，並不知葉相在內。葉相家丁有勸令他避者，葉相堅不肯避。轉瞬敵人復至，擁之而去」。〔五〕葉氏隨身帶著輾轉逃命的要緊文件是否也被擁之而去了？華廷傑沒說。英國人說，擁去了。〔六〕

如何擁去？葉名琛如何被俘？英國《泰晤士報》的特派戰地記者柯克（G. W. Cooke）卻機緣巧合地目睹事情經過。原來在1858年1月5日當天，英國陸軍的赫洛魏上校（Colonel Holloway）奉命帶兵搜索葉名琛。巴夏禮（Harry Parkes）則奉命陪同作翻譯。可惜巴夏禮來晚了，他到達集合地點時，部隊已出發。巴夏禮頓足之餘，腦袋一轉，馬上有了主意。他跟英國皇家海軍準將阿理咢（Commodore Elliot）吹噓說，他掌握了機密情報，知道葉名琛藏身的地方。如果阿理咢準將願意派兵隨他去一趟，肯定有所斬獲。阿理咢準將信以爲真，也不向上司請示，就派了部屬跟他去。戰地記者柯克也跟著去了。〔七〕

爲何阿理咢準將如此輕率地就派兵出動？原來這位海軍準將，正是1856年10月8日「亞羅」事件發生當天，巴夏禮就鼓動其帶兵赴穗的那位駐紮粵河的英國皇家海軍司令。當時他也是沒有向上司請示就採取了行動。後來天天跟巴夏禮在一起，向葉名琛尋釁鬧事，非常過癮。〔八〕現在巴夏禮又送來過癮的玩意兒，自然樂從。

〔一〕Wade to Elgin, on board HMS *Furious*, Fuzhou 10 March 1858; enclosed in Elgin to Clarendon, Ningbo 18 March 1858, FO 17/287.

〔二〕華廷傑：《觸藩始末》，載《二鴉》（一），第182頁。

〔三〕華廷傑：《觸藩始末》，載《二鴉》（一），第184頁。

〔四〕Wade to Elgin, on board HMS *Furious*, Fuzhou 10 March 1858; enclosed in Elgin to Clarendon, Ningbo 18 March 1858, FO 17/287.

〔五〕華廷傑：《觸藩始末》，載《二鴉》（一），第184頁。

〔六〕Wade to Elgin, on board HMS *Furious*, Fuzhou 10 March 1858; enclosed in Elgin to Clarendon, Ningbo 18 March 1858, FO 17/287.

〔七〕Cooke, *China*, p. 340.

〔八〕見拙著 *Deadly Dreams: Opium, Imperialism, and the Arrow War (1856—1860) in China*（Cambridge, New York: Cambridge University Press, 1998）, chapter 3.

巴夏禮帶著這股水兵到了越華書院〔一〕，翻箱倒櫃地找葉名琛，就是不見他蹤影。正要離開時，巴夏禮踢開一道關著的門。只見一個酸秀才在那裏之乎者也地埋頭讀書。嚴詢之下，酸秀才終於供出了葉名琛曾在那兒藏過身，但數天前已離開，不知所蹤。巴夏禮就纏著酸秀才不放。終於酸秀才供出了葉名琛藏身的地方，即離越華書院三英里以外的、在粵城西南角的、兩位都統其中一位的衙門之中。巴夏禮等也不馬上趨赴，反而帶了這位酸秀才一起趕往巡撫柏貴的衙門。

到了巡撫衙門，只見前已按時出發了的赫洛魏上校（Colonel Holloway）和他所帶領的士兵已逮住了柏貴，而英國遠征軍的陸軍和海軍兩位司令員也同時趕到。柏貴供出了葉名琛藏身的地方。對比之下，與酸秀才所供相同。司令員命柏貴提供一個人當嚮導。於是，在這個嚮導與酸秀才的帶領下，阿理㗳準將所屬的水兵、巴夏禮、戰地記者柯克等，就向目的地出發。狹街隘道似乎是沒完沒了，水兵們心裏發毛，唯恐中埋伏。終於到了，是一所第三流的衙門。撞開門，水兵們衝進去，下意識地搶前把守各要隘。定下神來，不錯！整棟房子到處都是行李箱，大小官員忙個不停。其中一個官員自認是葉名琛。巴夏禮認爲他不夠格，把他推開，繼續往內堂走。〔二〕

巴夏禮等穿堂入室地疾走到後園，發覺一個高大的身形正要爬過後牆逃走。祺上校（Captain Key）與阿理㗳準將屬下的划艇管理員像飛鏢一樣衝向他，一個抓腰，一個扭手，把他扳過來。五十多名水兵同時像發了狂般齊呼三聲，把帽子拋向天空。軍官們把閃亮亮的佩劍與手槍拼命搖晃，水兵們把冰森森的彎刀朝天亂砍。葉名琛全身發抖，束手就擒。〔三〕

英方花了三個小時搜查葉名琛的行李，目標是機要文件。果然，《中英南京條約》、《中美望廈條約》、《中法黃埔條約》等等的原件俱在。〔四〕但英方的目的不在這些，而是希望找到中方有關軍情、部署作戰計劃等等的機密文件。但是，英方失望了。儘管他們在葉名琛身旁繳獲了四十多箱文件，〔五〕但沒有一件爲他們的作戰計劃提供任何有利的情報。英法聯軍諸將領不禁大失所望。

於是英方就把該批文件交給英方翻譯威妥瑪（Thomas Wade）和法方翻譯馬柯（Senhor Marques）共同保管。兩位翻譯又請來一些有文化的華人幫忙，共同審查全部文件。最後兩位翻譯把其中一批對外國人來說是毫無意思的文件，加上所有葉名琛帶在身邊的書籍，通通交了給軍艦「寶座」號（HMS *Tribune*）的艦長㗳戈上校（Captain Edgell），讓他轉給「英法聯軍管理廣州三人委員會」（Allied Commissioners），以便該委員會交還給中方。〔六〕

該委員會的主席正是巴夏禮。這大批文件和書籍後來是否真的全部交還了中方，交還以後中方如何處理，則無從考核。

〔一〕原文作 Imperial Library. 見 Cooke, *China*, p. 340. 參諸上文下理，佐以華廷傑，可知爲越華書院。
〔二〕Cooke, *China*, p. 431.
〔三〕Cooke, *China*, pp. 342, 399.
〔四〕Cooke, *China*, p. 342.
〔五〕Wade to Elgin, on board HMS *Furious*, Fuzhou 10 March 1858, para. 3; enclosed in Elgin to Clarendon, Ningbo 18 March 1858, FO 17/287.
〔六〕FO 17/287，第四段。

被兩位翻譯扣留下來的文件，可以被分爲五大類：

（一）條約：中國與英國、美國、法國和瑞典所簽署過的條約原件。

（二）外交文書：歷任清朝欽差大臣與各國領事的來往公函，包括該大臣等命令下屬所作的有關報告。這批文書，殘缺不全。

（三）奏摺：三任欽差大臣耆英、徐廣縉、葉名琛等有關外事的奏摺。其中百分之九十是有關英國的。

（四）情報：對廣東紅兵的軍情探報和對外情的探報。其中的外情探報，非常定期，都是從香港的報刊翻譯過來的報告，内容錯謬絕倫。

（五）地圖：絕大部分是有關廣東紅兵的駐軍情況，非常粗劣。〔一〕

這些被扣留下來的文件如何處理？最後決定，其中第二部分（外交文書），凡是屬於法國和葡萄牙的，全交給法國公使。剩下來的，則交給香港總督屬下的漢文秘書處高級見習翻譯員摩根先生（Senior Student Interpreter, Mr Morgan），並在他的監督下，由幾位有文化的華人來整理。〔二〕

二　葉名琛檔案被劫時對全球一體化所起過的作用

把葉名琛檔案整理過後，威妥瑪的行動值得注意。他不是個軍人，所以不像英法聯軍諸將領那樣，以葉名琛檔案沒能提供具體軍事情報諸如調兵遣將的信息等而感到失望。相反的，作爲一個文人、一個學過漢語和中國文化的文人，他要破解（decode）所謂清廷密碼，即掌握清政府官僚的心理狀態、行事方式等，以便在交涉過程中好好對付敵方。所以，他高度重視葉名琛檔案中的奏稿、硃諭等。當他讀到耆英在 1844 年所寫的一道奏摺，如獲至寶，並馬上把它翻譯成英語。〔三〕

英法聯軍打到天津，道光皇帝於 1858 年 6 月 2 日派耆英到天津與英法公使交涉。〔四〕威妥瑪認爲應該給他個下馬威，就把早已翻譯好的耆英奏稿出示額爾金公使；在徵得額爾金公使同意後，〔五〕威妥瑪就在雙方會見期間，冷不防地把上述耆英的奏摺拿出來羞辱他。原來耆英在該奏摺中向道光誇誇其談，說其制夷之術在於羈縻。耆英無地自容，急忙告退。耆英在事後聲稱：「五月初一日［1858 年 6 月

〔一〕 FO 17/287，第五段。

〔二〕 FO 17/287，第七段。

〔三〕 威妥瑪的譯文見 British Parliamentary Papers, *Correspondence Relative to the Earl of Elgin's Special Missions to China and Japan, 1857—1859*（London: Harrison and Sons, 1859），pp. 175 - 177.

〔四〕 上諭：耆英賞給侍郎銜，辦理夷務，1858 年 6 月 2 日，載《籌辦夷務始末》咸豐朝，卷之二四，（北京：中華書局，1979），第 3 冊，第 857 頁（中華書局文件編號 914）。

〔五〕 British Parliamentary Papers, *Correspondence Relative to the Earl of Elgin's Special Missions to China and Japan, 1857—1859*（London: Harrison and Sons, 1859），p. 334.

11日」，李泰國［H. N. Lay］復同通使［事］威妥瑪至桂良、花沙納行寓，逼索議准照會，神色俱厲。並呈出當年密陳夷情硃批摺件，公同展閱，多係辱罵夷人之語。」[二]所謂「辱罵夷人之語」者，只不過是當時清廷慣用的一套術語，重華夏之分、賴羈縻之術而已。

事後耆英越想越羞，奏請回京。[三]惟「未候批奏摺」，即擅自啓程。[三]道光以其擅離職守，大怒，嚴命將其鎖扭解京審訊。[四]正如耆英自己所說的：「竊思耆英中外多年，雖衰邁糊塗，豈不知舉凡陳奏事件，須俟奉到批摺始敢遵行。今未俟批摺，率行回京，誠如聖諭，實屬自速其死。」[五]結果，咸豐皇帝「傳旨令伊自盡」。[六]

耆英明知故犯之處，可能有兩個解釋。第一，可能他被威妥瑪打個措手不及之餘，方寸大亂，以致犯了平常不會犯的錯誤。第二，可能他覺得極其丟臉，情急之下，不顧一切地離開天津。無論是哪個可能性屬實，或兼而有之，都證明威妥瑪的戰略徹底成功了，葉名琛檔案讓他破解了清官僚系統的密碼。有學者甚至認爲，耆英之驚惶失措，其實是當時整個清廷處境的縮影。[七]

筆者更認爲，耆英之死，是當時全球一體化的一個里程碑。因爲，在全球一體化的進程中，什麼「華夏之分、羈縻之術」，通通都是攔路虎。英國人利用葉名琛檔案所提供的情報來對付耆英，要消滅的不單是耆英本人，也要消滅他所代表的一切。

兩年之後，英國人突然之間又要求按國際法把國書遞到咸豐皇帝手裏。據欽差大臣怡親王載垣具奏：「該夷巴夏禮呈出照會，內有互換和約時，所有該夷國書，須呈大皇帝御覽之語。奴才（等）詰以二十九日［1860年9月14日］接晤時，並無此說，何以忽生枝節？[八]……舌敝唇焦，而該夷堅執如故。」[九]爲何忽生枝節？原來葉名琛檔案的文件當中，有一份是1777年內閣奏報朝廷命官上朝面聖

[二] 耆英親供之一，［1858年6月］，附《綿愉等奏遵旨會審耆英並將其親供覆奏呈覽摺》，1858年6月21日，載《籌辦夷務始末》咸豐朝，卷之二六，（北京：中華書局，1979），第3冊，第942—943頁（中華書局文件編號1018）：其中第942頁。

[三] 《耆英奏李泰國因夙隙不肯相見擬回京面陳摺》，［1858年6月］，附《綿愉等奏遵旨會審耆英並將其親供覆奏呈覽摺》，1858年6月21日，載《籌辦夷務始末》咸豐朝，卷之二六，（北京：中華書局，1979），第3冊，第945—946頁（中華書局文件編號1021）。

[三] 同上，第943頁。

[四] 《綿愉等奏遵旨會審耆英並將其親供覆奏呈覽摺》，1858年6月21日，載《籌辦夷務始末》咸豐朝，卷之二六，（北京：中華書局，1979），第3冊，第941—942頁（中華書局文件編號1017）：其中第941頁。該上諭全文見同書第923—924頁（中華書局文件編號999）。

[五] 耆英親供之一，［1858年6月］，附「綿愉等奏遵旨會審耆英並將其親供覆奏呈覽摺」，1858年6月21日，載《籌辦夷務始末》咸豐朝，卷之二六，（北京：中華書局，1979），第3冊，第941—943頁（中華書局文件編號1018）：其中第943頁。

[六] 硃諭：宣示耆英罪狀，着其自盡，1858年6月29日，載《籌辦夷務始末》咸豐朝，卷之二七，（北京：中華書局，1979），第3冊，第1003—1005頁（中華書局文件編號1066）：其中第1005頁。

[七] James L. Hevia. *English Lessons: The Pedagogy of Imperialism in Nineteenth-Century China* (Durham, NC: Duke University Press, 2003), p. 59.

[八] 《載垣、穆蔭奏巴夏禮照會須親遞國書摺》，1860年9月18日，載《籌辦夷務始末》咸豐朝，卷之六二，（北京：中華書局，1979），第7冊，第2314—2315頁（中華書局文件編號2349）：其中第1段第3—4句。

[九] 《載垣、穆蔭奏巴夏禮照會須親遞國書摺》，1860年9月18日，載《籌辦夷務始末》咸豐朝，卷之六二，（北京：中華書局，1979），第7冊，第2314—2315頁（中華書局文件編號2349）：其中第2段第1—2句。

時服飾與禮儀的有關規定。〔一〕禮儀規定了什麽？三跪九叩等等不在話下。此外，還規定若有什麽機密文件，無論機密到什麽程度，都不能交到皇帝的手裏，只能轉交。但按照歐洲各國在1820年簽署的《維也納公約》所規定，大使呈遞國書時，只須站立三鞠躬便禮成。大使三鞠躬時，身體直立，俯身到腰爲止。大使當然無須下跪；單膝下跪也不用，遑論雙膝下跪了。至於九叩，那更是駭人聽聞。因此，中國的三跪九叩必然被目爲荒謬絶倫。又按《維也納公約》所規定，大使鞠躬過後，就把國書遞到君主手裏。現在中國皇帝拒絶親手接受國書，當然也讓英法公使極度反感，因爲，到了19世紀中葉，歐洲這種大使三鞠躬、君主親手接受國書的禮節已經被西方國際大家庭公認爲國與國之間互認對方主權的標誌。〔二〕

可是，閉塞的欽差大臣怡親王載垣，聽巴夏禮說，英法公使要親自把國書交到咸豐手裏，就大驚失色，慌忙具奏曰：「此事關係國體，萬難允許……已知照僧格林沁、瑞麟嚴兵以待。」〔三〕就是說，載垣爲了阻止中國進入國際大家庭，不惜一戰。咸豐以其所言甚是，准奏；並命載垣等「勿得泥於撫議，致誤戰局」。〔四〕值得注意的是，載垣明知「僧格林沁，如果竟須開仗，實係毫無把握」，〔五〕但仍然主戰；而咸豐雖然硃批「知道了」，〔六〕依然准奏。〔七〕無知自然就狂妄，信焉！結果僧格林沁的騎兵被英國的大炮轟得屍横遍野，咸豐蒙塵，天朝大國土崩瓦解。此後英國人還不斷利用葉名琛檔案所能提供的情報來摧毀清廷賴以自我孤立的森嚴壁壘。葉名琛檔案，像當時中國的茶絲、印度的鴉片、南美的白銀、英國的紡織品等，皆爲促使全球一體化的急先鋒。〔八〕

三　葉名琛檔案的整理

威妥瑪盡情利用過葉名琛檔案中的有關文件之後，就讓它們歸隊：回到早已交給香港總督屬下的漢文秘書處高級見習翻譯員摩根先

〔一〕　該文件編號爲 FO 682/75。

〔二〕　Harry H. Hinsley, *Sovereignty* (Cambridge, New York: Cambridge University Press, 1986). I am grateful to my supervisor, Mr G. F. Hudson, who in 1968 gave me a copy of Sir Harry's book when I was a doctoral student at Oxford, embarking on my research on Ye Mingchen.

〔三〕　《載垣、穆蔭奏巴夏禮照會須親遞國書摺》，1860年9月18日，載《籌辦夷務始末》咸豐朝，卷之六二（北京：中華書局，1979），第7册，第2314—2315頁（中華書局文件編號2349）：其中第2段第1—2句。

〔四〕　廷寄，1860年9月18日，載《籌辦夷務始末》咸豐朝，卷之六二（北京：中華書局，1979），第7册，第2316—2317頁（中華書局文件編號2352）：其中第1段最後一句。

〔五〕　《載垣等又奏開仗毫無把握請示遵循片》，1860年9月16日，載《籌辦夷務始末》咸豐朝，卷之六二（北京：中華書局，1979），第7册，第2308頁（中華書局文件編號2343）。

〔六〕　硃批：知道了，附《載垣等又奏開仗毫無把握請示遵循片》，1860年9月16日，載《籌辦夷務始末》咸豐朝，卷之六二（北京：中華書局，1979），第7册，第2308頁（中華書局文件編號2343）。

〔七〕　廷寄，1860年9月18日，載《籌辦夷務始末》咸豐朝，卷之六二（北京：中華書局，1979），第7册，第2316—2317頁（中華書局文件編號2352）：其中第1段。

〔八〕　See J. Y. Wong, *Deadly Dreams: Opium, Imperialism, and the Arrow War (1856—1860) in China* (Cambridge, New York: Cambridge University Press, 1998).

生那裏保存的葉名琛檔案之中。但從檔案管理的角度看，問題也因此而複雜起來。

事情是這樣的。這個所謂「香港總督屬下的漢文秘書處」，嚴格來說，應該是「英國駐華全權公使屬下的漢文秘書處」。由於五口通商以來，英國駐華全權公使都駐香港並兼任香港總督，該公使的漢文秘書處順理成章地就設在香港，並保存有五口通商以來的中英外交文件。不單如此，這漢文秘書處是沿襲五口通商以前、1759 年開始委派的英國駐華商務監督（Superintendent of Trade）[一]的漢文秘書處，因而也繼承了一大批漢語文件。現在把葉名琛檔案存放在該漢文秘書處，很容易就會跟其他漢語文件混淆起來。

混淆的機會馬上就來了。1860 年簽訂的《北京條約》，結束了第二次鴉片戰爭，也讓英國在北京設立了公使館。公使不再由香港總督兼任，而是另外委派。於是，存放在香港的葉名琛檔案就和其他存放在漢文秘書處的文件一樣，被搬到英國駐北京公使館的漢文秘書處。這麼一搬，新舊文件就混在一起了。更複雜的事情還在後頭。像所有駐外使節一樣，英國駐北京公使館的任務之一，正是收集情報。採用的手段包括賄賂中國各衙門的文職人員以便搜集官方的漢語文件。[二]因此，隨著時間的推移，存放在該公使館漢文秘書處的漢語文件就越來越多。就連葉名琛檔案，經過充分利用以後，[三]慢慢也過時了，於是順理成章地被「冷藏」起來。「冷藏」的地方，正是該公使館大院內基督教堂的閣樓，非常偏僻。後來，遭「冷藏」的其他過時文件也隨著時間的推移而越來越多，同樣也通通被藏在公使館教堂的閣樓，與原來的葉名琛檔案混雜在一起。

約一個世紀後的 1958 年，英國駐北京的代辦處（原公使館）搬家，因此英國當局就決定在 1959 年 4 月，把這些舊檔案通通打包裝進大木箱，海運回英國，於同年 6 月平安到達倫敦。準此，葉名琛檔案又逃過了一劫。否則，等到了 1966 年「文化大革命」時，紅衛兵火燒英國代辦處，這批檔案肯定要化爲灰燼。

一箱箱的檔案運到倫敦的白廳（White Hall，英國外交部的別名）。英國外交部也不開箱審視，就原封不動地通通轉送到英國國家檔案館在倫敦郊區 Ashridge 地方的文件庫。該庫開箱檢視過後，就把「來貨」分成兩大類。其中的《京報》，屬「國家出版物」（state papers）類，就按法律規定全部送往大英博物館內的國家出版物收藏室（State Papers Room）。剩下來的，屬文獻類，就全部留在英國國家檔案館 Ashridge 地方的文件庫。

文獻不能永遠存放在文件庫，而必須提供給研究者利用纔能體現其價值。要利用則首先必須有一個目錄。誰能爲一大批全部是漢語的文件作個目錄？當時英國國家檔案館的工作人員當中，沒有一位懂漢語。但他們發現，其中 1471 份文件的封面早已有人用鉛筆分別

[一] See FO 677, British Foreign Office, Embassy and Consular Archives, China, Superintendent of Trade, Records, 1759—1874.

[二] 例如，編號 FO 682/5 的文件上就有如下的一項英語說明：「雲南：據說是一道機密上諭，1876 年 4 月獲得。」編號 FO 682/3 文件上的英語說明是：「據說是一道奏摺，內容涉及馬嘉理案（A. R. Margary murder）［無日期］。」

[三] 見上文。

爲各文件的內容作了極爲粗略的説明並用西曆注明了大約日期，〔一〕看來是當時的漢文秘書爲了工作需要而付出的勞動。這批文件屬中英雙方的來往信件，從 1811 年開始，到 1906 年結束。檔案館的工作人員就分别給每一份文件來一個編號，是爲 FO 682/161—231 和 FO 682/515—1916。

其他一紮一紮的文件，都没有個别的提要；只是在用以包紮的紙上用英語注上“Miscellaneous Papers”（雜項）的字樣。打開包紮，裏邊盡是漢語文件。檔案館的工作人員就分别給每一紮文件來一個編號，編號後邊就注上“Miscellaneous Papers”（雜項）等字樣。如此這般，第一個目録就於 1961 年面世了。研究人員到達檔案館時，便可以按照這編目申請文件來鑽研。

1963 年，美籍華裔學者、鴉片戰爭專家張馨保教授〔二〕利用短休假期到倫敦作研究，應邀與大英博物館的奇恩士特（Eric Grinstead）先生合作，把各紮「雜項」拆開再分類重整，並因而做了第二個目録。同時寫了一篇文章，介紹這批漢語文獻。〔三〕

按照這兩個哪怕是極爲粗略的目録的指引，日本學者佐佐木正哉申請得閲大量的文件，並鈔録發表，〔四〕引起了學術界的廣泛注意。倫敦大學亞非學院（School of Oriental and African Studies）歷史系的柯文南（Charles Curwen）博士爲了研究太平天國〔五〕而到英國國家檔案館看檔案，從目録中看到種種「雜項」。好奇心起，於是追閲。看過一批文件後，斷定這一紮一紮的「雜項」正是當年英法聯軍從葉名琛身邊奪走的機要文案。他的系主任比斯利（William G. Beasley）教授得悉後，決定在 1968 年起聘請其博士生龐百騰當助教，條件是花部分時間爲諸「雜項」中的文件逐一作提要並重新編號。全宗號改爲 FO931，在這新的全宗號之內的文件則從第一開始排列，共排到 1954。那就是説，葉名琛檔案共有 1954 份文件被保存下來。目録完成後，〔六〕檔案館的工作人員就把該批文件逐一抽離原來的全宗號 FO 682，而放在新的全宗號 FO931 之內。

同時，我於 1968 年到了牛津大學聖安東尼研究院（St. Antony's College，Oxford）當研究生，博士學位的論文題目是《葉名琛的生平》，於是與葉名琛檔案結下不解之緣。1971 年我完成了博士論文後留校當「博士後」，應英國學術院（British Academy）與英國國家檔案館的共同邀請，當該館的名譽編輯（honorary editor），花部分時間義務爲該館所藏漢語文件當中葉名琛檔案以外的部分作提要。〔七〕我選

〔一〕例如，後來領了編號 FO 682/1 這份文件上的英語説明是這樣的：「20 世紀初中方照會和信件。」編號 FO 682/2 文件的英語説明是：「有關聯合叛匪與西藏人侵略中國的機密奏摺［無日期］。」

〔二〕著有 *Commissioner Lin and the Opium War*（Camb., Mass.: Harvard University Press，1964）.

〔三〕Eric Grinstead and Chang Hsin-pao，“Chinese Documents of the British Embassy in Peking，1793—1911”，*Journal of Asian Studies*，v. 22，no. 3（1963），pp. 354 – 356.

〔四〕詳見本文第二節。

〔五〕後來他出版了 *Taiping Rebel: The Deposition of Li Hsiu-ch'eng*（Cambridge，New York：Cambridge University Press，1977）.

〔六〕爲了廣益學術界，龐百騰博士把他所編的目録發表了。見 David Pong（ed.），*A Critical Guide to the Kwangtung Provincial Archives Deposited at the Public Record Office of London*（Camb., Mass.: Harvard East Asian Research Center，1975）.

〔七〕當時龐百騰博士已去了美國任教，假期期間繼續回倫敦爲葉名琛檔案編目，忙不過來。

擇了1839年到1860年兩次鴉片戰爭時代的中英外交文件作爲鑒定和作提要的對象。1974年我應聘到澳洲悉尼大學任教，假期則頻頻飛返英國國家檔案館繼續努力，並把文件製成縮微膠卷，以便我在悉尼大學的課餘期間，也可以繼續做鑒定和作提要的工作。十年窗下，終於在1983年完成任務，英國學術院決定把目錄作爲該院的叢書之一發表。〔一〕

經過龐、黃兩人的努力而仍然剩下來的漢語文件，英國國家檔案館則邀請懂漢語的英國前外交官郭德思（Patrick Devereux Coates）〔二〕先生當名譽編輯繼續做鑒定和提要的工作。終於，他在1990年10月去世以前完成任務，〔三〕是爲大幸。美中不足的是，他所編的目錄沒有被發表。不過郭先生曾撰文介紹其目錄的內容，供學者參考。〔四〕

經過三位義務編輯約二十個寒暑的努力，藏在英國國家檔案館內的漢語檔案終於全部作了提要和編入了目錄。

四　冒天下之不韙：版權法與國際關係

1999年11月底，我到廣州市中山大學參加紀念陳寅恪先生的學術研討會。承該校歷史系劉志偉教授相告，他與廣州市文化局的陳玉環女士在1995年訪問英國時，得悉英國國家檔案館珍藏有葉名琛檔案。陳玉環女士曾在廣州博物館從事中國近代史研究和陳列工作，現供職廣州市文化局當副局長，特向廣州市政府申請了經費，購入該檔案的縮微膠卷，並準備把縮微膠卷複印出版。

又蒙劉志偉教授不棄，邀我撰文介紹葉名琛檔案。祗承雅命，趕快籌謀。同時想到，該檔案不單是研究中國近代史的寶庫，也是研究世界近代史的寶藏，應該把它放到世界史與國際關係的領域裏考察，所以牽涉面就廣了。

首先，版權的問題如何處理？猶記1968年我從牛津大學初到英國國家檔案館申請鑽研葉名琛檔案時，該館助理副館長就特別找我作個別談話。他說，該館正在認真考慮向國際法庭提出控訴，控訴日本學者佐佐木正哉侵犯了英國皇家版權（Crown copyright）。

正如前述，佐佐木正哉在早我幾年以前已到了該館申請閱讀檔案。申請時簽了協議書，答應在未取得該館同意以前，不會把鈔來的文件擅自出版。否則該館會採取法律行動。不料佐佐木正哉回國以後竟然食言，擅自把鈔來的原始文獻在日本出版。

他在1964年11月30日出版第一冊時，取名《鴉片戰爭研究の資料篇》，還由東京大學出版社正式印刷出版，並由東京的近代中國

〔一〕見J. Y. Wong, *Anglo-Chinese Relations 1839—1860: A Calendar of Chinese Documents in the British Foreign Office Records* (Published for the British Academy by Oxford University Press, 1983)。該書內封的中文書名由中山大學校友、名書法家秦咢生先生所題。文件提要各條後來由中山大學的區鉷教授翻譯成中文，收入拙著《兩次鴉片戰爭與香港的割讓：史實和史料》（臺北：國史館，1998）。

〔二〕在這裏，他名字的中譯是按照某天他來函的私章而定。見Coates to Wong, 29 March 1989.

〔三〕Mary Coates to Wong, 30 January 1991. Mary Coates was Mr Coates's wife. For an obituary, see Andrew Franklin, "Patrick Coates", *Independent*, 16 November 1990.

〔四〕P. D. Coates, "Documents in Chinese from the Chinese Secretary's Office, British Legation, Peking, 1861—1939", *Modern Asian Studies*, v. 17, pt 2 (1983), pp. 239-255.

研究委員會發行。〔二〕後來不曉得是東京大學當局發覺不妥還是別的什麼原因，1964年12月25日面世的《鴉片戰爭後の中英抗爭資料篇稿》就再不是由該大學出版社負責印刷出版了。該書既不是印刷也沒有任何出版社，而只是由經手人把佐佐木正哉的手稿影印釘裝售賣，仍由東京的近代中國研究委員會發行。〔三〕該書最後一頁還作了「續刊豫定」聲明，說準備陸續發表《清末の攘夷運動（上），1860—1890》、《清末の攘夷運動（下），1891—1902》、《廣東天地會の叛亂（資料と解說）》和《廣東廣西の會黨（資料と解說）》。結果卻是大大地縮小了規模，只是在1967年3月20日發表了《清末の秘密結社資料篇》。該書同樣是沒有出版社，同樣是把手稿影印多份釘裝售賣，同樣是由東京的近代中國研究委員會發行。〔三〕如果佐佐木正哉按原定計劃出版了其餘的資料篇，可能就省了目前劉志偉教授大費周章地出版葉名琛檔案了。

爲什麼佐佐木正哉停止了原定的出版計劃？1984年，我到東京做研究時，就因利乘便電佐佐木正哉先生，要求登門拜訪他，以便當面問個明白。可惜他不予俯允會面。不過，到了1984年，我當上英國國家檔案館的名譽編輯已有12年。我爲該館編著的《鴉片戰爭時代中英外交文件提要》，也已於1983年作爲英國學術院（British Academy）的叢書由牛津大學出版社出版了。〔四〕該編著計劃由當時的英國國家檔案館館長咢特先生（Mr Jeffrey Ede）親自主持。由於業務上的關係，我經常與他見面。對該館與佐佐木正哉的瓜葛，也由於業務上的關係已經聽了不少有關消息。

原來該館知道了佐佐木正哉違反了他親筆簽署的協議書後，就部署向國際法庭控訴他侵犯了英國皇家版權。該館直轄於英國司法大臣（Lord Chancellor），〔五〕要部署控訴，是舉手之勞。但由於該舉將會牽涉國際關係，所謂牽一髮而動全身，必須徵諸英國政府的其他部門。商務部說，由於英國經濟不景氣，而當時日本的經濟正在突飛猛進，該部正要派代表團到日本考察，不宜把關係搞僵。向國際法庭起訴佐佐木正哉的計劃，就此擱淺。

但該館似乎還是向佐佐木正哉發出了書面警告。果真如此，則可以理解爲何佐佐木正哉把鈔了的資料準備全部發表的鴻圖大志夭折了。學術研究離不開了奉公守法，信焉。

同時值得一提的是，1979年我到中國大陸某大學講學時，該校一位近代史學者要求我用照相機把葉名琛檔案通通拍照給他。我解釋說，這是英國法律不容許的。他大爲光火，幾乎翻臉成仇。可見當年的東方人，無論是日本人還是中國人，對於法律的概念是非常薄弱的。隨着中國改革開放的深入，國人對法治的重要性認識慢慢越來越深，該學者冰釋前嫌。大慰！

〔二〕見該書扉頁。
〔三〕見該書扉頁。
〔三〕見該書扉頁。
〔四〕見 Wong, *Anglo-Chinese Relations 1839—1860*.
〔五〕當時的總裁是 Lord Hailsham，1973年他到檔案館來巡視時，還親自向筆者詢問了當時編輯有關中文檔案的情況。

撇開法律不提，光是從學術上說，則佐佐木正哉發表了部分英國國家檔案館所藏的珍貴漢語史料，無疑是推動了學術研究。可惜的是，他的手稿存在著不少手民之誤。我抽樣核對了他所鈔的四件文件，每件都存有不少錯誤。有些甚至是誤導性非常嚴重的錯誤。[二]現在劉志偉教授準備把原件的縮微膠卷印刷出版，應可避免不必要的手民之誤。

不過，我最關心的倒是版權的問題。於是劉志偉教授就把英國國家檔案館的一封覆函傳真給我。原來劉教授早已考慮到版權的問題，並曾讓其同事程美寶教授致函該館，徵求其同意出版。中國年青一代的學者，如此注意尊重版權以及慣例，象徵著中國學術界真正走向國際大家庭，讓我感到欣慰莫名。

該覆函要緊的第一句話深深地吸引了我：「您希望出版的英國外交部檔案，全宗號931［FO931，即葉名琛檔案］，不屬皇家版權所擁有。因此，本館既無權授予您出版權，也無法告訴您該批文件的版權擁有者是誰。」這種姿態，與1960年代該館所採取的態度，剛剛相反。過去，該館堅持這批文件屬皇家版權所擁有。現在再不作這種堅持了。覆函的最後一句話說：「本館不反對您出版該批文件，但您必須在出版時聲明該批文件的保管權屬英國國家檔案館，並在每一件文件上注明英國國家檔案館給予的編號。」[三]

這種改變，象徵著世界已變了。1960年代，英國還比較強大，所以外交手段也相當強硬。當時日本人侵犯了他們的版權利益，就不惜籌劃訴諸國際法庭。但自從1980年代開始，過去曾遭大英帝國掠奪過的國家，諸如印度、埃及等，紛紛向英國索還曾被奪走的珍物。印度索還鑲在英王皇冠上的紅寶石，該寶石號稱世界最大的紅寶石。埃及索還其古石針（Cliopatra's Needle，是高聳的一尊大石針。英國人奪得以後，安放在泰晤士河河畔，是遊人常到之處）。甚至澳大利亞的土著，也向英國索還過去曾被英國人砍下來的某土著首領的首級。該首級被英國人作爲戰利品帶回英國炫耀去了。

按照19世紀暨以前的歐洲國際法，搶來的東西可以合法地據爲己有。但按照20世紀末的世界國際法，劫匪就再不能聲稱其搶來的東西是合法地歸其所有了。看來，英國退而求其次，即不再堅持葉名琛檔案暨版權屬其所有，退而堅持保管權屬其所有。

不過，這都只是我個人鄙見。爲了慎重起見，我在1999年底離開廣州後，即乘訪英研究之便，前往拜會英國國家檔案館現任館長泰咢女士（Ms Sarah J. Tyacke, Keeper）。她讓我接觸該館版權部負責人。商談結果，證實該覆函內容屬實。我就放心爲劉志偉教授寫介紹文章了。

寫介紹文章應該談些什麼？我想，除了介紹葉名琛檔案的來源以及該檔案曾涉及過的版權法與國際關係以外，應該談談檔案的內容、價值和如何應用纔可以達到最理想的效果。

[二] 見佐佐木正哉（編）：《鴉片戰爭後中英抗爭資料篇稿》，第136—139頁。其中「右」誤作「左」，「煜」誤作「煌」，「才」誤作「戈」，「干」誤作「于」，「謂」誤作「請」，等等。

[三] Tim Padfield to Ching May-bo, 16 April 1997, PRO Ref. 2 CPY4（21）.

五　罕有的史料：葉名琛檔案的内容與價值

首先應該聲明，這裏稱之爲「葉名琛檔案」的文獻，嚴格來説，應該是指1858年1月5日英軍在葉名琛身邊奪走的漢語文件。其中絕大部分屬於葉名琛在粤任内的文獻，起自葉氏在1846年到粤當藩司之日，止於1858年1月5日他被俘之時。清朝官場慣例，某官離任，就把任内的文件帶走或銷毁。若某些文件包含繼任人必須遵守的條例，則留下來：例如目前收進「葉名琛檔案」的文件當中，就有上述的、1777年内閣奏報朝廷命官上朝面聖時服飾與禮儀的有關規定。[一]

有關地方大吏銷毁文件的慣例，不影響中國最主要的檔案——中央政府檔案——的完整性。蓋中央與地方的行政關係，主要反映在上諭與奏摺。上諭發出以前，中央已錄副，所以地方大吏後來有否保存收到的上諭，不影響中央檔案的完整性。奏摺送到中央，中央會保存下來，所以地方大吏後來有否把其奏摺副本保存，對中央來説，也不影響中央檔案的完整性。更重要的是，中國獨裁的帝制發展到清代，清帝刻意把每一員地方大吏都孤立起來，皇帝與某地方大吏的通信，第三者不得與聞。若地方大吏把收到的上諭正本與其發出奏摺的副本留給繼任人，那就洩漏了他與皇上之間的通信秘密，殺無赦！皇帝本人當然有權把上諭、奏摺等摘要甚至全文在《京報》上刊刻，以利施政。但那是皇帝的專利。臣子若擅自披露，則等着誅九族好了。

經過龐百騰博士的重新調整，目前藏在英國國家檔案館的「葉名琛檔案」（編號FO931）共分爲六個部分：

（一）第一部分題爲「鴉片貿易與鴉片戰爭，1835—1842」。共73份文件，編號爲FO931/1到FO931/73。

（二）第二部分題爲「中央與地方政府的施政，1765—1857」。共377份文件，編號爲FO931/74到FO931/450。

（三）第三部分題爲「中外關係與中外貿易，1810—1857」。共529份文件，編號爲FO931/451到FO931/979。

（四）第四部分題爲「叛亂，秘密會社、軍事組織與軍事行動暨平亂，1811—1857」。共820份文件，編號爲FO931/980到FO931/1799。

（五）第五部分題爲「第二次中英戰爭（又名『亞羅』戰爭），第一階段，1856—1857」。共84份文件，編號爲FO931/1800到FO931/1883。

（六）第六部分題爲「地圖與有關説明」。共71份文件。編號爲FO931/1884到FO931/1954。

第一部分的73份文件，雖然説從1835年開始，但當中只有一份屬1835年，是粤海關監督頒布的禁煙令。1836—1837年没有文件。1838年有一份，是粤督鄧廷楨諭英國商務監督義律。其餘的71份文件全屬1839年到1842年，尤其是林則徐以欽差大臣身份抵粤後爲

[一]　該文件編號爲FO 682/75。

多，而以祁㙻督粵期間的1841年粵省軍事調動爲最。在數量上，區區73份文件，比起收進《近代史資料叢刊：鴉片戰爭》[一]一套6冊，《林則徐集》一套6冊[二]，和後來的《鴉片戰爭檔案史料》[三]一套7冊的衆多資料，當然是小巫見大巫。但小巫珍貴在其地方性質，而大巫則多是中央性質的上諭與奏摺。大小巫互補短長，在漢語史料的運用上可以得出一個比較多樣化的概念。

第二部分的377份文件，雖然説是從1765年開始，但當中只有1份屬1765年，是一份契約。第二和第三份文件分屬1777年和1778年，都是內閣奏報朝廷命官上朝面聖時服飾與禮儀的有關規定。第四份文件屬1795年，又是一份契約。第五份文件即進入了19世紀，其餘絶大部分文件都屬於1846年葉名琛抵粵任事時起，到1857年底他快要被俘時止。很多文件都沒有具體日期，只是憑編輯的推測而定了一個大約的年份。至於文件內容，大多集中在葉名琛抵粵後，從藩司到廣東巡撫再到欽差大臣兩廣總督任內飾文勵武，調兵遣將種種。可以説是研究19世紀中葉中國的地方吏治、稅收、鹽業、商務、士風、民變等問題上，絶無僅有的珍貴漢語原始文獻。因爲，同類的文獻已經被其主人銷毀了，只有葉名琛的檔案，由於其在任期間被英國人奪走，才奇蹟般被保存下來。準此，沒有任何名稱比「葉名琛檔案」更能反映這批文獻的性質。

第三部分的529份文件，雖然説是從1810年開始，但當中只有5份屬1810年到1842年之間的文件，其餘的都屬1843年到1857年之間的歷任欽差大臣耆英（1843—1848年在任）、徐廣縉（1848—1851年在任）、葉名琛（1851—1857年在任）等處理外事時內部調度的有關文件。這批「對內」的文件，與黃宇和整理出來的「鴉片戰爭時代中英外交文件」[四]內外呼應，相輔相成。把這兩批文件與收進《中國近代史料叢刊：第二次鴉片戰爭》[五]中的上諭、奏摺、時人筆記以至稗官野史等等同時應用，在駕馭漢語史料時可以得出一個比較多元的概念。由於這批文件不是耆英、徐廣縉等分別與清帝的公文往來，而是處理外事時所衍生的，沒有觸動清帝的切身利益。加上中央派遣欽差大臣長駐廣州辦理外事，是《南京條約》以來的新生事物，以致耆英、徐廣縉等離任時，把有關文獻留下來，以便繼任者有例可援。亦屬情理之內。

第四部分的820份文件，雖然説是從1811年開始，只有頭4份的日期被推算爲大約在1811年與1840年之間成文，另7份屬1840—1847年間，其餘的日期均爲1848到1857年底之間。絶大部分與當時的廣東紅兵以及太平天國起義有關。其中有徐廣縉、葉名琛的奏稿，軍事情報，獎罰將士，紳商捐餉，僱勇等詳情，掘洪秀全、馮雲山祖墳的報告，被擒紅兵、太平軍的名單、供詞，紳商捐餉、僱

[一] 齊思和等（編）：《近代史資料叢刊：鴉片戰爭》（上海：新知出版社，1955），一套6冊。

[二] 該集包括奏稿上、中、下3冊（北京：中華書局，1965），公牘（北京：中華書局，1963）和日記（北京：中華書局，1962）。皆由中山大學歷史系近代現代史教研組、研究室等合編。後來該系的老師又出版了《林則徐奏稿、公牘、日記補編》（廣州：中山大學出版社，1985）。加起來共6冊。

[三] 中國第一歷史檔案館（編）：《鴉片戰爭檔案史料》（天津：天津古籍出版社，1992），一套7冊。

[四] 該批文件的漢語提要被收進拙著《兩次鴉片戰爭與香港的割讓：史實和史料》一書當中。

[五] 齊思和等（編）：《中國近代史料叢刊：第二次鴉片戰爭》（上海：上海人民出版社，1978—1979），一套6冊。

勇，解餉和遣兵赴桂、湘鎮壓太平軍等等。是研究太平天國、紅兵、清朝應變措施、晚清社會變遷等極爲珍貴的第一手漢語材料。若結合《中國近代史料叢刊：太平天國》[二]及《廣東紅兵起義史料》[三]同時應用，在漢語史料的領域上就大爲豐富。

第五部分的84份文件當中，第一份的日期被鑒定爲1856年夏天，但內容卻是有關英國下議院投票反對攻打中國的報告，應爲1857年5月。[三]第二份文件的日期被鑒定爲1856年10月，內容是蛇頭灣炮臺的清兵駐紮情況。該炮臺遠眺香港的新界，1856年10月增兵，肯定是第二次鴉片戰爭的導火線——「亞羅」事件於1856年10月8日爆發以後的事情。第三份文件的日期則更明確——注明是1856年10月27日有關英軍佔據虎門的報告。可以說，這84份文件絕大部分應該是關於第二次鴉片戰爭的。至於內容方面，則有探報（包括葉名琛在香港和澳門的探子所寫的報告和翻譯的報章片段），以及各種攻打停泊在廣州河面英艦的策略。在1857年初英艦被葉名琛的持久戰拖得筋疲力盡而被逼退回香港以後，[四]就有部分文件提到如何封鎖香港及騷擾其治安的種種步驟，修復炮臺的措施，募勇捐餉，以及抓漢奸（無論是曾幫助過英軍攻打中方還是供應食物）。比起第一部分有關第一次鴉片戰爭的73份文件，除了多出11份以外，內容更是多姿多彩。而對我們驗證葉名琛「不戰不和不守，不死不降不走」的民謠更是大有幫助。當然，比起收進《中國近代史料叢刊：第二次鴉片戰爭》裏邊的衆多文件，從數量上說，同樣是小巫見大巫。

第六部分的71份文件，都是地圖和有關說明。從性質上說，多爲軍用地圖。不少是用紅色標籤貼在某軍（官軍或是起義軍）駐地。由於時間長了，漿糊失靈，標籤通通掉了下來，成了無主孤魂，至爲可惜。從地域上來說，絕大部分是關於廣東的（包括潮州、嘉應州、惠州、韶州、肇慶、瓊州、海南島、英德、陽山、羅定、清遠等），尤其是廣州地區的（因爲廣東紅兵曾於1854—1855年間圍困廣州城）。有廣西的（包括上思州、平南、合浦以及一幅圍困永安的地圖），湖南的（包括一幅圍困長沙的地圖）。從現代科學繪圖的角度來看，這些地圖當然通通都是非常粗糙。但是，從瞭解中國地理歷史、軍事史、太平天國史、紅兵史等角度來看，卻是不可多得的第一手材料。

六　全球一體化的旋風：運用葉名琛檔案的體會

在談及我運用葉名琛檔案的體會之前，讓我先對「全球一體化」這概念作簡單的詮釋。所謂「全球一體化」，來自英語globalization。即由於科技進步神速，以及由此而衍生的一切，把個人、個別的社會、個別的民族以及個別的國家之間的距離拉得越來越近，之間的關

[二] 向達等（編）：《中國近代史料叢刊：太平天國》（上海：神州國光社，1952），一套8冊。

[三] 廣東省文史研究館、中山大學歷史系（合編）：《廣東紅兵起義史料》（廣州：廣東人民出版社，1996），一套3冊。編者收入了幾篇從葉名琛檔案中影印回來的文件（見該書上冊，第37頁）。

[三] Hansard, 3rd series, v. 144, cols. 1846—1850 (March 1857). 消息傳到香港見報然後再被翻譯成漢語送到廣州時，最快也要在5月底。

[四] 見拙著 *Deadly Dreams*，第二部分。

係拉得越來越緊密。其緊密的程度，幾乎成一個身體的各個不同的組成部分，到了牽一髮而動全身的階段。至於「全球一體化」的有關理論，可以說是衆說紛紜。但大致可以歸納爲兩大派。一派集中研究現代傳媒在文化與社會意識形態的領域裏對個人的影響。比方說，非洲人可以通過電視而看到北京的文藝表演、浸淫於中國文化而不自知；看了美國的暴力電影而同樣地受到心靈上的影響而不自覺。〔一〕另一派則集中討論在經濟與政治領域裏，「全球一體化」通過國際貿易、跨國投資等，對個別的國家、民族所造成的後果。〔二〕本文的討論範圍，屬於後一種。即19世紀中葉，大英帝國通過國際貿易，把中國的經濟緊密地結合到其全球貿易網之中。而它在中國的貿易若遇到障礙時，則不惜發動戰爭，以便排除障礙，讓其全球貿易暢通無阻。

我從1968年起研究葉名琛。由於葉名琛曾鎮壓過廣東紅兵，又曾派兵攻打太平軍，更在第二次鴉片戰爭中全力抵抗過英法聯軍的侵略，〔三〕所以我的研究範圍就隨著研究的深入而擴大，終於把這幾件大事全牽涉在內。又由於第二次鴉片戰爭的確是第一次鴉片戰爭的延續，〔四〕所以又把兩次鴉片戰爭連在一起研究。準此，葉名琛檔案順理成章就成了我攻堅的對象，輔以上述的《鴉片戰爭》、《太平天國》等中國近代史資料叢刊，〔五〕以及《林則徐集》、《京報》〔六〕、《籌辦夷務始末》〔七〕、《道光咸豐兩朝籌辦夷務始末》〔八〕、《四國新檔》〔九〕、《近代中國對西方及列強認識資料彙編》〔一〇〕、《鴉片戰爭時期思想史資料選輯》〔一一〕、《大清歷朝實錄》〔一二〕等漢語資料。

由於當時我在英國，於是決定同時把英語的原始檔案也按部就班地、一個一個地看。首先看英國外交部的檔案。其中有兩大宗。第一宗是外交大臣〔一三〕與駐華公使〔一四〕的來往信件，全宗號爲FO 17。其中駐華公使寫給外交大臣的信，有不少附件，包括該公使與清朝欽

〔一〕 See, e.g. Tony Spybey, *Globalization and World Society* (London: Polity Press, 1996).

〔二〕 See, e.g. the articles in Satya Dev Gupta (ed.), *The Political Economy of Globalization* (Boston: Kluwer, 1997).

〔三〕 世人譏他「不戰不和不守」，絕對不符事實。詳見拙文《葉名琛歷史形象的探究——兼論林則徐與葉名琛的比較》，《九州學林》（香港城市大學和上海復旦大學合編），第2卷（2004），第1期，第86—129頁。

〔四〕 見拙文《帝國主義新析——第二次鴉片戰爭探索》，《近代史研究》，1997年第四期（總100期），第22—62頁。

〔五〕 當時《第二次鴉片戰爭》、《廣東紅兵起義史料》和《鴉片戰爭檔案史料》還沒出版。

〔六〕 如上所述，在1959年從北京英國代辦處運回英國後即藏於大英博物館。

〔七〕 臺北的文海暨國風兩種影印版兼用。

〔八〕 臺北：「中央研究院」近代史研究所，1966。

〔九〕 臺北：「中央研究院」近代史研究所，1966。

〔一〇〕 臺北：「中央研究院」近代史研究所，1972—1988。

〔一一〕 北京：三聯書店，1963。

〔一二〕 臺北的文海影印版。

〔一三〕 Foreign Secretary.

〔一四〕 Minister Plenipotentiary, 1841—1860年間駐香港，兼任香港總督。

差大臣的來往照會（英語本），可與我後來整理出來的《鴉片戰爭時代中英外交文件》〔一〕的漢語本互相參照核實。其他附件則包括公使下屬給他所寫的英語報告中之較爲重要者。第二宗正是該公使與其下屬——英國駐中國五口各領事——的來往信件，全宗號是 FO 228。其中各領事寫給公使的信也有不少附件，包括該領事與清朝地方官員的來往照會（英語本），可與葉名琛檔案中的漢語本互相參照核實。其他附件則包括該領事所搜集到的情報，同樣可與葉名琛檔案中的漢語情報參照。

把同一份文件的漢語本與英語本比較，馬上就發覺一些很有趣的問題。譬如，《太平天國》中一條漢語史料，是曹墅居在 1936 年從英國議會文書（俗稱藍皮書）倒譯回來的。該文件的日期是 1853 年 4 月 28 日，內容是太平天國將領羅大綱、吳如孝聯銜致大英國文武官吏的照會。茲摘錄內容片段如下：「猶記多年前與白萊謨（Bremer）、伊理（Elliot）、王金（Wan-king）諸君在廣州共同建立教堂，崇拜天兄耶穌，歷歷往事，有如昨日。近聞白萊謨遭遇不幸，至爲痛惜。其人品之高尚，誠令吾人永不能忘。至於伊理與王金兩君，則深祝其別後福履綏和，春樹暮雲，不勝翹企之至。」〔二〕幸虧譯者保留了其中英國人的英語名字，〔三〕由此可知「白萊謨」其實就是在鴉片戰爭中攻打中國的英國海軍司令、海軍準將 Commodore Sir James John Gordon Bremer。當時他發給中方照會的署名是佰麥。〔四〕又由此可知那位「伊理」，正是在鴉片戰爭中決定攻打中國的英國全權公使 Captain Charles Elliot。當時他發給中方照會的署名是義律。準此，中國的歷史學家一直沿用「佰麥」「義律」等名字。曹墅居看來對太平天國的人物很熟悉，因此準確地把羅大綱、吳如孝等名字倒譯過來。但他似乎對鴉片戰爭的人物就不甚了了，因而不能準確地譯出佰麥、義律等名字。〔五〕

據筆者所知，佰麥是在中英交惡以後，纔奉命從印度帶領兵艦開往中國的。在此以前他從未踏足中國，〔六〕一到中國就只管向中國開炮。羅大綱、吳如孝說什麽與佰麥「在廣州共同建立教堂，崇拜天兄耶穌」，當然是子虛烏有。至於「春樹暮雲，不勝翹企」云云，更是無稽之談。看來羅大綱、吳如孝沒有估計到收受他們照會的人正是英國公使文翰爵士（Sir George Bonham），而身爲公使的文翰爵士識破他們所編的故事，因而在回答時隻字不提其事——不拆穿他們的西洋鏡已經是很客氣了。〔七〕

〔一〕該批文件的漢語提要被收進拙著《兩次鴉片戰爭與香港的割讓：史實和史料》一書當中。

〔二〕《太平天國》（六），第 911—912 頁。

〔三〕但是，當楊松、鄧力群（原編）、榮孟源（重編）的《中國近代史資料選輯》（北京：三聯書店，1979）出版時，卻把這些英語名字刪掉（見該書，第 210 頁），讓使用者失掉這些線索。其實原編就已刪掉，內容也有刪略。

〔四〕見佰麥照會琦善，1841 年 1 月 5 日，FO 682/1974/3.

〔五〕後來齊鐘久找到英語原文後再重新倒譯時，就準確多了。見其《羅大綱、吳如孝致英使文翰的照會》，《文物》，1979 年，第 8 期，第 72 頁。

〔六〕See *The Dictionary of National Biographies: From the Earliest Times to 1900*, v. 2 (Oxford University Press, 1921—1922), p. 1164 col. 2 to p. 1165 col. 1. See also Gerald S. Graham, *The China Station: War and Diplomacy, 1830—1860* (Oxford University Press, 1978), pp. 116 – 117.

〔七〕茅家琦教授看了齊鐘久倒譯的文件後，即認爲「概自偽清……外拒與國……中原滿目」一段，是混淆是非。見其《太平天國對外關係史》（北京：人民出版社，1984），第 44 頁。但由於茅先生無從知道佰麥來華之前的行蹤，所以無法指出「共建教堂」云云之無稽。

這樁事件給了我兩個啓發。第一，搞近代史光靠一種語言的史料不保險。第二，光搞一個專題（像曹墅居般只懂太平天國不懂鴉片戰爭）不保險。

拙著《兩廣總督葉名琛》（英語原著）在1976年出版了。〔一〕第三個啓發接踵而來。上述倫敦大學亞非學院的柯文南講師發表了一篇異常刻薄的書評〔二〕，促使我總結平常對該學院的教學宗旨、學風等等的觀察。在總結過程當中，令我印象最深的是龐百騰博士的一席話。那是1969年夏季的一天：龐博士、美國來的華裔學者郝延平教授和我共進午膳，談到鴉片戰爭的研究時，龐博士對郝延平和我採用兩次鴉片戰爭這名詞感到驚訝。他說他在亞非學院當歷史系本科生和研究生多年，耳聞目染的通通是「第一次中國對外戰爭」（First China Foreign War）和「第二次中國對外戰爭」（Second China Foreign War）。據我事後瞭解，亞非學院是在第二次世界大戰結束後成立的，目標是替剛爭取到獨立的前英國各殖民地的大學訓練師資，而辦學宗旨當然是要爲英國辯護，甚至歌功頌德。把鴉片戰爭說成是中國對外戰爭，正是曲意護短的表現。我在拙著中直言鴉片戰爭，自然就被視爲跟亞非學院對着幹，柯文南作爲該院的老師，怎能不生氣？〔三〕

說到歌功頌德，則猶記我在香港大學歷史系當本科生時，該系剛退休不久的教授兼系主任安德葛（G. B. Endacott）對英國發動鴉片戰爭的宏論。他認爲英國發動鴉片戰爭是因爲英國商人被中方欺負得太慘了，在忍無可忍的情況下纔敦請英國政府出面保護他們。安德葛更認爲，英國商人高度自我克制的精神，出人意表，因爲當時中方實在欺人太甚，按理英商早該對中方來個下馬威！〔四〕

可以說，在拙著出版以前，英語刊物中有關鴉片戰爭的著作中，對英國所扮演的角色，多是歌功頌德或曲意護短。就連美國的華裔學者張馨保教授，在其名著《林欽差與鴉片戰爭》中，也對英國發動鴉片戰爭的動機作如下闡述：「自由貿易者背後的經濟能力是這般強大，是任何勢力都不能遏制或阻擋的……如果當時戰爭的導火線不是鴉片而是糖蜜（molasses）或大米的話，那場戰爭很可能就被命名爲糖蜜戰爭或大米戰爭。」他更認爲鴉片是雞毛蒜皮的小事，清廷拒絕開放廣大中國市場讓外商來做生意纔是主要矛盾。〔五〕

真是奇文共欣賞！竊以爲張馨保這種解釋是站不住腳的。因爲糖蜜與大米不能跟鴉片相提並論。鴉片是違禁品，是通過走私就能獲取暴利的毒品。沒有暴利的引誘，你讓英帝國主義攻打中國，它也嫌浪費時間。糖蜜與大米不是違禁品，也不會讓人上癮，其買賣更難

〔一〕 J. Y. Wong, *Yeh Ming-ch'en: Viceroy of Liang-Kuang, 1852—1858*（Cambridge, New York: Cambridge University Press, 1976）.

〔二〕 Charles Curwen's review, *Bulletin of the School of Oriental and African Studies*, v. 40, pt. 3（1977）, pp. 649–651.

〔三〕 有鑒於此，竊以爲龐百騰博士雖然本科生和研究生都在這亞非學院念，並曾當該學院助教多年，但畢業後到了美國任教，跳出了亞非學院那個框框，視野擴大了，後來在1975年出版其目錄時就用上「鴉片戰爭」這名詞（見本文第三節），而不再稱之爲「第一次中國對外戰爭」，是一種飛躍。他在目錄中又把第二次鴉片戰爭稱爲「第二次中英戰爭」，也可說是一種折中辦法。

〔四〕 "……the surprising thing is not that there was dissatisfaction, but that there was not much more." G. B. Endacott, *A History of Hong Kong*, revised eiditon（Oxford University Press, 1973）, p. 13. 該書1958年出版，1964年由牛津大學出版社出版普及版（軟皮），1973年修訂再版，到1993年已經歷了12次印刷（見該書扉頁），真可謂普及之至。

〔五〕 Chang Hsin-pao, *Commissioner Lin and the Opium War*, p. 15.

獲暴利，故絕對不能與鴉片比擬，其理至明。爲何飽學之如張馨保教授，竟然能說出那話來？竊以爲他是受了他的哈佛大學博士導師費正清的影響，因爲費正清畢生堅持的正是這個論點。〔一〕

英美兩國，同文同種，有位美國歷史學家就曾經很尖銳地指出：美國從來不會因爲同情弱小民族而破壞英美兩國的團結。〔二〕美國的第六任總統阿當斯（John Quincy Adams），就曾以鴉片戰爭的問題到處演說，爲英國人解脫。他說：「戰爭爲甚麼爆發？因爲要叩頭，因爲那狂妄自大的中國強迫世界各民族必須先向其叩頭纔容許通商。」〔三〕如此這般，就把戰爭的責任全推到中國人的頭上。這種做法，就連當時在澳門的一些美國傳教士也受不了，並公開提出抗議：「我們不同意該演講者撇開鴉片不談的做法；因爲，毫無疑問，鴉片是導致這場戰爭最直接的原因。」〔四〕至於英國人似乎也覺得阿當斯之言過分，所以從來沒有拾其牙慧。因此到了1950年代費正清到英國牛津大學念博士時，他也摒棄此言，而接受了當時英國盛行的自由貿易之說。〔五〕張馨保秉承師訓，結果人云亦云，這都不足爲奇。

但奇怪的是：當我把這篇拙文於2000年9月8日在北京召開的「第二屆近代中國與世界國際學術討論會」上扼要報導（論文全文早已發了給出席會議的人，讓其預先閱讀）過後，另一位留美的華裔學者李恩涵博士卻率先發難。他說張馨保教授爲鴉片戰爭所下的定論，早已爲所有西方學者所接受，再沒討論的餘地。他責備我撰寫這篇文章屬多此一舉。美國學者沙培德博士（Dr Peter Zarrow）聽後當場失笑。笑驚四座。有人馬上滿臉通紅。我不爲已甚，故微笑不語，結果全場鴉雀無聲，所有目光都投向我，似乎是期待我乘勝追擊。結果我說時間已差不多，講不完的話留待茶餘飯後再說。我發覺有人如釋重負；但有更多的人欲言又止，惟見我態度堅決，也就不再說什麼。轉眼五六年過去了，現在追寫，權補闕如：李恩涵是徐中約（Immanual Hsu）的學生，徐中約又是費正清的學生。事情還不明白嗎？〔六〕忠於師承，原屬無可厚非。但在大是大非面前，有骨氣的讀書人是否應該勇於取捨？

讓人更感遺憾的事情還在後頭：歷史發展到2004年，有些學者甚至認爲連費正清那樣的立場也太軟弱了。爲什麼？因爲費正清雖然在一方面受到其時代的限制而強調鴉片戰爭的性質屬於自由貿易戰爭，但另一方面又鑒於學術界多年的研究成果而說出一句公道話，即：鴉片貿易是「近代史上歷時最久的、最有系統的犯罪行爲」。〔七〕誰認爲這樣的立場太軟弱？前倫敦大學亞非學院的一位「新紮師

〔一〕見其成名之作 *Trade and Diplomacy on the China Coast, 1842—1853* (Camb., Mass.: Harvard University Press, 1953).

〔二〕G. Smith, *American Diplomacy during the Second World War, 1941—1945* (New York, 1965), p. 82.

〔三〕John Quincy Adams, "Lecture on the War with China", *Chinese Repository*, v. 11 (1842), p. 288.

〔四〕Editor's note, *Chinese Repository*, v. 11 (1842), p. 289. The editor was E. C. Bridgman.

〔五〕我的恩師 G. F. Hudson 先生是費正清博士論文的兩位主考官之一，故知道這些底蘊。

〔六〕對於李恩涵這次的表演，有些觀衆事後引孔子的話：「學而不思則罔」（見《論語·爲政》，第二章）來抒發己見。其他則說他只不過是凜遵祖師爺費正清的師訓而已，孺子可教。兩種意見，均可爲治史者鑒。

〔七〕Fairbank's verdict in Denis Twitchett and John K. Fairbank (eds.), *The Cambridge History of China* (Cambridge, New York: Cambridge University Press, 1978), v. 10, part 1, p. 213.

兄」馮客（Frank Dikötter）教授。

馮客在2004年出版了一本書，題爲《毒品的文化：中國毒品史》〔一〕。馮客教授在該書第一章開宗明義地說，他要推翻整整半個世紀以來西方學術界研究中國近代史的學者們所達成的共識。該共識，用已故費正清（John King Fairbank）教授在《劍橋中國史》中的話說，就是19世紀的鴉片貿易是「近代史上歷時最久的、最有系統的犯罪行爲」〔二〕。如何推翻這共識？馮客準備用該書來證明長期服用鴉片：（1）「對健康與長壽沒有重大的不良影響，適量的吸用甚至是有益的」；（2）在19世紀的歐洲和美洲都甚爲普遍；（3）很少產生「非吸用鴉片不可」的、失去控制的「癮君子」，而造成嚴重的經濟損失；（4）在舊中國，吸用鴉片是「招待客人的上品、娛樂的上方、生活在優越的上層社會的標誌、精神貴族的象徵」；（5）後來被外國傳教士和中國政府官員掃蕩了，掃蕩的方法是用海洛因、嗎啡、可卡因等毒品作爲代替品，以便患者戒毒，結果造成了一場公衆健康的災難，真個存好心卻做了壞事。

我被其論點深深地吸引住了！尤其是其中的第三點：吸用鴉片不會上癮！？若果真如此，則其第五點之所謂戒毒又從何談起？拜讀其大作之後，發現馮客把（1）吸用鴉片會上癮和（2）吸用鴉片會導致嚴重經濟損失這兩個問題混爲一談，並據此推論嚴重經濟損失等同上癮：他硬說煙鬼沒有受到嚴重經濟損失，所以自然就未曾上癮。最後，在這個基礎上，他下結論說，吸用鴉片不會上癮。這種詭辯，全書比比皆是，我已另文一一指出其非，在此不贅。〔三〕遺憾的是，該書風靡了歐美，這種現象說明了什麼？從英倫三島、歐盟、亞非拉美等地到倫敦亞非學院念歷史的本科生、研究生，又會受到什麼形式的「洗腦」？他們徒子徒孫的精神面貌又會怎樣？且看上述李恩涵博士的表演，就不言而喻。

上述的一切，讓我深刻地認識到，任何一個國家或民族，或外國人在該國謀生〔四〕而感到有必要迎合該國主流口味者，都屬意於用有利於己的觀點來解釋歷史。而極端者已經到了強詞奪理甚至顛倒黑白的地步。可惜有些人不求甚解，到外國深造後反而重蹈「漢人盡作胡兒語，卻向城頭罵漢人」〔五〕的歷史覆轍，貽害匪淺。我以後治史，是從狹隘的華裔觀點出發，還是走「天下爲公」〔六〕的「大道」？我決定不能囿於民族感情這個範疇，就像不能囿於某一種語言的史料和囿於某一個專題，同樣一個邏輯。否則歷史真相就無法澄清，遑論擺事實講道理，更徒增各民族之間的惡感與摩擦，讓世界永遠得不到安寧。

〔一〕Frank Dikötter, Lars Laamann and Zhou Xun, *Narcotic Culture: A History of Drugs in China* (London: Hurst & Company, 2004).

〔二〕Frank Dikötter, *et al.*, *Narcotic Culture* p. 1, quoting John K. Fairbank, "The Creation of the Treaty System", in Denis Twitchett and John K. Fairbank (eds.), *The Cambridge History of China* (Cambridge, New York: Cambridge University Press, 1978), v. 10, part 1, p. 213.

〔三〕見拙文《讀史札記——論馮客的鴉片讚歌及其他》，《「中央研究院」近代史研究所集刊》，第47期（2005年3月），第225—232頁。

〔四〕上述馮客教授乃荷蘭人，在撰寫該書時任職倫敦大學亞非學院，現在轉職香港大學。

〔五〕唐朝司空圖詩《河湟有感》，詩曰：「一自蕭關起戰塵，河湟割斷異鄉親。漢人盡作胡兒語，卻向城頭罵漢人。」

〔六〕《禮運·大同篇》，《禮記·禮運第九》。

繼《兩廣總督葉名琛》後，我的研究計劃順理成章地擴展到第二次鴉片戰爭，並預計在1980年可以動筆撰寫。所以早已向悉尼大學當局申請了學術休假一整年，同時又蒙劍橋大學國際關係研究所遴選爲該所客座研究員，就準備了一年的時間撰寫。但是，由於上述「三囿」的體會，我覺得已經做好了的研究不夠全面。於是放棄了寫作計劃，改爲更深入更廣泛地研究第二次鴉片戰爭。沒想到這麼一搞，前後就是30年（從1968年我開始研究葉名琛到1998年拙著 *Deadly Dreams*［姑譯作《鴆夢》吧］[一] 出版爲止）。

七　努力避免囿於任何一方

下面談談我努力避免囿於任何一方的體會：

（一）不囿於某一個專題。

研究第二次鴉片戰爭，首先不能囿於外交史，更不能囿於第二次鴉片戰爭，必須把兩次戰爭連在一起研究。至於如何超越外交史的範圍，則我第一個想到的是把研究範圍擴大到包括從鴉片貿易開始起的經濟史領域。在經濟史這個廣大領域裏，外貿史當中的中英、英印、印中這三角貿易的數據有哪些？英國與世界各地的貿易數據又有哪些？在財政史上，大英帝國和英殖民地印度的財政預算、收支平衡又有哪些數據？鴉片煙的收入在英印度殖民地的收支平衡中比重是多少？英國在稅收方面，從中國茶葉所抽的入口稅與其他稅收的比重又是多少？……我把1980年差不多整整一年的時間，天天就蹲在劍橋大學圖書館裏用鉛筆鈔數字。當年鈔不完，日後放暑假、寒假時再回英國鈔。後來發覺在悉尼市內的新州議會圖書館也藏有這些數據，於是爭取到該館科奧館長（Dr Russell Cope）特別恩准（因爲該館是專職爲州議員服務的，閑人免進），讓我課餘到該館鈔數字。1985年，電腦開始在悉尼普遍發售，科奧館長又破例讓我帶了電腦進館，並在書庫特別放置一張書桌給我專用，更讓我帶了朋友進去跟我合作核對數字。如果沒有這種特殊方便，再花30年的時間不斷地飛英國也沒法把所需數據親自動手用鉛筆鈔完。

把這些數據整理出一個頭緒後，再結合我在軍事史、商業史、工業史、政治史、外交史、國際法等領域裏收集到的有關資料，就獲得一個突破。詳情如下：

在軍事史上，我得悉清朝的地方大吏爲了鎮壓太平軍，1853年起課釐金稅。在商業史上的研究[二]，我發現英商對於釐金增加了茶葉的成本而大爲不滿，訴諸英廷。在工業史上的發掘，我考證出英國工業革命中勞動力廉宜是因爲工人大量地喝了附加牛奶和蔗糖的中國茶，如果茶葉的價錢起飛，工資跟著就要猛漲，大大地增加製成品的成本，銳減其在國際市場上的競爭力。於是資本家大爲恐慌，同樣訴諸英廷。在研究英國政治史的過程中，我發覺當時的英國的執政者還是比較有遠見的，在英國工商界還未開始鼓噪之前，已預計到風

〔一〕 見拙著 *Deadly Dreams*, chapter 3.

〔二〕 包括怡和洋行（Jardine Matheson & Co.）與皋翎公司（Baring Brothers & Co.）的內部檔案。

暴的來臨，所以早在1854年已命令駐華公使向中方交涉修訂《南京條約》，以便讓英商直接跑到茶葉的原產地買茶。茶葉一到手就變成是英國擁有的貨物，中方就再不能向其課釐金之稅。交涉兩年，葉名琛終於在1856年6月30日照覆嚴拒。該覆照在1856年8月30日抵倫敦。英政府內閣開會商討怎麼辦。接著我從外交史的領域中所做的研究知道，英國在1856年9月24日對法國展開外交攻勢，並終於在1856年10月22日說服了法國共同出兵攻打中國。接著英國接觸美國與俄國，希望他們幫凶。用什麼藉口開仗？這又牽涉國際法的問題。我考證出，當時英國法律界對這個問題展開討論時，得出的結論是：用中國拒絕修約爲藉口而開仗，於法不合。理由是修約的要求建築在《中美望廈條約》的「一體均沾」（most-favoured nation clause）的基礎上。英國只能「均沾」美國通過修約而得到的新增利益，但不能「均沾」修約這權利本身。英國正苦於出兵無名之際，「亞羅」事件的消息就像及時雨般在1856年12月1日到達倫敦。戰爭藉口找到了——該藉口誣告中方污辱了英國國旗。我說「誣告」，是因爲我已經找到大量可靠的史料證明，中方並沒有污辱英國國旗。〔二〕但當時英國的普通民衆不知底蘊，結果勃然大怒。該藉口點燃了英國極其盲動的、狹隘的民族主義情緒。〔三〕第二次鴉片戰爭就如此這般地在英國民衆狂呼當中打起來。〔三〕

通過長時間地在不同領域裏搜集有關資料，然後把各種錯綜複雜、互相之間表面上似乎毫無關聯的事件重新組合，終於重建起比較接近當時實際情況的來龍去脈，找出了英國發動戰爭的重要原因之一。這個經驗讓我深深地體會到，在中國發生一件表面上似乎全屬內政、與外事無涉的事情，諸如中國官員課中國貨物的釐金，也會影響到整個世界各個領域的運作。而當這些領域受到影響時，又會倒過頭來促使帝國主義發動侵華戰爭，諸如第二次鴉片戰爭。

另一個事例是，《南京條約》的簽訂，馬上促使英國在南亞地區出兵併吞星特（Sind）王國。而併吞了星特王國，又讓英帝國主義更有效地控制中國的鴉片市場，以及更順利地發展其全球貿易網。〔四〕一件一件的事例，在在說明一個道理：牽一髮而動全身。同時讓我得出一個結論：「全球一體化」（globalization）早在西力東漸時已展開，不待21世紀初的今天、它變成熱門話題時纔揭幕。同時我感到，治史走「天下爲公」的「大道」，是走對了。治史若不從大方向著手，就看不到世界發展的大趨勢。看不到大方向，倒過來於人於己都毫無好處。〔五〕

〔二〕見拙著 *Deadly Dreams*, chapters 2–3。

〔三〕見拙著 *Deadly Dreams*, chapters 7–10。

〔三〕見拙著 *Deadly Dreams*, chapters 11–17。

〔四〕見拙文 "The Annexation of Sind in India: An Economic Perspective", *Modern Asian Studies*（Cambridge University Press）, v. 31, part 2（1997）, pp. 225–244.

〔五〕「第二屆近代中國與世界國際學術討論會」結束後，我小留北京讀書，得閱俞旦初先生的論文集《愛國主義與中國近代史學》（北京：中國社會科學出版社，1996）。論及19世紀末20世紀初的中國史學家，臨國家民族生死存亡之秋，把愛國主義灌輸到他們的史學裏，是救亡所需。這種屬於一時應變的措施，原非長久之計。若史學永遠服從當前所需，則遺害深遠，林甘泉先生早已撰文指出，見其《新的起點：世紀之交的中國歷史學》（中國社會科學院建院二十年專稿），《歷史研究》1997年第4期（總248期），第5—17頁。

（二）不囿於國家民族的框框。

不囿於國家民族的框框，同樣是爲了避免自我局限而流於偏見。準此，我在過去近40年之內就曾多次較長時間地旅居各有關國家，既親嘗其風土人情，也仔細鑽研其原始文獻，同時慢慢咀嚼其已刊高論，並與當地學者建立起深厚的友誼。我這樣做是鑒於：第一，數當時世界級的強國當中，除了奧匈帝國以外，中、英、法、美、俄都通通被牽進第二次鴉片戰爭這漩渦。第二，從調兵遣將的角度來説，則英國從歐洲、非洲、南亞、東南亞，美國從北美洲，俄國從歐洲和北亞，都調了兵。第三，從現代武器殺傷力的慘酷而言，〔二〕則第二次鴉片戰爭更是20世紀兩場世界大戰的先聲。從這兩三種意義看，則第二次鴉片戰爭可以説是一場準世界大戰。與平常我們理解的所謂世界大戰不同的是，列強不是分爲兩大陣營對打，而是聯手對付中國，所以只能稱之爲準世界大戰。既然是準世界大戰，怎能不從世界的角度看問題？怎能不前往各有關國家親自品嘗該國民衆看問題的觀點？

又既然必須從世界的角度看問題，則除了頻頻飛往各有關國家體驗生活與鑽研檔案以外，我還想到一個比較長遠的學習計劃。那就是與敝校歷史系的同仁聯手開課，主題是歐洲向外擴張。結果從1982年起，邀得非洲、中東、南亞、東南亞的專家與我這個東亞學者共同開課。若某週專攻非洲史，則各同事就聯袂去聽同儕中非洲專家的課（lecture），按照他所列的書目去用心閱讀各刊物，輔導同學們討論（tutorials）該週有關非洲史的題目。如此輪番學習非洲、中東、南亞、東南亞、東亞各地區在歐洲擴張下的遭遇而終於奮起反抗的經驗，又是一番體會。

同時，又以具體問題請教敝系的英、法、美、俄等國史的專家，並按照他們建議的書目去閱讀。日積月累，慢慢地對各國的歷史也有了一定的認識。更鑒於帝國主義這種現象，並非19世紀歐洲所首創，羅馬帝國已是非常著名，於是又經常請教古代史的同仁，按照他們所建議的書目去自修。數十年如一日，慢慢對古代、中古與近代的各國歷史也有了一定的瞭解。

經過24年來不斷學習、研究、思考，我對非洲、中東、南亞、東南亞、東亞、美洲、歐洲之間在漫長的全球一體化過程中，尤其是在鴉片戰爭時代的連鎖關係，認識點滴如下：第一，在非洲內陸發掘出來的中國明朝陶瓷碎片，不是鄭和下西洋時留下來的，而是阿拉伯商人從陸路自阿拉伯轉運到非洲內陸這王國的。鄭和下西洋只是暫時的，這條非洲內陸的商道卻是持久的。第二，在印度的英國東印度公司賣了鴉片給中國後，換來白銀，就熔了這些銀錠改鑄銀幣，成了印度洋沿岸亞非各國的通貨，活躍了整個印度洋地區的商業。第三，在東南亞的荷蘭人，把西印度群島的煙草帶到東南亞的爪哇後，再把鴉片混在煙草中給爪哇人吸，讓他們上癮後就逼他們付出廉價勞動力。荷蘭人發覺此計甚妙，於是佔據臺灣時就把吸鴉片的方法帶到臺灣，從臺灣傳到福建，也爲中國傳來了噩耗。第四，英國人在中國發現了吸鴉片的陋習以後，馬上在印度大量種植鴉片。賣了鴉片給中國後買茶葉，部分茶葉就轉運到北美洲英屬殖民地高價出售，同時不許北美洲的殖民直接向中國購買茶葉。中國茶在北美洲成了剝削殖民的象徵。殖民起來反抗，把一箱一箱的中國茶葉倒進波士

〔二〕這裏指西方的船堅炮利，非指中國的刀槍劍戟。

頓海港，美國的獨立戰爭自此始。第五，19世紀英國人搞工業革命，開出匯票向已經取得獨立的美國買棉花。美國人拿了匯票到中國買茶葉。中國人拿了匯票買鴉片，不夠再用白銀補足。英國人拿了白銀買絲茶，用不完的白銀送印度鑄銀幣，匯票送回老家再用來向美國買棉花，絲茶運回歐洲又發大財。鴉片既有如斯妙用，如果鴉片貿易受到威脅（哪怕是突然而來的，諸如林則徐的禁煙，或者是隱約的，諸如中方長期拒絕把鴉片合法化），英國都是要訴諸武力的，兩次鴉片戰爭在所不惜。

這些遠行的陶瓷、白銀、煙草、鴉片、茶葉、匯票等等，通通都是當時全球一體化的工具。而掌握這些工具的商人，正是全球一體化的急先鋒。研究兩次鴉片戰爭，怎麼還能囿於某一個國境之內或囿於某一個民族的圈子裏的活動或見解？

（三）不囿於某一種語言的史料

上面提到葉名琛檔案中第三部分中三任欽差大臣等處理外事時內部調度的有關文件。看過這批「對內」的文件後，很自然就想到，建築在這些內部文件的基礎上而寫成的、對外的照會。那就要進而查閱葉名琛檔案以外的、黃宇和整理出來的「鴉片戰爭時代中英外交文件」。照會送到英方，英方是如何理解的？就要查閱英國外交部所藏英語檔案中該照會的英語譯文以及英國公使寫報告時對該照會所作的評論。從這個階段起，就已進入另一個語言領域的史料了。公使的報告送達倫敦白廳時，外交大臣的反應是怎樣的？這就必須看該大臣的批語。如果批語牽涉咨會英國政府其他部門的，如海軍部、陸軍部、外貿部、殖民地部等等，就要追閱各該部檔案裏的有關檔案。

幸虧所有這些政府檔案都存放在英國國家檔案館，可以足不出戶就申請查閱不同政府部門的檔案。但有一個限制，每個讀者每次不能申請超過某一個數目的文件，同時每次不能領取超過三份文件回自己的閱讀桌查閱。如果追查某一條線索而需要把很多文件放在一起的話，問題就不好解決。我在爲英國國家檔案館鑒定和編輯「鴉片戰爭時代中英外交文件」時，就碰到這樣的問題。於是我徵得館長批准，把藏在該館的全部漢語檔案（包括葉名琛檔案）和同時期的英國政府各部門的英語檔案通通集中到一個密室中。從我的辦公室可以通往該密室，一週7天、一天24小時，我都可以隨時取閱。我的辦公室也特別大，一次可以平放幾十份文件。鑒定文件需要工具書，也徵得當時倫敦大學亞非學院歷史系系主任比斯利（William G. Beasley）教授幫助，把該院圖書館的有關工具書調到該密室中。如此種種，都省了我大量的時間，促成了我整理該批文件以及我自己對第二次鴉片戰爭的研究。

在重建某一歷史事件的過程中，如果能採用不同語言的有關史料，可獲得意外的突破。例如，「亞羅」事件發生當天，英國駐廣州署理領事巴夏禮發給葉名琛的照會，漢語本中有這麼一句話：「該船上人等肆意喧嚇，稱言若欲帶人回署，必動械抵拒等語，本領事官祇得返署。」[二]短短一段話，襯托出一個非常強烈的對照：中方被描寫得這麼粗言惡語，盛氣凌人；英方又被描寫得那麼冷靜理性，心平氣和。這種反常現象馬上引起我的懷疑。因爲，根據我看過有關巴夏禮的其他史料，則好勇鬥狠、惡人先告狀是其慣技，[三]怎麼這次

[二] 巴夏禮照會葉名琛，1856年10月8日，FO 228/904。

[三] Gordon Daniels, "Sir Harry Parkes: British Representative in Japan, 1856—1883", D. Phil. thesis, Oxford, 1967.

卻好像是文質彬彬、任人欺負？查核該照會的英語原稿，則“he made a display of force, and threatened me with violence if I attempted to take them with me”〔一〕可以翻譯成「他（指武弁李榮陞）虛晃幾刀威嚇我，並說如果我嘗試把水手們帶走的話，他會用武力對付我」。比較之下，則英語原稿中多了「他虛晃幾刀威嚇我」一句，少了「本領事官祇得返署」一句。多出的一句更表現得中方恃強凌弱（一個武夫用武器威嚇一個文質彬彬的外交官）。少了的一句話暗示事情到此暫告一段落。爲什麼巴夏禮在英語原稿這官方文獻中不作這種暗示？因爲事情的確並沒有就此暫告一段落：巴夏禮在一封家書中作了補充。他說李榮陞「用武力威嚇我，其實我被打了一拳，雖然在官方文書中我從來不提此事，目的是把所有個人因素排除出去」〔二〕。爲什麼巴夏禮要把自己曾被打一拳的情節，從官方文件中排除掉？因爲他自小在中國長大，而在鴉片戰爭中又目睹中國慘敗以及屈辱求和，因而得出一個很霸道的結論。他認爲：對付東方人，姑勿論自己有理或無理，必須先下手爲強。〔三〕這種做法，是不能見容於祖家的紳士階級的。先一年他回英國，就已經有政要看出了這個不是科班出身之外交官的弱點。〔四〕看來，巴夏禮是對李榮陞「先下手」了。可惜對方是個武夫，「可殺不可辱」，怒極而揮刀示威。巴夏禮可不吃眼前虧，更不能把這丟臉的情節透露半點風聲。

巴夏禮把個人因素從官方文件中排除掉了，我反而又在多種語言的公、私文獻的基礎上重建了比較接近歷史事實的當時情況。如果在寫歷史書時單單依靠中方收到的那封巴夏禮所發出的漢語照會，或者單單依靠該照會的英語原稿，都只能得到一個錯誤的結論，就是巴夏禮在處理這件事情上克制、得體，大有外交家的風範。而不少英國歷史名家，也的確是作出過這麼一個錯誤的結論。例如，馬士對巴夏禮的評價是這樣的：「頭腦清楚，辦事果斷，是英國官員的佼佼者」〔五〕。如果馬士先生有機會讀到巴夏禮的家書，他會直言還是爲長者諱？

八　小結：矛盾的統一

如果我們把第二次鴉片戰爭的研究比諸大象，則從史料罕有的角度來說，葉名琛檔案可以比諸象牙。現在劉志偉教授把該檔案刊行，讓廣大學者能予以利用，如此造福學林，可謂功德無量。

〔一〕 Parkes to Yeh, 8 October 1856, Enclosure 2 in Bowring to Clarendon Desp. 326, 15 October 1856, FO 17/251.

〔二〕 原文是“threatened me with violence, and I was actually struck one blow, though to this circumstance I have never made official allusion, as I wished to keep every personal feature out of view”. Lane-Poole, *Parkes*, v. 1, p. 229, quoting one of Parkes's private letters dated 14 November 1856.

〔三〕 見拙著 *Deadly Dreams*, chapter 3.

〔四〕 見拙著 Deadly Dreams, chapter 9.

〔五〕 原文是“the true embodiment of the clarity of thought and energy in decision and action which characterises the best type of the English official”. H. B. Morse, *International Relations of the Chinese Empire*, 3 vs.（Shanghai: Kelly and Walsh, 1910—1918）, v. 1, p. 426.

若從擺事實以便講道理這個角度來看，則葉名琛檔案只是衆多檔案之中的一種。而且，由於經過戰亂與1858年初英方有選擇地淘汰，已甚不齊全。就如本文上一節提到的，1856年10月8日那份巴夏禮致葉名琛照會的漢語本——那份有關戰爭導火線的第一份文件——在葉名琛檔案裏已經再也找不到了。要看這份文件，現在必須求諸英國國家檔案館以便看其漢語副本。總之，由於全球一體化的旋風早已把史料撒往世界各地，深入的歷史研究已經不可能囿於某一國境之內。

在研究方法上，同樣不能囿於某一個國家、民族或專題的文獻與思想感情，而應該爭取作鳥瞰，飛得高纔能看得遠。今天我們需要面對的現實，是全球正在高速度地一體化。因此，搞歷史研究也應該考慮到要從全球的角度來看問題，以便大家能看到世界發展的大方向。同時，竊以爲學問功夫的深與廣，表面上似乎是矛盾的對立，其實是矛盾的統一：不深就不能真正地廣，不廣也就不能真正地深。

九　附帶說明：一樁技術性的問題

2001年4月我再度訪穗。承志偉教授相告，他正被一樁技術性的問題困擾。他的計劃是把葉名琛檔案的縮微膠卷原封不動地複印出版，以便保持原貌。但他發覺，縮微膠卷中的文件，如果原文的長度是超過膠卷的一框的話，接下來的一框的內容就有重複上一框文字的地方。爲了方便讀者，他覺得有必要把重複的地方去掉。這樣做工程就很大了。準此，我覺得有必要說明一下英國國家檔案館的有關規定。

上文說過，1971—1983年我當了該館的名譽編輯（honorary editor），館長授權我可以在該館的禁區自由行走，讓我有機會認識各部門的運作情況，包括縮微膠卷拍攝部。1974年我應聘到澳洲悉尼大學任教後，假期時間仍頻頻飛返英國國家檔案館繼續努力，並把文件製成縮微膠卷，以便我在悉尼大學的課餘期間，也可以繼續做鑒定和做提要的工作。鑒於縮微膠卷拍攝部的工作人員不懂漢語，館長怕他們在拍攝過程中有失漏，讓我坐在拍攝人員旁邊監督。當時我就發覺，凡是文件的長度超過縮微膠卷一框的話，拍攝人員就把上一框內容的最後兩行字，在下一框重複拍攝。在我追問下，她解釋說，這是國家檔案館的規定，目的是讓讀者知道，內容並沒有脫漏。

她的話，讓我想起，我所看過的英國國家檔案館內所藏的英語文件，若果長度超過一頁的話，第一頁正文的最後一行，肯定只有一個字，而這個字肯定放在該頁右下角。同時，這個字也肯定在下一頁第一行的第一個位置中重複。這樣做的目的，除了讓看公文的人知道內容沒有脫漏以外，還有減少外人在公文上作弊的機會。這是英國政府書吏在繕寫公文時的慣例。

其實，清朝的公文同樣有防弊的措施。當時的公文用宣紙繕寫，如果公文的長度超過一張宣紙的話，就把兩張甚至多張宣紙用漿糊聯在一起，並在接駁的地方鈐印，以防不法之徒弄虛作假。這是中國政府書吏在繕寫公文時的慣例。

中外做法雖然不一，但目標一致。既然英國國家檔案館在拍攝縮微膠卷時有重複兩行的規定，志偉教授大可不必爲重複兩行的問題而苦惱。放心付梓可也。

2005年9月28日，得悉志偉教授還是決定在2005年10月1日起的七天長假期閉門剔除重複的兩行。我除了對其高度的專業感表示敬意以外，必須決定是否把本文這最後一節删掉。考慮到其中關於中英政府處理公文慣例的信息對讀者不無用處，姑且保留下來。

1999年11月29日初稿於悉尼

2005年12月29日最後定稿於廣州市中山大學紫荊園

（作者爲澳大利亞悉尼大學教授、澳大利亞社會科學院院士）

第一冊提要（FO931－0001——FO931－0073）

FO931-0001 粵海關監督常顯，諭外洋商人盧觀恒伍敦元等禁鴉片貿易，嘉慶十五年六月二十八日

FO931-0002 兩廣總督鄧廷楨，批英船擅入黄埔停泊洋商未傳諭令其依限辦理而假手馬禮遜錯謬至此大忝官商著傳諭義律來即作速區處，道光十八年四月二十三日

FO931-0003 粵海關監督豫堃，咨呈欽差大臣林則徐商船造冊呈送查核取結，道光十九年五月二十八日

FO931-0004 兩廣總督鄧廷楨，咨欽差大臣林則徐查驗吳淞外口拋椗廣東商船，道光十九年十一月初十日

FO931-0005 粵海關監督豫堃，咨呈欽差大臣林則徐呈明查驗往潮州商船，道光十九年十一月初十日

FO931-0006 粵海關監督豫堃，咨呈欽差大臣林則徐呈明查驗往潮州商船，道光十九年十一月十三日

FO931-0007 粵海關監督豫堃，咨呈欽差大臣林則徐呈明查驗進口商船造冊取結，道光十九年十一月十五日

FO931-0008 粵海關監督豫堃，咨呈欽差大臣林則徐呈明查驗進口商船造冊取結，道光十九年十一月十六日

FO931-0009 粵海關監督豫堃，咨呈欽差大臣林則徐呈明查驗進口商船裝載貨色數目，道光十九年十一月十六日

FO931-0010 粵海關監督豫堃，咨呈欽差大臣林則

徐呈明查驗進口商船造冊取結，道光十九年十一月十七日

FO931-0011 粵海關監督豫堃，咨呈欽差大臣林則徐呈明開列進口商船裝載貨色數目，道光十九年十一月十七日

FO931-0012 粵海關監督豫堃，咨呈欽差大臣林則徐呈明開列進口商船裝載貨色數目，道光十九年十一月十九日

FO931-0013 無撰文人，條陳處理與英人貿易及防務諸事，無年份日期

FO931-0014 無撰文人，七月初六日交委員南海縣縣丞明達賫往燒毀烟土、烟膏等數量清單，無年份日期

FO931-0015 欽差大臣林則徐，諭洋商責令夷人呈繳烟土稿，道光十九年二月初四日

FO931-0016 **虎門之戰前後文件彙抄**

一 署兩廣總督琦善，奏爲英夷現已遣人赴浙江繳還定海並將粵省之沙角大角砲臺及原奪師船鹽船逐一獻出均經驗收該夷兵船已全數退出外洋奴才謹將親往勘過地勢軍械兵力民情奏祈聖鑒事，道光二十一年正月二十五日奉朱批

二 上諭，琦善著即革職鎖拿押解來京嚴行審問所有家産即行查抄入官，道光二十一年二月初四日

三 無撰文人，廣東報，無年份日期

四 無撰文人，事紀，無年份日期

五 新安縣，呈英夷説帖抄白，無年份日期

六 廣東巡撫怡良，安商民告示，道光二十年四月十九日

七 上諭，准琦善帶直隸督標千總白含章赴廣東差遣，八月二十七日

八 上諭，准琦善帶武弁往廣東俾資差遣，九月初八日

九　上諭，關天培等陣亡著加恩照例議恤又著周天爵改發廣東效力，三月初七日

十　上諭，派齊慎爲參贊大臣赴粵會剿並調廣西湖北兵同赴廣東，二月二十三日

十一　上諭，關天培等照例賜恤諭，無年份日期

FO931-0017　韋邦俊，禀林大老爺爲未參與搶奪源利棧事辯誣，正月十四日

FO931-0018　粵海關，飭查假冒海關巡船包庇走私茶葉大黄絲斤，無年份日期

FO931-0019　英國公使義律，曉示粵東商民催迫清朝官兵即日撤出廣州免受交戰之灾，道光二十一年

FO931-0020　英國公使義律，曉示准内地各省船隻赴香港貿易一概免其税餉，道光二十一年四月十八日

FO931-0021　無撰文人，開列獵德捐石填塞紳士職名銀數，道光二十一年夏

FO931-0022　廣西候守王，禀赴團練局辦事信封，十一月初三日到

FO931-0023　總理廣東軍營營務翼長馬殿甲等，呈靖逆將軍奕山等陳明前送酌留官弁冊内未報四川千總劉瀛等四員伏候俯賜察核添造入冊，道光二十一年十一月初三日

FO931-0024　署廣東肇慶府高要縣令，申靖逆將軍奕山奉兩廣總督祁𡎴等札飭辦理紳士商民捐輸，道光二十一年十一月初八日

FO931-0025　惠州府歸善縣捐布政司經歷職銜古連魁，禀靖逆將軍奕山等捐鑄鐵砲一律工竣，道光二十一年十一月初十日

FO931-0026　署理廣東巡撫印務布政使司梁寶常，咨呈靖逆將軍奕山加五品頂戴賞戴藍

翎優先選用通判潘世榮呈報捐輸軍需銀兩交納日期，道光二十一年十一月初九日

FO931-0027 兩廣總督祁𡎴，咨靖逆將軍奕山夷船東駛飛咨各處防範，道光二十一年十一月初九日

FO931-0028 廣州府理事同知覺羅德隆，申靖逆將軍奕山等新製並支過火藥數目日期，道光二十一年十一月初九日

FO931-0029 兩廣總督祁𡎴，咨靖逆將軍奕山生員葉煌請領火藥以資守禦，道光二十一年十一月初九日

FO931-0030 兩廣總督祁𡎴，咨靖逆將軍奕山奉調省差遣各員自應照例給領薪水，道光二十一年十一月初九日

FO931-0031 兩廣總督祁𡎴，咨靖逆將軍奕山貴州安義鎮總兵段永福奉上諭馳驛赴浙江，道光二十一年十一月初九日

FO931-0032 兩廣總督祁𡎴，咨靖逆將軍奕山貴州松桃協副將達騰超奉上諭馳驛赴京聽候召見，道光二十一年十一月初九日

FO931-0033 兩廣總督祁𡎴，咨靖逆將軍奕山戴勝修整蝦笱船隻工料等項數目於提存軍需銀內照數發給歸款，道光二十一年十一月初九日

FO931-0034 兩廣總督祁𡎴，咨靖逆將軍奕山恭録江蘇巡撫咨覆奏朱給諫所陳禦砲之法一折奉到朱批，道光二十一年十一月初九日

FO931-0035 兩廣總督祁𡎴，咨靖逆將軍奕山通飭各屬慎重馳遞公文，道光二十一年十一月初九日

FO931-0036 兩廣總督祁𡎴，咨覆靖逆將軍奕山等批飭原防赤柱兵丁留存五名改裝寓此

密探夷情其餘十名著令帶赴坪洲協同防守，道光二十一年十一月初九日

F0931-0037　兩廣總督祁𡎴，咨請逆將軍奕山札署參將曾逢年等會同紳士赴大石瀝滘趕築土臺防堵，道光二十一年十一月初十日

F0931-0038　兩廣總督祁𡎴，咨請逆將軍奕山夷船東駛飛咨各處嚴防，道光二十一年十一月初十日

F0931-0039　署理廣東巡撫梁寶常，咨請逆將軍奕山候補通判徐繼鏞捐銀修築砲臺候彙案奏請議敘，道光二十一年十一月初十日

F0931-0040　兩廣總督祁𡎴，咨請逆將軍奕山武舉關鵬飛等請領次西桅廿五條，道光二十一年十一月初十日

F0931-0041　前任湖廣總督周天爵，呈請逆將軍奕

山東河楊莊閘閘官潘汝濟差竣，道光二十一年十一月初十日

F0931-0042　兩廣總督祁𡎴，咨覆靖逆將軍奕山職員古連魁造繳子母砲位立即妥爲收貯以備撥用，道光二十一年十一月初十日

F0931-0043　署理廣東巡撫梁寶章，咨呈靖逆將軍奕山廣州協趙副將等稟勘明大岡背新築砲臺砲眼砲架緣由，道光二十一年十一月初十日

F0931-0044　署理廣東巡撫梁寶章，咨呈靖逆將軍奕山古連魁捐鑄子母砲進展，道光二十一年十一月初十日

F0931-0045　代理廣州府佛山同知劉漢章，稟靖逆將軍奕山將佛山所剩夷砲一尊連砲架砲具遵照憲臺批示附解至省，道光二十一年十一月初十日

FO931-0046 代理廣州府佛山同知劉漢章等，稟請逆將軍奕山遵照憲臺札飭改易新式鑄造砲位，道光二十一年十一月初十日

FO931-0047 兩廣總督祁𡎴，咨請逆將軍奕山澄邁教諭虞世珍等請領壯勇各項銀兩事附粘單一紙，道光二十一年十一月十一日

FO931-0048 兩廣總督祁𡎴，咨請逆將軍奕山澄邁教諭虞世珍等稟壯勇內有技藝軟弱因病告假之人已飭令歸農，道光二十一年十一月十一日

FO931-0049 兩廣總督祁𡎴，咨請逆將軍奕山將所撤吳普華等快蟹船二隻交生員林福祥領用以資配防，道光二十一年十一月十一日

FO931-0050 兩廣總督祁𡎴，咨請逆將軍奕山團練義勇職員林俊英請領大小砲位鳥槍等自應如數給領，道光二十一年十一月十一日

FO931-0051 兩廣總督祁𡎴，咨請逆將軍奕山具報察核新安縣知縣彭邦晦稟英夷攻擊南山砲臺情形，附抄粘單一紙，道光二十一年十一月十一日

FO931-0052 兩廣總督祁𡎴，咨請逆將軍奕山據廣西候補知府備補左州知州王彥和稟坭城義勇口糧是否由官發給，道光二十一年十一月十一日

FO931-0053 兩廣總督祁𡎴，咨請逆將軍奕山札團練局查明壯勇移防官洲妥議稟覆，附粘單一紙，道光二十一年十一月十二日

FO931-0054 兩廣總督祁𡎴，咨會請逆將軍奕山辦理傳諭洋商諭令咪唎㗎國領事出具切實領狀將遭風難夷悌理士等省釋領回

事，道光二十一年十一月十二日

F0931-0055　署理廣東巡撫梁寶章，咨呈靖逆將軍奕山札順德香山二縣會同營員馳赴磨刀洋面甘竹河面查勘妥議防堵，道光二十一年十一月十二日

F0931-0056　兩廣總督祁𡎴，咨靖逆將軍奕山札調千總劉奕顯等來省，道光二十一年十一月十二日

F0931-0057　署理廣東巡撫梁寶章，咨呈靖逆將軍奕山欽奉兵部咨福建達總兵奏擊船擒夷折底連單附上諭，道光二十一年十一月十三日

F0931-0058　**軍務摺檔**

第一冊，道光二十一年春季分

一　上諭，授奕山爲靖逆將軍隆文楊芳爲參贊大臣赴粵勦擒逆夷，道光二十一年正月初十日

二　上諭，奕山隆文楊芳暨文武隨員賞給料物銀兩，道光二十一年正月十四日

三　上諭，著祁𡎴馳赴廣東督辦糧臺事務，道光二十一年正月十九日

四　靖逆將軍奕山、參贊大臣隆文，奏擬隨帶司員西拉本等赴軍營委差，道光二十一年正月十一日

五　兩江總督伊里布，奏粵省夷務業經查辦完竣現飭繳還定海截回皖楚兵丁，道光二十一年

六　上諭，著欽差大臣裕謙馳赴鎮海查看定海情形相機勦辦其皖楚徵兵仍著催令前進，道光二十一年正月二十四日

七　上諭，著奕山隆文兼程前進速赴廣東聚會各路官兵一意進勦，道光二十一年正月二十五日

八　兩廣總督琦善，奏㖫夷現已遣人前赴浙

江繳還定海並將粵省之沙角大角砲臺等逐一獻出均經驗收並將親往勘過地勢軍械兵力民情懇如所請暫示羈縻，道光二十一年正月二十五日奉朱批

九 上諭，著奕山隆文兼程前進迅即馳赴廣東整我義師殲其醜類務將首從各犯及通夷漢奸檻送京師懲治琦善著革職交部嚴加議處，道光二十一年正月二十五日

十 上諭，據梁章鉅奏稱安南軋船實利海防著奕山隆文楊芳祁墳訪察情形多爲製造，附梁章鉅原奏，道光二十一年正月二十九日

十一 靖逆將軍奕山、參贊大臣隆文，奏已飛飭各路官兵火速進剿並知照楊芳先行赴粵相機調度，道光二十一年二月初六日

十二 上諭，著奕山隆文楊芳祁墳務當一鼓作氣督兵進剿不可稍存通商之意並查明琦善所奏陣亡官兵有無隱飾及與曦啡面晤有無私相饋送之事，道光二十一年二月初十日

十三 兩廣總督琦善等，奏逆夷大肆猖獗横檔砲臺據報失守分赴各要隘嚴守以保省垣，附奏靖遠等砲臺亦俱報失守提督關天培不知下落，道光二十一年二月初一日

十四 上諭，琦善著即革職鎖拿派副都統英隆等押解進京，道光二十一年二月初六日

十五 上諭，覽楊芳怡良奏悉英逆膽敢佔據香港出有僞示不法已極著奕山等到粵後會集各路官兵一意進剿並將楊芳怡良原摺抄給閱看，附楊芳怡良原摺並義律伯麥在港告示，道光二十一年二月初六日

軍務摺檔

第二冊　道光二十一年春季分

一　靖逆將軍奕山、參贊大臣隆文，奏爲途次疊奉諭旨並就近酌調浙省停止續調湖南湖北官兵改赴粵省以資進剿恭摺馳奏仰祈聖鑒事，附奏將已革總督周天爵改發廣東效力贖罪藉資驅策，道光二十一年二月二十五日

二　上諭，奕山隆文所請酌調官兵已降旨准行韓振先琦忠著就近飭令改赴廣東差遣，道光二十一年三月初一日

三　上諭，周天爵改發廣東效力贖罪著令河南等省查明解赴差遣又琦忠韓振先無論行抵何處著改赴廣東差委，道光二十一年三月初一日

四　上諭，著奕山等抵粵後與楊芳會合統領各省調集兵丁奮勇直前殲除醜類，道光二十一年二月十七日

五　兩廣總督琦善，奏爲逆夷聞大兵將集意圖先肆滋擾謹恭摺由六百里馳奏仰祈聖鑒事，道光二十一年二月初二日

六　兩廣總督琦善、廣州將軍阿精阿，片奏遵旨咨會陸路提督郭繼昌來省會商攻剿並挑選滿兵八百名預備協剿，無年份日期

七　上諭，琦善奏論香港情詞自相矛盾著奕山等查明具奏斷不准給予香港致滋後患，道光二十一年二月十四日

八　兩江總督伊里布，奏爲定海業經收復夷船全數起椗恭摺由驛馳報仰祈聖鑒事，無年份日期

九　上諭，伊里布剿辦逆夷觀望遲延著革去協辦大學士拔去花翎仍帶革職留任，道光二十一年二月十四日

十　靖逆將軍奕山、參贊大臣隆文，奏接奉續調官兵諭旨並途次檄調藩司趕辦後路糧臺酌撥火藥砲位緣由，道光二十一年三月初六日

十一　上諭，奕山隆文所奏途次檄調藩司趕辦後路糧臺酌撥火藥砲位俱照所請務即會商設法痛剿，道光二十一年三月十五日

軍務摺檔

第三冊　道光二十一年春季分

一　靖逆將軍奕山、參贊大臣隆文，奏訪聞粵省現在情形並在韶暫停飛咨祁塡趕赴會商剿辦事宜，附奏途次奉交琦善原奏各摺朱批諭旨已轉給閱看包封恭繳，道光二十一年三月十七日

二　上諭，奕山隆文所奏在粵籌辦情形並須製造器具兼程催趲各路官兵等情辦理極爲妥協務當激發忠良以揚國威而伸天討，道光二十一年三月二十九日

三　上諭，據琦善等奏逆夷直進內洋逼近省城著奕山等兼程前進奮力殲剿並將琦善原摺抄給閱看，附琦善等奏爲查明虎門失守提督陣亡並烏涌卡座被擊逆夷兵船近逼省城臣等現在固守情形恭摺馳奏仰祈聖鑒事，道光二十一年二月二十七日

四　上諭，據楊芳馳奏已抵粵省現在防守可期無虞著奕山等星夜兼程抵粵後隨時將粵省情形知會浙省並將楊芳原摺抄給閱看，附楊芳奏爲抵粵日期並逆船逼近省城及現在防守可期無虞情形仰祈聖鑒事，道光二十一年二月二十九日

五　靖逆將軍奕山、參贊大臣隆文，奏同日抵粵查看大概情形，附奏粵省情形患不在外而在內緣由，道光二十一年三月二十六日

六　上諭，奕山等應將攻佔之具趕緊密爲製造毋令該夷得有傳聞並嚴拿漢奸不使偷漏消息一俟戰備齊全即行進剿不可稍存觀望，道光二十一年閏三月十三日

七　靖逆將軍奕山等，奏遵旨查明據實覆奏已革總督琦善兩次與義律晤面何人同往何人在傍有無私相饋送之事及香港地方島嶼里數等至琦善所報陣亡兵數已飭該管將官等詳細查明具報到日另行核奏，道光二十一年閏三月初六日

八　靖逆將軍奕山等，奏爲遵旨查明恭順各國夷商貿易情形恭摺覆奏仰祈聖鑒事，道光二十一年閏三月初六日

九　靖逆將軍奕山等，奏爲官兵漸次到粵陸路分守要隘省城可保無虞民心大定仰祈聖鑒事，道光二十一年閏三月初六日

十　上諭，據奕山等奏官兵漸次到粵分守要隘所有商辦機宜自應加意慎密毋稍漏泄另奏香港情形豈容逆夷溷迹並逆夷現在寄泊之尖沙嘴等處著進剿驅逐又各國夷商應妥爲撫綏，道光二十一年閏三月二十一日

十一　上諭，著奕山等將給事中朱成烈奏剿辦逆夷戰策一摺分條體察具奏原摺著抄給閱看，附朱成烈奏爲剿辦逆夷必先奪其所恃摺，道光二十一年三月十八日

十二　上諭，將候補內閣學士姚元之奏備論廣東形勢一摺及掌江南道監察御史駱秉章奏嚴防吏役以杜泄露文報一摺抄給閱看著會商妥議具奏，附姚元之駱秉章奏折二件，道光二十一年三月二十七日

十三　靖逆將軍奕山等，奏爲廣州西北兩河山水盛漲省河港汊漫灘官兵不能克期分剿據實具奏仰祈聖鑒事，附奏南贛鎮總兵

長春蒙賞花翎勇號呈請代奏謝恩，附奏新授鎮筸鎮總兵琦忠呈請代奏謝恩，道光二十一年閏三月二十日

十四　上諭，奕山等務當慎密運籌催集砲械募調水勇相機進剿又據駱秉章所奏逆夷在粤造車載砲揚言復至天津著確切偵探據實具奏及湖南官兵在粤騷擾情事著申明紀律嚴加約束，附奕山奏告示賞格單一件，道光二十一年四月初七日

軍務摺檔

第四冊　道光二十一年夏季分

一　靖逆將軍奕山等，奏爲乘夜焚剿省河逆夷兵船現仍嚴密防守恭摺馳奏伏乞聖鑒事，道光二十一年四月初三日

二　上諭，焚剿省河夷船甚屬可嘉仍著加意防守省垣設法進剿奕山等人著交部從優叙議賞發白玉翎管等物出力文武員弁著查明核實保奏，道光二十一年四月十八日

三　靖逆將軍奕山等，奏夷船晝夜環攻省垣官兵奮勇抵禦情形，附奏咨調招募福建水勇一千名抵粤分撥協防，道光二十一年四月初六日

四　上諭，著奕山等嚴密查拿漢奸又兩次焚燒夷船守城出力各員著查明奏請奬勵，道光二十一年四月二十四日

五　參贊大臣楊芳，將二月二十四經奴才楊派往鳳凰岡打仗最爲出力員弁遵旨核實開單恭呈御覽仰懇天恩量加鼓勵，道光二十一年

六　上諭，據楊芳保舉所有派往鳳凰岡打仗最爲出力員弁量予恩施，道光二十一年四月二十四日

七　上諭，著督飭地方文武員弁將沙民孖氈

等漢奸設法擒拏，道光二十一年四月二十五日

八 靖逆將軍奕山等，奏爲嘆夷船只攻擊省城督兵竭力保護幸尚無虞而體察局勢難期久守惟有權宜辦理謹將實在情形恭摺會奏仰祈聖鑒事，附奏聞洋商伍秉鑑等稟仰懇墊借庫款銀二百八十萬兩歸償夷欠，附奏粵東省城勢甚危急不得不權宜行事辦理錯謬均請交部從重治罪並請留中，道光二十一年四月十五日

九 上諭，諒奕山等不得已之苦衷准令通商惟當嚴諭嘆夷兵船退出外洋繳還砲臺並著奕山等會同督撫悉心籌議妥定章程嚴密防範撫恤房屋被焚居民借撥庫銀著落分年歸補其餘照所擬辦理，道光二十一年四月二十九日

十 靖逆將軍奕山等，奏爲夷船退出省河繳還砲臺義勇剿殺漢奸及滋事夷匪省城安堵恭摺奏聞仰祈聖鑒事，道光二十一年四月二十四日

十一 上諭，著奕山等俟夷船退出外洋後親歷各海口相度形勢妥議章程以資保障並著擒拿漢奸至義勇擒斬夷目是否即哌咱嘜一切善後會同悉心妥議具奏，道光二十一年五月初十日

十二 靖逆將軍奕山等，奏軍營所出游擊以下各缺照例開單請補，附請補清單，道光二十一年四月二十四日

十三 上諭，奕山等奏遴員請補游擊都司守備各缺一摺着照所請，道光二十一年五月初十日

十四 靖逆將軍奕山等，奏奉賞議叙並翎管等物叩謝天恩，附奏參贊大臣隆文在粵焦勞致疾，道光二十一年五月初四日

十五　上諭，參贊大臣隆文焦勞致疾應暫且安心調養以期速癒，道光二十一年五月十八日

十六　靖逆將軍奕山等，奏爲查明續燒夷船及義勇擒斬夷目據實具奏仰祈聖鑒事，附奏夷船退出虎門繳還虎門各砲臺並分看省河水勢先將要隘堵塞以期固守，道光二十一年五月初四日

十七　上諭，著奕山等查明續燒夷船及擒斬夷目等義勇紳士一著按格奏賞又將踏勘砲臺砲位及查看省河堵塞要隘情形並所焚夷船擒斬夷目夷人漢奸數目等情查明具奏，道光二十一年五月十八日

十八　靖逆將軍奕山等，奏查明核實所有初一初二日在事文武員弁謹擇其尤爲出力者分別開單恭呈御覽仰懇恩施格外量予鼓勵，附將查明招募管帶水勇督催火攻器具並經歷文案在事尤爲出力人員核實開單恭呈御覽，道光二十一年五月初四日

十九　上諭，據奕山等奏請將焚剿省河逆夷兵船出力文武員弁等量予恩施按格獎賞，道光二十一年五月十八日

二十　靖逆將軍奕山等，奏爲籌備守禦內河情形並查勘虎門各砲臺猝難修復及驗明擒斬夷目姓名據實具奏仰祈聖鑒事，附奏查明群帶路嘆夷未必終能久居情形，附奏分駐石門金山彈壓土匪撫恤居民參贊大臣隆文楊芳俱患病請暫爲調理，道光二十一年五月十二日

廿一　上諭，奕山等奏籌備守禦內河情形著即照議另香港地方緊要著奕山等不時密探隨時防範又楊芳患病應安心調理著參贊大臣齊慎駐省彈壓，道光二十一年五月二十六日

軍務摺檔

第五冊　道光二十一年夏季分

一　靖逆將軍奕山等，奏爲參贊大臣因病出缺恭摺馳奏仰祈聖鑒事，道光二十一年五月十二日；參贊大臣隆文，奏爲微臣病勢益劇難期痊癒伏枕哀鳴恭謝天恩事，道光二十一年五月十一日

二　上諭，遽聞隆文溘逝軫悼殊深著加恩贈賜恤賞，道光二十一年五月二十六日

三　靖逆將軍奕山等，奏遵旨查明駱秉章奏逆夷造車砲揚言復至天津及湖南官兵到粵聞有騷擾情事各緣由，附奏奉旨來粵聽候查問差委已革閩浙總督鄧廷楨可否飭令回籍，道光二十一年五月二十六日

四　靖逆將軍奕山、參贊大臣齊慎，奏越秀山神祇護國疊著顯應恭請御書匾額供奉山巔以彰神貺，道光二十一年五月二十六日

五　靖逆將軍奕山、參贊大臣齊慎，奏爲請補副將以下各缺恭摺奏祈聖鑒事，道光二十一年五月二十六日

六　上諭，奕山所奏請補副將以下各缺一摺著照所議辦理，道光二十一年六月十一日

七　靖逆將軍奕山等，奏爲遵旨曉諭暎夷准以凛遵前定章程一體通商並籌備堵塞省河添鑄砲位及夷人現在情形恭摺具奏仰祈聖鑒事，附奏粵省夷務大定擬將湖南等省官兵分期撤歸，道光二十一年五月二十六日

八　上諭，奕山等奏請撤兵分期啓行照議辦理又香港裙帶路遇有可乘之機應設法收復至楊芳所奏水師酌改陸師及修造省河砲臺等所有一切善後章程即著奕山齊慎

祁墳怡良和衷商榷妥議辦理，道光二十一年六月十一日

九　上諭，奕山等奏官兵凱撤請分期開行著照所請，道光二十一年六月十一日；又上諭，著參贊大臣楊芳即回湖南提督之任所帶兵弁一併帶回歸伍，道光二十一年六月十一日

十　上諭，暎夷兵船退出虎門准令通商著奕山等辦理善後飭諭暎夷通商各事均照舊章辦理，道光二十一年六月十二日

十一　靖逆將軍奕山等，奏爲海洋陡發颶風打碎暎夷香港房寮馬頭並漂没暎夷貨船兵船恭摺馳奏仰慰聖懷事，附奏御前侍衛珠勒亨等軍務將次完竣無可差委飭令回京並賫繳隆文琦善各關防，道光二十一年六月十三日

十二　上諭，凱撤官兵陸續分起行走著直隸等省督撫分飭沿途州縣照例應付並傳令官兵沿途毋許滋擾，道光二十一年六月二十九日

十三　上諭，奕山等奏颶風擊碎暎夷房寮漂没船隻批覽欣悦發去大藏香著奕山等分詣各廟虔誠行禮，道光二十一年六月二十九日

十四　上諭，著奕山曉諭各省凱撤官兵嚴禁夾帶鴉片，道光二十一年六月二十八日

十五　上諭，著探明颶風後曦啡在何處所果在澳門當設法生擒香港一帶著即趕緊收復廣州淹斃官兵著照例議恤，道光二十一年六月二十九日

十六　靖逆將軍奕山、參贊大臣齊慎，奏爲查明二次打仗守城出力文武員弁及擒斬夷匪之紳士義勇等分別開單遵旨酌保籲懇恩施鼓勵仰祈聖鑒事，附奏廣東糧道朱

崇慶協同辦理軍需事務細心妥速仰懇賞加陞銜，附奏參贊大臣齊慎之孫齊偉隨營出力仰懇盡先選用，附懇恩鼓勵文武員弁紳士義勇清單，道光二十一年六月二十日

十七　上諭，奕山等奏遵旨酌保打仗守城出力文武員弁及擒斬夷匪之紳士義勇量予恩施以昭激勵另朱崇慶齊偉亦加獎賞，道光二十一年七月初五日

十八　靖逆將軍奕山等，奏查明共燒逆夷船隻及殲滅夷人漢奸數目，道光二十一年六月二十日

十九　上諭，據奕山等奏撈獲落水勘用銅砲著即配搭安置各臺不敷砲位即迅速趕鑄其善後章程會同妥議具奏，附兩廣總督祁𡒉代新授四川川北鎮總兵韓振先奏謝恩摺奉到朱批，道光二十一年七月初五日

二十　靖逆將軍奕山等，奏爲查探近日外洋夷船游奕情形並據報該國領事噫啤革退回嘆另差兵頭前來更替各緣由據實奏聞仰祈聖鑒事，道光二十一年六月三十日

廿一　上諭，奕山奏外洋夷船情形殊多不實一味粉飾惟當整頓砲火督飭將弁兵丁激勸義勇竭力堵禦至香港不准擅許借給該夷居住，道光二十一年七月十五日

廿二　靖逆將軍奕山等，奏爲請補副將等缺恭摺奏祈聖鑒事，道光二十一年六月三十日

廿三　上諭，奕山所奏請補副將等缺一摺著照所請，道光二十一年七月十五日

軍務摺檔

第六冊　道光二十一年秋季分

一　靖逆將軍奕山等，奏爲夷船出洋北駛及派員曉諭情形恭摺具奏仰祈聖鑒事，道

光二十一年七月初七日

二 上諭，奕山等奏夷船出洋北駛及派員曉諭情形著加以守衛以備不虞，附靖逆將軍奕山奏參贊大臣楊芳回湖南提督任起程日期，道光二十一年七月二十一日

三 靖逆將軍奕山、參贊大臣齊慎，奏爲請補參將以下各缺恭摺仰祈聖鑒事，道光二十一年七月初七日

四 上諭，奕山等奏請遞補參將以下各缺一摺著照所請，道光二十一年七月二十一日

五 靖逆將軍奕山等，奏爲分鄉團練丁壯招募水勇陸義勇撤兵節餉以歸實用仰祈聖鑒事，道光二十一年七月二十日

六 上諭，據奕山等奏募勇分鄉團練著隨時預備各丁壯認真訓練加以激勵俾收實效又香港地方應設法進剿妥速酌辦，附奕山代廣州副都統裕瑞等蒙賞花翎議叙奏謝恩摺，道光二十一年八月初七日

七 靖逆將軍奕山等，奏爲籌辦善後事宜暎夷阻撓尋釁嚴爲防守情形恭摺馳奏仰祈聖鑒事，附奏已革湖廣總督周天爵到粵派管湖北兵丁隨同守禦，道光二十一年八月初三日

八 上諭，據奕山奏逆夷阻撓善後情形著乘此挑釁之時聲罪致討將留粵夷匪痛加剿洗收復香港，道光二十一年八月十八日

九 上諭，據裕謙奏香港地方有兵一千名兵房數百間與奕山等前奏情形何以迥不相符又關天培陣亡時不肯點砲及火門透水兵丁暨慶宇等下落均著迅速查明具奏，道光二十一年八月十八日

十 靖逆將軍奕山等，奏爲欽奉諭旨相機克復香港謹將粵中內外一時不能兼顧情形

據實陳明仰祈聖鑒事，道光二十一年八月二十日

十一 上諭，粵省水陸義勇既有三萬餘人加以所留各路精兵數千名兵力不爲單弱一有可乘之隙自當相機攻剿，道光二十一年九月初六日

十二 靖逆將軍奕山、參贊大臣齊慎，奏爲會同遵旨查明沙角大角兩砲臺打仗陣亡受傷各將弁兵丁數目恭摺具奏仰祈聖鑒事，道光二十一年八月二十日

十三 靖逆將軍奕山，奏將湖北千總許宗魁打仗出力請奬重複緣由咨明兵部註銷外並自請交部議處，道光二十一年八月二十日

十四 上諭，湖北千總許宗魁請奬重複著兵部即行註銷奕山自請交部議處之著改爲交部察議，道光二十一年九月初六日

十五 靖逆將軍奕山等，奏查明颶風拆毁裙帶路夷寮與裕謙所奏不同及關提督陣亡時並無兵丁受賄施放空砲及濕透火門之事，附奏准裕謙咨囑令粵省乘虛收復香港並以厦門定海之失歸咎廣東之清還商欠謹將前此辦理情形據實陳奏，道光二十一年九月十四日

十六 上諭，著奕山等將關天培陣亡時首先散失之兵丁確查嚴訊從重懲辦又有能焚燒夷船擒殺夷目即行據實具奏，道光二十一年十月初一日

十七 靖逆將軍奕山等，奏爲廣東水師改爲陸路體察現在情形未便遽議變更恭摺會議具奏仰祈聖鑒事，附奏復經招回漢奸石玉勝等二百餘名並據石玉勝供稱香港灣泊船隻起蓋房屋及逆夷船隻在魚珠新造河面游奕情形，附奏參贊大臣特依順抵

粤關防派員送交祇領任事，道光二十一年九月二十一日

十八　上諭，楊芳所奏廣東水師改陸師一摺著奕山等毋庸議至招回漢奸嚴防水陸務當明定賞格以示恩信又沙角橫檔各臺即有夷船駛入尤宜激勵兵勇嚴防乘機懲創，道光二十一年十月初八日

軍務摺檔

第八冊　道光二十二年春季分

一　靖逆將軍奕山等，奏爲遵旨通盤籌劃妥議戰守情形據實陳明仰祈聖鑒事，附奏佛囒西兵頭來粤求爲啖夷講和情形，道光二十二年二月十七日

二　靖逆將軍奕山等，奏爲查明廣東省河各要隘團練義勇及修臺鑄砲填河各工一律完竣足資守禦謹將出力而又捐資之紳士人等核其勞績遵旨分別開單保奏籲懇恩施鼓勵仰祈聖鑒事，附奏已革湖廣總督周天爵到粤後實力報效可否准免其罪仍留廣東效力，附將二十一年六月隨營差委紳士捐資報效在事不辭勞瘁奮勉尤爲出力各員姓名開列清單，另單開列潘仕成等出力紳士姓名、未奉章程以前首先倡捐修置砲臺砲位船料軍械壯勇口糧踴躍急公紳士姓名清單、自去年夷匪滋事首先捐資練勇護修內河砲臺至今不懈所有管帶捐資各員姓名清單，道光二十二年二月十七日

三　上諭，據奏逆夷噗嘣嗑回港著即責成奕山等嚴密防範又現存兵勇仍著酌量裁減節省經費又佛蘭西兵頭來粤解散等語仍須防範勿墮奸計，道光二十二年三月初三日；上諭，奕山等奏出力捐資各紳士等請分別鼓勵一摺著吏部議奏單三件

並發，道光二十二年三月初七日

四　上諭，奕山等奏海疆出力捐資各紳士自宜破格施恩以昭激勵，道光二十二年五月十六日

軍務摺檔

第十冊　道光二十二年秋冬季分

一　靖逆將軍奕山等，奏爲遵旨查明天竺咈喃及吕宋國夷船情形並現在籌辦夷務緣由恭摺覆奏仰祈聖鑒事，道光二十二年七月二十八日

二　靖逆將軍奕山等，奏革職留任恭謝天恩事，附奏周天爵蒙發往江蘇以知府候補赴清江埔辦理防堵事務呈請代奏叩謝天恩並請廣東軍犯四名帶赴清江埔軍前效力，附奏新授廣西左江鎮盛筠呈請代奏謝恩，道光二十二年七月二十八日

三　上諭，天竺咈囒西吕宋等國既無聽從唆夷滋擾確據自可無庸究問至外省徵兵仍請暫留防調遣著奕山等體察隨時裁撤，道光二十二年八月十三日

四　上諭，飭令粤省酌籌製造戰船並將大理寺少卿金應麟奏請飭多備戰船原摺抄給閱看，附大理寺少卿金應麟奏爲籌計水攻請旨辦理事，道光二十二年七月十六日

五　靖逆將軍奕山等，奏爲遵旨議覆金應麟條奏各項船隻情形暨現在籌畫製造戰船之法並將官紳等造成船隻及仿照夷船式樣繪圖貼説恭呈御覽仰祈聖鑒事，道光二十二年九月初七日

六　上諭，據奕山等奏製造戰船及停造例修師船一摺均著照辦並令再繕圖説三分咨交江蘇等省所奏潘仕成製造戰船堅實得力以後造船即著一手經理其鎗砲等項毋

庸泥守舊制總以精良適用爲貴各緣由，道光二十二年九月二十五日

七 靖逆將軍奕山等，奏爲查明逆船來往情形並現在酌裁壯勇緣由恭摺具奏仰祈聖鑒事，道光二十二年九月初七日發

八 上諭，現在暎夷業已就撫著祁𡊮梁寶常等體察情形將防兵征兵盡撤並將壯勇逐加裁汰，道光二十二年九月二十四日；兩廣總督祁𡊮等，奏奉上諭飭令李致和馬永熾等管帶藤牌兵壯各四名起程赴京，附奏奉上諭飭令候補都司張必禄於八月二十五日自粤省起程迅速前赴江蘇聽候差委，無年份日期，

九 靖逆將軍奕山等，奏爲粤省夷務漸定兵勇分别裁撤並查勘虎門砲臺尅日興工謹將辦理緣由恭摺具奏仰祈聖鑒事，道光二十二年十月初一日發

十 上諭，祁𡊮等奏裁撤兵勇並查勘虎門砲臺興工等事著照所議辦理其購辦石料並一切工程務臻堅固，道光二十二年十月十九日；靖逆將軍奕山等，奏投效軍犯謝邦均等二百餘名請免罪釋回，道光二十二年十一月初九日奉朱批；上諭，祁𡊮等奏請免罪之投效軍犯二百餘名除謝邦均外俱准免罪釋回，道光二十二年十月二十一日；靖逆將軍奕山等，奏粤海關監督文豐勸令洋商購買夷船並首倡捐銀鑄造戰船辦理妥速殊堪嘉獎可否請賞戴花翎，道光二十二年十一月初九日奉朱批

十一 上諭，據奏洋商購買夷船足以禦敵著祁𡊮等撥歸水師旗營交提督吴建勛操演並曉諭紳商多方購造，道光二十二年十月十九日

十二 靖逆將軍奕山等，奏查明丁拱辰演砲圖說及造船配藥各緣由，道光二十二年十月十九日

十三 上諭，祁𡎴所奏已將丁拱辰演砲圖說原書及更定本附報進呈等語覽奏均悉又潘仕成所造水雷如有成效即送京呈覽，道光二十二年十一月十一日；靖逆將軍奕山等，奏上年七月招募壯勇設立團練局揀派鎮道大員彈壓稽查自應查明尤爲出力之員先行鼓勵，道光二十二年十二月初一日奉朱批

十四 靖逆將軍奕山，奏粵省軍務大定兵勇分別裁撤謹將交代善後事宜並起程回京日期又請鼓勵出力員弁開單呈覽，附開列隨營差委始終奮不辭勞尤爲出力員弁保奏清單，附奏原任吏部郎中董作模原來犯事仍留軍營辦事經保奏奉旨賞給通判

銜屬軍營中最爲出力之人可否請以通判用，道光二十二年十月十九日

FO931-0059 王漢橋，致祁𡎴信稿陳廣東捐資助餉只准捐官不准兼收常例及廣東所收銀兩盡數解附廣西由西省造冊報銷到部方准議叙事，無年份日期

FO931-0060 兩江總督牛鑒，照會英國公使璞鼎查期兩國同好棄惡休兵息民，道光二十二年六月二十日

FO931-0061 無撰文人，遵將暎夷案內製造火藥每百斤需用例價工料銀兩開列清摺呈閱，無年份日期

FO931-0062 無撰文人，將各營道光七年至二十二年公費案內支銷各項銀兩原冊造銷及奉駁刪減請銷各數開列呈閱，無年份日期

FO931-0063 無撰文人，今將道光二十一年奉調各

省來粵及奉調本省防夷兵丁數目開列，無年份日期

FO931-0064　無撰文人，陳嚴禁走私漏税積弊之法，無年份日期

FO931-0065　沈保頤，致菊翁先生信禀報南海順德一帶軍事形勢，二十六日

FO931-0066　無撰文人，紳士楊文適等捐建砲臺建議准其照捐輸海疆章程給予獎叙毋庸從優給予實在官階封典及指省分發補用，無年份日期

FO931-0067　無撰文人，道光二十五年後各商認捐撫夷銀兩未完遺欠各款數目，無年份日期

FO931-0068　無撰文人，將各衙門辦理軍務經清各書姓名開列呈候獎勵，無年份日期

FO931-0069　無撰文人，致黃翰齋信由省城牛肉供應量推算英軍死亡數字，十一月二十九日

FO931-0070　無撰文人，用開平船黑夜火攻鬼船之法，無年份日期

FO931-0071　無撰文人，將虎門平海弁兵受傷酌賞銀兩數開列呈覽，無年份日期

FO931-0072　無撰文人，以火船攻擊泊省河紅毛船及克復沙腰砲臺之法，無年份日期

FO931-0073　無撰文人，將擬請派員撥船駐守內洋各處河面以杜奸民接濟逆夷伙食逐一開列呈覽，無年份日期

第二册提要（F0931-0074—F0931-0338）

FO931-0074 耀亭、徐萬資，大賣田地山場樹木莊基塘堰文契，乾隆三十年六月二十八日

FO931-0075 大學士于敏中等，奏酌改王公大臣官員服色清單，乾隆四十二年四月二十八日奉旨

FO931-0076 大學士于敏中，奏聖母孝聖憲皇后大事業届初周所有宗室王公大臣官員服色等事，乾隆四十三年正月二十二日奉旨

FO931-0077 黄光德同子良玉，大賣基地約，乾隆六十年六月二十日

FO931-0078 無撰文人，准禮部咨姜晟等奏請清江浦吕祖廟請賜加封號並列入祀典事，嘉慶十年三月初三日

FO931-0079 葉雲素同子葉東卿，當田地山場樹木莊基塘堰文契，嘉慶二十一年三月

FO931-0080 兩廣總督阮元，奏爲查出粤東通省各州縣歷年墊解民欠銀米無從徵補酌定分限攤賠以完帑項據實恭摺密陳仰祈聖鑒事，嘉慶二十四年閏四月二十四日

FO931-0081 兩廣總督阮元，咨覆湖廣總督慶保樂桂等埠圍子店相距淮界甚遠向無與淮界侵害應遵照恩旨各守疆界自固藩籬勿紊舊章轉滋他弊，嘉慶二十四年七月初三日

FO931-0082 無撰文人，開列粤鹽行銷地引額及税餉數額清單，道光年間

FO931-0083 無撰文人，開列鳳凰乾州永綏古丈保

靖等地屯田屯丁苗兵碉堡屯長書院屯官苗寨等清單，道光年間

F0931-0084 撰文人略，葉嘉會堂田産契約，道光元年至二十三年

F0931-0085 無撰文人，開列道光七年至二十二年刪減銀數，無年份日期

F0931-0086 無撰文人，開列道光十一年至十五年衙門各款開支銀數，無年份日期

F0931-0087 無撰文人，開列道光十一年至十七年出入口餉銀估價行用銀數，無年份日期

F0931-0088 廣東巡撫祁𡎴，奏爲續獲普寧縣匪犯多名臣親赴潮州府審辦以示懲儆恭摺奏祈聖鑒事，道光年間

F0931-0089 無撰文人，今將（道光）十三年被水案內官紳行户捐賑買米平糶收支數目開列呈閲，無年份日期

F0931-0090 無撰文人，今將道光十四年被水冲決圍基奉督憲盧（坤）札飭在司庫閑款籌銀委員帶往被水各村莊撫恤開列呈閲，無年份日期

F0931-0091 無撰文人，鹽運使伍長華道光十四年六月詳請兩廣總督盧坤查辦連州連陽埠船户轄用小秤盜賣引鹽事奉兩廣總督盧坤批委員賫捧令箭同往彈壓拿辦，無年份日期

F0931-0092 無撰文人，廣州府審結道光十四年六月連州連陽埠船户轄用小秤恃衆滋事案，無年份日期

F0931-0093 柏蒼筠，典自置民房文契，道光十六年六月初三日

F0931-0094 無撰文人，督撫憲轅報一紙，道光十六年六月二十一日

F0931-0095 署兩江總督江蘇巡撫林則徐，奏遵旨

審明江蘇吳縣人曹咸霑捏稱貢生就職訓導在安徽巡撫衙門稟控幕友史寶善等植黨盤踞勒薦分修一案定擬緣由，道光十六年十一月二十四日

FO931-0096 無撰文人，道光十六年至十八年衙門開支銀數列，無年份日期

FO931-0097 湖廣總督林則徐，奏遵旨審明湖北隨州民婦吳殷氏以朱榮扆謀殺伊夫吳得敏斃命前次京控解回委審酷刑勒結一案定擬緣由，道光十八年正月初十日

FO931-0098 河南布政使朱樹，奏在任已屆三年籲懇天恩俯准陛見，道光十八年七月二十四日奉朱批

FO931-0099 無撰文人，密稟請飭查佛山劣衿招恩榮是否係福建委員，無年份日期

FO931-0100 無撰文人，遵查上川司鹽巡檢管轄鹽場今昔情形，無年份日期

FO931-0101 陝西按察使司梁寶常，札興安府密查地方情形，道光十八年十一月二十五日

FO931-0102 安徽布政使程楙采，奏爲奉職已屆三年循例恭叩天恩俯准陛見仰祈聖鑒事，道光十九年十一月十七日奉朱批

FO931-0103 粵海關監督豫堃，咨欽差大臣兵部尚書兩江總督林則徐呈明准寧波船户即下貨出口以免留滯，道光十九年

FO931-0104 廣東水師提督關天培，稟報押送赴天津商船弁兵回營日期，道光十九年十一月初八日

FO931-0105 無撰文人，將卑府庫內各縣寄存交代銀兩開列清摺呈電，無年份日期

FO931-0106 無撰文人，將積案冊內應從緩辦之案共十一起理合開列案由繕具清摺呈覽，無年份日期

FO931-0107 無撰文人，原任兩廣總督林則徐恭繳道光十二年至道光十八年分朱批奏摺清單，無年份日期

FO931-0108 署兩江總督江蘇巡撫裕謙，密札江西鹽道將所屬府州官員優劣據實登填呈報，道光二十年九月十二日

FO931-0109 無撰文人，某商行道光二十二年二十六年二十七年二十八年盤查所存銀錢貨物及收支賬目，無年份日期

FO931-0110 新授湖南布政使葉名琛，奏遵旨即赴新任恭謝天恩，道光二十二年

FO931-0111 廣東巡撫調任山東巡撫梁寶常，奏爲恭報微臣交卸起程日期叩謝天恩仰祈聖鑒事，道光二十二年

FO931-0112 廣東布政使葉名琛，頒發關防詐僞告示稿，道光二十三年二月初二日

FO931-0113 無撰文人，遵將道光十四年十七年二十三年各届伴送暹羅國貢使送京委員銜名開列，無年份日期

FO931-0114 職員鄒之瑶，道光二十二年允合成茶行債務官司稟文，無年份日期

FO931-0115 無撰文人，廣東鹽務規則，無年份日期

FO931-0116 無撰文人，廣東各官考語稿，無年份日期

FO931-0117 署廣西鬱林直隸州知州鄧雲祥，遵將所屬教職佐雜各官年歲履歷考語開列簡明清摺呈覽，道光二十四年

FO931-0118 無撰文人，將前故縣倪澧任內被賊陷城劫去常平倉貯穀石確查存缺數目摘開簡明清摺，無年份日期

FO931-0119 無撰文人，粵東藩庫奏銷款目，道光二十四年

FO931-0120 無撰文人，將廣東省各屬交代冊結已

到司因銀未解各案開列清摺送閱，無年份日期

FO931-0121 署廣西鬱林直隸州知州，遵將所屬四縣年歲履歷考語開列簡明清摺呈覽，無年份日期

FO931-0122 新授漕運總督程矞采，奏奉旨補授漕運總督恭謝天恩，道光二十五年

FO931-0123 柏正坤，加典契，道光二十五年二月十八日

FO931-0124 無撰文人，廣東廣州府番禺縣慕德里司南村鄉周氏買地券樣稿，道光二十五年四月十一日

FO931-0125 無撰文人，將自本年正月起至十一月止支發銀兩開列，道光年間

FO931-0126 無撰文人，密查廣東地方官員奏稿殘件，無年份日期

FO931-0127 卸署番禺知縣李延福，懇將各州縣應領廉銀扣給歸回墊款緣由列摺，道光二十六年

FO931-0128 洪啓寬，代張姓收到葉名琛典價銀收據，道光二十六年十二月二十八日

FO931-0129 柏蒼筠，典自置民房文契，道光二十五年十二月二十八日

FO931-0130 無撰文人，道光五年二十五年藩庫發商生息銀兩得息用途及存銀記録，無年份日期

FO931-0131 無撰文人，將官築屯田徵收租銀支銷數目開列，無年份日期

FO931-0132 無撰文人，准户部咨四川總督寶興咨道光二十年後巫山縣前後任官員錢糧倉穀交代造冊舛錯延遲一案，無年份日期

FO931-0133 無撰文人，將坐落東莞縣官築屯田自道光二十五年起每年應徵租銀永爲定

額由屯防同知經徵開列，無年份日期

FO931-0134 無撰文人，道光十五年至二十一年賞借發商生息帑本銀及息銀數，無年份日期

FO931-0135 無撰文人，將司庫正雜錢糧截止道光二十七年正月三十日實存銀兩箱口數目開列，無年份日期

FO931-0136 無撰文人，怡山觀察詳細檢查妥爲收存封套，道光二十七年二月初八日

FO931-0137 無撰文人，遵查廣東省城惠濟義倉經營情況，無年份日期

FO931-0138 無撰文人，廣東省各屬未結交代共七十九案開列，無年份日期

FO931-0139 無撰文人，各前任官員短交及各家屬繳存並奉撥各數目，無年份日期

FO931-0140 無撰文人，道光二十七年二十八年禀稿各件抄録清摺，無年份日期

FO931-0141 無撰文人，知會廣東巡撫接諭旨後恭録一份知照兩廣總督徐廣縉，十月初六日

FO931-0142 委員候補通判顧炳章、候補知縣喬應庚，禀請將九龍寨城各案撙節工料銀兩作爲修理省城東西南三處城垣之用，道光二十七年十一月

FO931-0143 無撰文人，某商號道光二十六年二十七年盤查賬目，無年份日期

FO931-0144 無撰文人，將道光二十四年二十七年京控各案分別列摺，無年份日期

FO931-0145 兩廣總督徐廣縉等，奏署梧州府思恩府知府彭舒蕚係廣西按察司勞榮光兒女姻親例應迴避，道光二十八年十二月二十二日

FO931-0146 無撰文人，開列道光二十七年工食銀支出賬單，道光二十七年十二月二十

六日

F0931-0147　候補知府倪澧，稟呈廣東督撫速審辦候補知府沈棣輝等勒扣浮銷虎門砲臺工程銀兩等案，無年份日期

F0931-0148　兩廣總督徐廣縉，札飭廣州知府催繳欽差大臣印務所有辦事書識每月薪水銀兩，道光二十八年九月十八日

F0931-0149　上諭，敕諭葉名琛就任廣東巡撫，道光二十八年十一月初四日

F0931-0150　無撰文人，稟報探得閩浙總督劉韵珂福建巡撫徐繼畬會奏爲遵旨清查閩省倉庫籌議章程奏摺，道光二十八年

F0931-0151　無撰文人，將廣東各屬未完各年分爐餉銀兩開列清摺，無年份日期

F0931-0152　兩廣總督徐廣縉、廣東巡撫葉名琛，奏特參丁憂候補知府倪澧摭拾舊案意圖挾詐請旨即行革職，道光二十九年

F0931-0153　無撰文人，請將候補知府倪澧即行革職，道光二十九年

F0931-0154　陞授湖南按察使司楊文定、兩廣鹽運使司徐有壬，詳廣東巡撫訊結候補知府倪澧一案情形，道光二十九年五月二十日

F0931-0155　無撰文人，奏現任廣西横州知州徐震翺係廣東鹽運使徐有壬胞侄例應回避，道光二十八年十二月二十二日

F0931-0156　兩廣總督徐廣縉，奏新選廣東肇羅道張錫霖台到省遵旨詳加查看情形，道光二十八年十二月二十二日

F0931-0157　無撰文人，題元旦令節奉表恭賀皇帝及皇太后陛下，道光二十九年正月初一日

F0931-0158　江西巡撫傅繩勳，奏遵旨籌辦清查等款大概情形，道光二十九年二月十

三日

F0931-0159 無撰文人，知會廣東巡撫葉名琛接諭旨後迅即恭録五分知照廣州將軍各副都統水陸各提督一體欽遵，道光二十九年二月十七日

F0931-0160 兩廣總督徐廣縉、廣東巡撫葉名琛，奏署順德知縣丁嘉藻拿獲鄰境凶賊林亞江請送部引見，道光二十九年三月初九日

F0931-0161 無撰文人，奏委電白縣盛濟川等署南雄州知州等缺，道光二十九年三月初九日

F0931-0162 無撰文人，奏候補守備鄧勛緝獲鄰境大夥巨盗多名懇恩酌予鼓勵，道光二十九年四月十一日

F0931-0163 無撰文人，奏爲拿獲私販外洋火藥轉賣已成之匪犯審明定擬恭摺奏祈聖鑒事，道光二十九年閏四月初七日

F0931-0164 無撰文人，廣東布政使司印及文件日期殘件一紙，道光二十九年十月

F0931-0165 無撰文人，奏粵東潮橋商力疲乏請將道光二十七年分引餉展限奏銷以紓商力，道光二十九年十月二十日

F0931-0166 兩廣總督徐廣縉，奏供職已届三年循例奏請陛見，道光二十九年十一月十五日發

F0931-0167 無撰文人，呈王張氏控吳根等呑騙其子王扳桂由暹羅搭船販回貨物一案訊斷緣由，無年份日期

F0931-0168 無撰文人，《禀報》探得閩浙總督劉韵珂奏查閱兩省營伍自應將駐省各標及附近省標之水陸各營官兵先行簡校藉資整飭，兩院會奏浙省年初被水米價日昂招商興販臺米赴浙售賣事，無年

份日期

FO931-0169 無撰文人，《稟報》探得閩浙總督劉韵珂奏請閩浙兩省閱兵暫行從緩事，閩浙總督劉韵珂福建巡撫徐繼畬奏邵武府同知與臺灣知府爲同祖兄弟例應回避請於浙省簡缺同知中酌量改調及福建臺灣武官陞署事，閩浙總督劉韵珂請入京覲見展緩至武閱事畢後，道光二十九年

FO931-0170 無撰文人，《稟報》探得閩浙總督劉韵珂福建巡撫徐繼畬奏以候補知縣補授福清縣知縣缺事，無年份日期

FO931-0171 無撰文人，《稟報》探得浙江巡撫吳文鎔接准欽差季芝昌知照會查浙江省各屬倉庫挪墊數目請將知縣先行革職勒限完繳一摺兹奉上諭，又奉上諭將經徵全完之知縣自應逾格鼓勵，道光二十九年

FO931-0172 撫錢糧稿吏黃藴玉，稟遵將虎門官築屯田及各屬查辦溢坦屯田頃畝並每年每畝應徵租銀各數目分别等第開單送閱，無年份日期

FO931-0173 無撰文人，運庫四月二十九日收支實存銀兩報單，無年份日期

FO931-0174 署廣州知府，呈查辦通省直隸廳州縣墊完道光二十九年以前民欠錢糧銀米遵照現奉核定攤補成數改造冊籍再開節略，無年份日期

FO931-0175 無撰文人，運庫十月二十三日收支實存銀兩報單，無年份日期

FO931-0176 無撰文人，運庫十月十六日收支實存銀兩報單，無年份日期

FO931-0177 無撰文人，致葉名琛申謝請安啓，無年份日期

F0931-0178 候補縣丞章生春，將本人年歲出身履歷並到省正署各任暨歷奉差委獲有微勞開列呈電，無年份日期

F0931-0179 無撰文人，詩抄並附釋文，無年份日期

F0931-0180 無撰文人，將查明浙江辦理海運各款目開列呈電，無年份日期

F0931-0181 王發桂，致葉名琛函封，無年份日期

F0931-0182 無撰文人，馮人清名帖，無年份日期

F0931-0183 無撰文人，將每月應支養廉及應捐各款銀數列折呈電，無年份日期

F0931-0184 無撰文人，廣西橫州平塘鹽務櫃房今昔情形紀略，無年份日期

F0931-0185 無撰文人，奏議漕糧改折徵收，無年份日期

F0931-0186 無撰文人，覆函殘件，無年份日期

F0931-0187 無撰文人，謝捐助函，無年份日期

F0931-0188 六坊總局，六坊總局租務輸納公啓，無年份日期

F0931-0189 曾毓，致湯金釗函，無年份日期

F0931-0190 湯金釗，鳴謝啓，無年份日期

F0931-0191 廣州知府，呈陝西職員梁順祥等遣抱雷百祐京控湖北鹽法道鄒之玉兄弟負欠不償一案摘叙兩造供情及前府易守訊斷緣由摺，無年份日期

F0931-0192 正稿房副稿房錢糧房，遵將道光三十年分已詳到各案於摺内簽明將未詳到各案列摺呈閲，無年份日期

F0931-0193 無撰文人，詳請會奏沿海溢坦咸豐元年暫停增租擬照道光三十年歲額之數按限徵輸事，無年份日期

F0931-0194 無撰文人，《禀報》探得閩浙總督劉韵珂福建巡撫徐繼畬奏准以候補知縣郭兆榮補授鳳山縣知縣缺事，無年份日期

日期

F0931-0195　無撰文人，道光二十九年十一月二十七日至十二月十六日奉上諭彙録，無年份日期

F0931-0196　兩廣總督徐廣縉，奏爲密陳兩廣文武各大員切實考語恭摺奏祈聖鑒事，道光二十九年十二月十八日

F0931-0197　兩廣總督徐廣縉，奏審明廣東揭陽縣民蘇穆進京控案内人證分別定擬，道光二十九年十二月十九日

F0931-0198　兩廣總督徐廣縉，奏爲臬司宣封越南禮成進關日期恭摺具奏事，道光二十九年十二月十九日

F0931-0199　兩廣總督徐廣縉，片奏廣東候補通判應陞同知顧炳章可署理兩廣鹽運司運同印務，道光二十九年

F0931-0200　廣東巡撫葉名琛，奏皇太后升遐恭慰聖懷，道光二十九年

F0931-0201　廣東巡撫葉名琛，奏懇請准赴京叩謁梓宮，道光三十年二月

F0931-0202　無撰文人，片奏新任鹽運使趙鏞到任之前飭陞任按察司惲光宸暫緩交卸，道光三十年二月十八日

F0931-0203　無撰文人，《稟報》探得閩浙總督劉韵珂奏奉上諭保舉堪勝陸路總兵之副將人選，閩浙總督劉韵珂福建巡撫徐繼畬奏請以邵武知縣來錫蕃調補閩縣知縣缺毋庸送部引見，道光三十年二月

F0931-0204　上諭，著兩廣總督徐廣縉廣東巡撫葉名琛查明蘇廷魁是否在籍能否來京候簡據實具奏，道光三十年三月十七日

F0931-0205　無撰文人，奏爲請咨赴部之襲弁販私被獲逃脱奏請敕部查明遞解回粵審辦恭摺仰祈聖鑒事，道光三十年五月二

十四日

F0931-0206 無撰文人，准吏部咨知照道光三十年五月初七日奉上諭各該督撫傳旨飭令林則徐等迅速來京聽候簡用，道光三十年六月初六日

F0931-0207 廣州知府易棠，稟陝西職員梁順祥等遣抱雷百祐赴京呈控湖北鹽法道鄒之玉兄弟負欠銀兩不償一案訊斷緣由，道光三十年七月初二日

F0931-0208 無撰文人，准吏部咨遵旨會議通政使司副使王慶雲奏臚陳時務四事一摺所奏各條詳晰妥議具奏，道光三十年八月初三日

F0931-0209 無撰文人，《稟報》探得福建城內因近日有夷人租住神光寺各紳士驅逐告白；又士民致暎咭唎夷官公信，無年份日期

F0931-0210 無撰文人，准户部咨抄録道光三十年五月初三日户部禮部奏會議陞任給事中吕賢基陳奏四條事並恭録諭旨行文廣東巡撫欽遵辦理，道光三十年九月初一日

F0931-0211 廣東按察使崔侗，奏奉補授廣東按察使恭謝天恩，無年份日期

F0931-0212 無撰文人，奏爲恭謝天恩叩請陛見仰祈聖鑒事，道光三十年

F0931-0213 無撰文人，奏爲廣東省河鹽課奏銷請循案展限三個月以紓商力恭摺奏祈聖鑒事，道光三十年十一月初八日

F0931-0214 兩廣總督徐廣縉、廣東巡撫葉名琛，奏爲溢坦屯租初届五年民力實有未逮懇請暫停加增現經查明原辦章程本多未協恭摺據實具奏仰祈聖鑒事，道光三十年十一月十七日

F0931-0215　無撰文人，將冊內點出各員典史巡檢開列送閱，無年份日期

F0931-0216　無撰文人，奏遵旨查明前任廣州知府劉潯任內有民人放火焚燒府署之案情形，無年份日期

F0931-0217　無撰文人，將前署歸善縣交代案內應交應抵各數並續經完解銀米各款及現尚應交銀穀分晰開列清摺呈，無年份日期

F0931-0218　無撰文人，將核過前縣陳令任內交代交抵數目開具節略呈電，無年份日期

F0931-0219　無撰文人，廣東省各州縣稅餉銀兩完欠情況，無年份日期

F0931-0220　無撰文人，開列咸豐元年奏銷道光二十九年餉款懸宕各埠應融餉銀數，無年份日期

F0931-0221　廣東巡撫葉名琛，奏奉賞加太子少保銜恭謝天恩，咸豐元年

F0931-0222　無撰文人，將咸豐元年奏銷及帶徵道光三十年初限已未完銀數開呈鑒，無年份日期

F0931-0223　無撰文人，《稟報》探得閩浙總督裕泰奏處分屆奏銷截數之期短解地丁耗羨銀兩頻催不解之地方官員等事，無年份日期

F0931-0224　無撰文人，《稟報》探得閩浙總督裕泰奏福建各官員調動事，無年份日期

F0931-0225　兩廣總督徐廣縉、廣東巡撫葉名琛，奏溢坦屯租經前督撫立遞年加租章程民力實有未逮懇請暫停加增奉上諭著照所擬辦理，咸豐元年正月二十四日奉朱批

F0931-0226　無撰文人，奏奉上諭補授肇羅道吳其泰與具奏人屬叔伯姻親應否回避恭請

訓示，道光三十年十二月十三日

FO931-0227 兩廣總督徐廣縉，奏密陳兩廣文武各大員切實考語附廣東省司道府各官簡明履歷填注切實考語密繕清單，道光三十年十二月十三日

FO931-0228 兩廣總督徐廣縉、廣東巡撫葉名琛，遵旨覆奏察訪惠潮嘉道曹履泰素行是否謹飭到任後名聲如何，咸豐元年十二月初四日

FO931-0229 無撰文人，片奏上年十一月十八日奏摺將廣西慶遠府知府鄭瑞麒誤書鄭瑞麟請旨交部察議，咸豐元年正月二十日

FO931-0230 無撰文人，將道光三十年正月初一起至十二月三十日止收支數恭呈老和尚座前慈覽，咸豐元年正月

FO931-0231 無撰文人，奏爲敬懇善保聖體勉節哀思並准臣進京叩謁梓宮稍伸誠悃恭摺仰祈聖鑒事，咸豐元年二月十六日

FO931-0232 無撰文人，奏捧到頒賞御制詩文恭謝天恩，咸豐元年三月二十七日

FO931-0233 廣東高廉道宗元醇，奏准廣東督撫咨奉上諭補授順天府尹謝恩並以高廉剿捕正值吃緊之時未便更替應俟軍務告蕆再北上就任，咸豐元年七月初一日

FO931-0234 無撰文人，《稟報》探得閩浙總督裕泰奏臺灣葛瑪蘭廳墾透田園請以道光三十年爲始定額升科，奏署葛瑪蘭通判候補同知朱材哲等盡先補用或給予頂戴職銜以示獎勵事，咸豐元年十月

FO931-0235 無撰文人，查已革舉人何鯤等挾嫌遍貼長紅罷考案內續據已革舉人何仁山等悔悟投首一案摘敘簡明節略呈候訓示，無年份日期

F0931-0236　無撰文人，供辦臨全埠鹽商潘繼興因賊受累虧資殆盡無力辦滿供期乞請代致宮保准令原商收埠，無年份日期

F0931-0237　兩廣總督徐廣縉、廣東巡撫葉名琛，片奏將辦理停考一案始終顛末切實情形縷析陳明，無年份日期

F0931-0238　無撰文人，道光三十年分關稅撥解數項，無年份日期

F0931-0239　無撰文人，道光二十七年至咸豐二年葉名琛應分賠各案列摺，無年份日期

F0931-0240　廣東布政使司，遵將奉憲臺發下粵省錢糧積案清摺查明已未辦結緣由開列清摺呈核，無年份日期

F0931-0241　無撰文人，將咸豐二年奏銷及帶徵道光三十年二限已未完銀數開呈憲鑒，無年份日期

F0931-0242　無撰文人，將訊過香山縣陳瓊瑤命案內犯證各供詞列摺呈電，無年份日期

F0931-0243　無撰文人，香山縣陳瓊瑤命案證詞殘件，無年份日期

F0931-0244　廣東巡撫葉名琛，奏欽奉上諭賞加太子少保銜恭謝天恩，咸豐元年十二月十八日

F0931-0245　兩廣總督徐廣縉、廣東巡撫葉名琛，片奏現議將陞任河南巡撫柏貴留辦廣東地方事務緣由，無年份日期

F0931-0246　廣東巡撫葉名琛，奏留辦廣東地方事務河南巡撫柏貴於七月十六日由粵起程赴京陛見，咸豐二年七月十九日

F0931-0247　總督銜廣東巡撫葉名琛，奏奉上諭賞加總督銜恭謝天恩，咸豐二年八月二十日

F0931-0248　廣東巡撫葉名琛，奏委員劉潯等伴送暹羅國貢使起程日期，咸豐二年十月

初七日

FO931-0249 無撰文人，奏遵旨查明暹羅國貢使進京經過地方一路平静毋庸另行改道繞越，咸豐二年十月初七日

FO931-0250 無撰文人，開列咸豐二年分奏銷後續完地丁正耗銀兩數目，無年份日期

FO931-0251 無撰文人，將奉催各積案分别現辦及已未辦各案開列呈電，無年份日期

FO931-0252 無撰文人，議請廣西六十六埠之鹽引統歸西省督銷其應納引餉西税等項亦歸西省經徵此後西省引餉請由西鹽道造冊奏銷與東省無涉，無年份日期

FO931-0253 無撰文人，開列各埠配鹽數及完欠鹽餉數目，無年份日期

FO931-0254 無撰文人，遵將廣東通省各屬常平倉存缺穀石折價各數開列呈電，無年份日期

FO931-0255 無撰文人，今將沙船運米章程開摺呈請查核，無年份日期

FO931-0256 無撰文人，開列各官應著賠銀應扣廉籌銀已未完數目，無年份日期

FO931-0257 無撰文人，呈請嚴飭廣東各地文武官堵緝私鹽籌還運鹽資本删裁運鹽成本等招商行運漸復舊規挽回粤中鹽務，無年份日期

FO931-0258 無撰文人，將咸豐二年分奏銷後續完地丁正耗銀兩數目開列，無年份日期

FO931-0259 高明縣衙門職員劉文瀾，總督衙署箭亭海珠砲臺内得月臺修造擇吉單，無年份日期

FO931-0260 陝西巡撫王慶雲，奏查明陝西省紳民捐輸實數仰懇恩施將銀數較多各屬遵照原議酌加文武永遠學額，無年份日期

FO931-0261 無撰文人，廣東各府縣教職年逾七十以上人員開送呈電，無年份日期

FO931-0262 廣州府補用道，將造具通省直隸廳州縣墊完民欠錢糧銀米數目冊再開節略呈送查核，無年份日期

FO931-0263 無撰文人，咸豐元年二年分茶稅銀及茶用銀已繳少繳數目，無年份日期

FO931-0264 四會縣，將經徵咸豐元年二年錢糧銀米情形列摺呈電，無年份日期

FO931-0265 無撰文人，將廣東各屬道光二十四年至咸豐二年間未完各年稅羨銀兩開列摺呈閱，無年份日期

FO931-0266 無撰文人，將運廠奉行修造各營米艇分別開列清摺呈鑒，無年份日期

FO931-0267 無撰文人，將省河咸豐三年奏銷應完咸豐元年分餉雜西稅等銀又分攤咸豐四年初限應完西省各埠緩徵一半餉雜西稅等銀開列，無年份日期

FO931-0268 無撰文人，將道光二十八年至咸豐三年潮州府未完各年雜稅報部各款銀兩數目開列呈電，無年份日期

FO931-0269 軍機處，寄兩廣總督葉名琛信封，咸豐三年二月初二日

FO931-0270 無撰文人，廣東鹽課應撥充貴州廣東軍餉不敷支撥情形請憲台咨明大部另行改撥以充兵餉，無年份日期

FO931-0271 軍機處，寄兩廣總督葉名琛信封，咸豐三年三月初五日

FO931-0272 上諭，四川雲貴兩廣湖南江西各省督撫務宜權衡緩急於礦苗豐旺之區督派幹員悉心履勘奏明試辦，咸豐三年三月二十八

FO931-0273 軍機處，寄兩廣總督葉名琛廣東巡撫柏貴信封，咸豐三年四月十一日

FO931-0274 無撰文人，採悉福建詔安與海澄漳州盜匪作亂情事札，無年份日期

FO931-0275 軍機處，寄兩廣總督葉名琛信封，咸豐三年六月初五日

FO931-0276 無撰文人，將司庫正雜錢糧咸豐三年六月三十日起至七月初九日實存紋銀番銀數目開列呈閱，無年份日期

FO931-0277 無撰文人，將司庫正雜錢糧咸豐三年八月初十日起至十九日實存紋銀番銀數目開列呈閱，附咸豐二年奏銷後續完地丁正耗銀兩數目開列，無年份日期

FO931-0278 無撰文人，《稟報》福建延平府厦門永春州等地匪賊戰事，咸豐三年九月

FO931-0279 無撰文人，將捐貲助餉自咸豐元年十一月開捐起至本年九月初九卯止收支存剩數目列摺呈電，無年份日期

FO931-0280 無撰文人，將司庫正雜錢糧咸豐三年八月三十起至九月初九日實存紋銀番銀數目開列呈閱，無年份日期

FO931-0281 光禄寺少卿程恭壽，奏部議行鈔章程辦理窒礙商賈聞風潛逃恐致罷市請旨速籌轉計，無年份日期

FO931-0282 軍機處，寄兩廣總督葉名琛廣東巡撫柏貴信封，咸豐三年十月二十五日

FO931-0283 軍機處，寄兩廣總督葉名琛廣東巡撫柏貴信封，咸豐三年十一月初四日

FO931-0284 軍機處，寄兩廣總督葉名琛廣東巡撫柏貴信封，咸豐三年十一月十八日

FO931-0285 軍機處，寄兩廣總督葉名琛廣東巡撫柏貴信封，咸豐三年十一月二十六日

FO931-0286 無撰文人，將司庫正雜錢糧咸豐三年十一月初十日起至十九日實存紋銀番銀數目開列呈閱，無年份日期

FO931-0287 無撰文人，將連陽舊公堂續辦道光二

十九年至咸豐元年三年已未拆引及新堂各商拆引數目列摺呈電，無年份日期

FO931-0288　無撰文人，將廣東各屬未結交代各案開列呈電，無年份日期

FO931-0289　無撰文人，將廣東各屬交代可以詳結各案開列摺呈電，無年份日期

FO931-0290　無撰文人，將道光十九年至道光二十五年歷年來拆鹽數目開列上呈，無年份日期

FO931-0291　無撰文人，將樂桂埠三年分銷鹽包數進出銀兩開列呈電，無年份日期

FO931-0292　葉名灃，致葉名琛家書，十月十九日

FO931-0293　無撰文人，查捐輸廣加中額學額章程，無年份日期

FO931-0294　無撰文人，將桑園圍歲修生息銀兩每年於春秋二季收入正項入季報撥及收存籌備堤岸項内備用查明開列呈電，無年份日期

FO931-0295　廣西巡撫勞崇光，咨兩廣總督葉名琛傳付太僕寺卿王茂蔭奏請旌表殉難士民一摺奉上諭請煩查照施行，咸豐四年三月二十四日

FO931-0296　吏部，奏遵旨議奏安徽巡撫福濟奏仍以已革知縣黄元吉署理定遠一摺緣由，無年份日期

FO931-0297　無撰文人，令供商石友村趕辦未經解清之粵東協濟滇鹽，咸豐四年

FO931-0298　無撰文人，將司庫每年額定收支及咸豐四年分現收現支並欠解銀兩各數目開列呈閱，無年份日期

FO931-0299　無撰文人，稟樂桂鹽埠實在情形通盤籌畫現年奏銷之計，無年份日期

FO931-0300　無撰文人，將前後查辦官築屯田溢坦

收支租銀緣由開具略節呈電，無年份日期

F0931-0301 軍機處，寄兩廣總督葉名琛廣東巡撫柏貴信封，咸豐四年二月十二日

F0931-0302 無撰文人，遵將造報咸豐四年春撥冊各款實在銀兩數目列摺呈電，無年份日期

F0931-0303 吏部等，奏核議解餉委員按限或逾限到京議叙處分章程，無年份日期

F0931-0304 户部，傳付廣西巡撫恭録上諭福建道監察御史奏山西洪洞等縣徵收錢糧不協輿情失實嗣後御史言事務當細心查訪務得真情，無年份日期

F0931-0305 無撰文人，將閏七月廿一日起至廿九日止收到人犯審定供情列摺呈電，無年份日期

F0931-0306 軍機處，寄兩廣總督葉名琛廣東巡撫柏貴信封，咸豐四年十月初三日

F0931-0307 無撰文人，番禺縣捕屬陳肇興供詞述其帶水勇在省河下黄埔地方買有私鹽被查獲事，無年份日期

F0931-0308 無撰文人，番禺縣園崗鄉莫蘇九供詞述其傭工之巡船被查獲運鹽事，無年份日期

F0931-0309 無撰文人，三水縣胥江司盧岳南供詞述其搭乘巡船被拿獲私鹽事，無年份日期

F0931-0310 無撰文人，廣西桂林人王亞五供詞述其船載私鹽被拿獲事，無年份日期

F0931-0311 無撰文人，將咸豐元年至二年運司欠解各年兵餉奉撥鹽課已未完數目開列送閲，無年份日期

F0931-0312 無撰文人，將廣東各屬道光三十年至咸豐三年分未完各年耗羡銀兩開列呈

閱，無年份日期

FO931-0313　無撰文人，開列本屆各埠應徵咸豐二年餉稅截至三月二十九卯止已未完銀數，無年份日期

FO931-0314　無撰文人，將擬報正項錢糧徵存未解之府州縣列摺謹呈院示聽候照行，無年份日期

FO931-0315　張敬修，稟帖殘件，四月十九日

FO931-0316　無撰文人，示諭恩平開平新興新寧等縣土客紳民人等知悉務須約束子弟各安生業停止械鬥，無年份日期

FO931-0317　無撰文人，開列咸豐三年至五年海關徵存銀兩數目及咸豐四年正月初六至十月初五共到洋米洋穀數目，無年份日期

FO931-0318　無撰文人，開列咸豐四年九月二十六至十月初五日共收銀數及十月初六至初十日每日收銀數，無年份日期

FO931-0319　無撰文人，開列咸豐五年自七月二十六日至二十九日四日共收銀數，無年份日期

FO931-0320　無撰文人，開列咸豐五年正月初六至九月二十五日止共到洋米洋穀數，無年份日期

FO931-0321　署潮州運同顧炳章，將候選道淮安府中河通判朱善張先由通判捐陞道員在任候選仍照原銜轉陞今題陞裏河同知照録京報呈鑒，咸豐七年正月初二日

FO931-0322　無撰文人，開列咸豐五年九月初六至初十日共收銀兩數及咸豐五年分至九月初十日止共徵銀數並咸豐五年正月初六至九月初五日到洋米洋穀數，無年份日期

FO931-0323　無撰文人，將廣東各州縣正印已補已

調已陞未奉部覆各缺開送呈電，無年份日期

FO931-0324 無撰文人，開列咸豐四年四月二十六日至六月十四日海陽縣知縣劉鎮經手及咸豐四年六月十五日至咸豐五年八月止惠來縣知縣許延谷經手收支銀數，無年份日期

FO931-0325 無撰文人，將乙卯科內簾房考官職名開列呈閱，無年份日期

FO931-0326 無撰文人，鄉試每日事宜，無年份日期

FO931-0327 無撰文人，開列咸豐五年正月初六至九月十五日止到洋米洋穀數，無年份日期

FO931-0328 無撰文人，開列咸豐五年九月十一日至十五日收銀數，無年份日期

FO931-0329 無撰文人，將司庫正雜錢糧截至咸豐五年九月十五日至二十九日實存銀兩數目開列呈閱，無年份日期

FO931-0330 軍機處，寄兩廣總督葉名琛廣東巡撫柏貴信封，咸豐四年十二月二十六日

FO931-0331 廣西布政使胡興仁，奏爲恭報微臣接印日期叩謝天恩仰祈聖鑒事，咸豐五年正月十二日

FO931-0332 無撰文人，將四月初三日辰時未刻據歸善縣碧甲司巡檢差勇目張順等賫到夾板部文等件開列清摺呈電，無年份日期

FO931-0333 卓橒等，致葉名琛武英殿大學士卓秉恬訃文哀啓及安葬鳴謝札，咸豐五年

FO931-0334 順德知縣，將順德霞石鄉劣生蘇善慶捉拿熹涌鄉職員陳禮昭子陳應聰勒索一案緣由備列節略呈閱，咸豐五年十二月

FO931-0335 無撰文人，稟遵查粵海關道光二十七年十二月二十六日至咸豐四年九月二十五日徵收關税銀數，無年份日期

FO931-0336 無撰文人，送禮銀清單，無年份日期

FO931-0337 無撰文人，開列葉名琛在廣東巡撫任內至咸豐四年捐過各項銀兩數目，咸豐四年

FO931-0338 三鳳，致曾發函通知榮機被尹達章保回任用提醒各弟兄小心，無年份日期

第三冊提要（F0931-0339——F0931-0550）

F0931-0339　兵部尚書全慶，覆葉名琛謝啓又謝廣東應解兵部飯銀已飭委起解，無年份日期

F0931-0340　東稿房，送刑名稿詳稟簿録咸豐六年正月初七日至十月二十五日發出文件，咸豐六年

F0931-0341　無撰文人，刻版文件殘片，咸豐六年

F0931-0342　無撰文人，開列咸豐五年九月二十六日至三十日收銀數，無年份日期

F0931-0343　南海知縣華廷傑，遵將前署理鶴山縣事德慶州知州馬斌因守禦鶴山縣城被戕害緣由及籍貫履歷逐一備開造報施行，附馬斌子馬廣生例應承蔭親供狀及南海縣令具結，咸豐六年

F0931-0344　無撰文人，擬定粵海關各口派差各款章程略節，無年份日期

F0931-0345　無撰文人，呈葉名琛自到廣東藩司任内起至咸豐六年二月二十五日止罰俸降俸各案列摺，咸豐六年

F0931-0346　恩平知縣，將恩平縣土客互鬥案各緣由及兩造現在情形呈電，無年份日期

F0931-0347　無撰文人，將咸豐五年西匯關已放過關鹽並已請照未放關已配就未請照各項鹽包數目開列呈電，無年份日期

F0931-0348　廣東布政司等，將順德等十八縣府州徵存未解地丁銀米辦理緣由詳請憲臺察核隨冊咨明大部察照，咸豐五年

F0931-0349　無撰文人，將咸豐六年廣東省司道府各官出具切實考語手繕清單恭呈御覽，無年份日期

FO931-0350 無撰文人，兩廣總督葉名琛、廣東巡撫柏貴咸豐五年十二月十六日發收文紀録，無年份日期

FO931-0351 無撰文人，將司庫正雜錢糧咸豐五年十一月三十日至十二月十三日實存銀兩數目開列呈閱，無年份日期

FO931-0352 無撰文人，支用銀數清單，咸豐六年二月二十日

FO931-0353 總管内務府，札粤海關監督速將欠解各款銀兩趕緊分撥委員解交以濟急需，附開列粤海關咸豐三年至咸豐五年欠解清單，咸豐六年二月二十一日

FO931-0354 總管内務府，札本府具奏爲粤海關應交銀兩迅速催辦一摺奉旨依議欽遵相應抄録原奏咨行户部並飛咨兩廣總督粤海關監督遵照辦理，咸豐六年三月二十一日

FO931-0355 廣州南海縣知縣華廷傑，申詳廣東布政使江國霖爲前署鶴山縣事馬斌被賊戕害親子廣生詳請承蔭事，咸豐六年五月初七日到

FO931-0356 廣州南海縣知縣華廷傑，詳請承蔭前署鶴山縣事馬斌被賊戕害親子廣生由書冊，咸豐六年五月初七日到

FO931-0357 無撰文人，將司庫正雜錢糧咸豐六年六月初一日起至十四日實存銀兩數目開列呈閱，無年份日期

FO931-0358 禮部，奏大行皇太后初喪成服並梓宮前應行陳設暨内外齊集之處等事宜，咸豐五年七月初九日

FO931-0359 **閩省第四十五號報單，咸豐六年八月初八日自潮州寄呈**

一 無撰文人，奏爲合衆國遣使伯駕裨德呈進國書文憑求爲代進恭摺由四百里具奏

仰祈聖鑒事，附抄録合衆國國書副本

二 抄録福州將軍有鳳等奏福州南臺稅口並無減稅短徵茶稅銀暨稽查偷漏一摺朱批及奏英酋包玲請於福州關口設立稅官一片朱批

三 寧化知縣報七月十九日賊逆攻破廣昌情形

四 無撰文人，奏閩省內匪外寇剿辦正在吃緊調赴江右援兵未敢驟撤藩籬現飭分起改赴金陵力籌兼顧緣由

五 光澤知縣蔣仁瑞稟探知五月底六月初江西撫州許灣地方剿辦賊匪情形

六 抄録閩浙總督王懿德福建巡撫吕佺孫奏請將剿辦延平府屬匪徒妥速之代理延平府金萬清籲請施恩摺朱批及上諭

七 閩浙總督王懿德，檄飭代理延平知府金萬清准如所請將守備曹鳴鴻所帶兵勇會合嚴密探剿速行遵辦

八 閩浙總督王懿德、福建巡撫吕佺孫札飭候補知縣楊丙生等分赴閩省九府二州及各海口會同當地文武履勘安兵籌辦

九 無撰文人，閩浙總督王懿德福建巡撫吕佺孫六月十三日至七月初四日辦理公務紀録

FO931-0360 閩省第四十八號報單，咸豐六年九月初八日自潮州寄呈

一 抄録上諭江蘇巡撫吉爾杭阿殉難著追贈總督即以總督陣亡例賜恤賞給一等輕車都尉世襲罔替等

二 福建督糧道王訓稟賊匪已至順昌地方官兵衆寡不敵請將赴建援剿暫留郡城兵勇暫爲派往應援

三 無撰文人，閩省新授興泉永道保泰等官員行迹

四　抄録上諭粵海關監督恒裕著賞加布政使銜又著余萬清補授雲南鶴麗鎮總兵仍留鎮江督辦防剿事宜

五　無撰文人，閩浙總督王懿德福建巡撫呂佺孫八月初四至八月十七日辦理公務紀録

FO931-0361　署潮州運同顧炳章，將潮州鹽務及地方情形並查探江西軍務繕具密摺呈鑒，咸豐六年九月十六日

FO931-0362　上諭，宣宗成皇帝實録及聖訓業經修成其監修官員並執事人員著部照例優加獎勵，咸豐六年十一月初一日

FO931-0363　正稿房、撫錢糧房、撫副稿房，稟遵將葉名琛自道光二十七年二月到藩司任起至今止先後接准咨行分賠各案銀兩數目開列清單送閲，咸豐六年

FO931-0364　無撰文人，議粵鹽行銷湘楚設關抽税情形，無年份日期

FO931-0365　無撰文人，議廣西欲照楚省在梧州設立關廠派員收税後任商人運鹽至廣西懸宕無商鹽埠引地銷售之議論實於鹽務萬不可行，無年份日期

FO931-0366　無撰文人，開列咸豐五年分徵解現存庫銀數目，無年份日期

FO931-0367　無撰文人，設立庫收並酌定各口繳餉及月冊各件期限略節，無年份日期

FO931-0368　無撰文人，咸豐六年九月至七年正月香山縣屬小欖鄉情形節略，無年份日期

FO931-0369　無撰文人，將咸豐七年廣東各處書院延請掌教職名開列清摺呈電，無年份日期

FO931-0370　無撰文人，開列自雍正七年至咸豐七年藩庫運庫借商生息銀兩解存歸補本

銀息銀數目，無年份日期

FO931-0371 無撰文人，將南海等縣咸豐六年分已解未解地丁銀兩數目開列呈電，無年份日期

FO931-0372 管帶新安陳勇，申兩廣總督葉名琛文封，咸豐六年十二月二十八日

FO931-0373 兩廣總督葉名琛，奏葉名灃奉旨補授內閣侍讀叩謝天恩，咸豐七年

FO931-0374 無撰文人，柳真君勸元師弟戒食洋烟乩文，咸豐七年七月十一日

FO931-0375 無撰文人，將大清安粥廠咸豐六年十二月至咸豐七年六月報銷總數開列呈核，無年份日期

FO931-0376 無撰文人，將貢院粥廠咸豐六年十二月至咸豐七年六月報銷銀數開列呈電，無年份日期

FO931-0377 無撰文人，將城北醫靈廟復改設小北較場兩處粥廠咸豐六年十一月至咸豐七年六月報銷總數開列呈電，無年份日期

FO931-0378 無撰文人，將大清安貢院醫靈廟三處粥廠總數開列呈電，無年份日期

FO931-0379 無撰文人，將咸豐六年十一月至咸豐七年五月捐輸粥廠經費銀數開列呈核，無年份日期

FO931-0380 無撰文人，將司庫正雜錢糧咸豐七年十月初一日起至十四日實存銀兩數目開列呈閱，無年份日期

FO931-0381 **顧炳章，稟兩廣總督葉名琛呈抄錄閩省第六十五號報單一本，咸豐七年十月二十八日自潮州寄呈**

一 錄上諭著葉效洛補授廣東博茂場鹽大使又湖北委員張慶華以知府遇缺即選

二 咸豐七年九月初五日報閩省官員出缺陞

轉情形

三　閩浙總督王懿德福建巡撫慶端咸豐七年八月二十日至九月初三日辦理公務紀録

FO931-0382　署潮州運同，稟兩廣總督葉名琛申文封，咸豐七年十月二十八日

FO931-0383　無撰文人，將本標端陽橙子兩貢自廣河起程至京及回粵沿途需用銀兩數目開列呈電，無年份日期

FO931-0384　無撰文人，將北櫃各埠已請照未發照鹽包數目開列呈電，無年份日期

FO931-0385　無撰文人，詩二首，無年份日期

FO931-0386　無撰文人，開列九月份來鹽船隻清單，無年份日期

FO931-0387　無撰文人，開列科場舞弊案傳聞托情人及傳聞賄賂人名單又開列科場舞弊各款，無年份日期

FO931-0388　無撰文人，建立太平水倉法式圖説，無年份日期

FO931-0389　無撰文人，片奏到任以來體察粵省民夷實在情形，無年份日期

FO931-0390　無撰文人，將奉委守催增城龍門從化花縣税羨銀兩完解數目列摺呈電，無年份日期

FO931-0391　粵海關監督，泰昌號茶葉走私情弊飭查情形，附泰昌號實存未報茶葉數目清單，無年份日期

FO931-0392　無撰文人，將潮州府屬勸捐運本銀兩出力委員紳士分別內外獎勵開具清摺呈鑒，無年份日期

FO931-0393　無撰文人，將本月初八日告狀人姓名事由列摺呈閲，無年份日期

FO931-0394　無撰文人，繕列公所司事聯街值事等分別請獎名次清摺呈電，無年份日期

FO931-0395　無撰文人，稟廣東省城赴安南暹羅各

埠水程並報各埠出米情形，無年份日期

F0931-0396　無撰文人，開列各縣官員接收交代未據造冊結報清單，無年份日期

F0931-0397　無撰文人，某地商號及宅第登記名録，無年份日期

F0931-0398　無撰文人，遵將梧州設卡收税自黄梟司於六月下旬起至今十一月止共呈報收過上下水船税務數目開列送閲，再將黄梟司自六月下旬接支廠務起至十月分止支過各數目銀數開列送核，無年份日期

F0931-0399　屈榮焜，函札殘件，無年份日期

F0931-0400　無撰文人，將省河潮橋各埠每年額銷引鹽數目開列送閲，無年份日期

F0931-0401　無撰文人，將鹽運司管轄各場柵每年額收鹽數列摺送閲，無年份日期

F0931-0402　無撰文人，運庫六月初三日收支實存銀兩數目報單，無年份日期

F0931-0403　無撰文人，運庫十二月十六日收支實存銀兩數目報單，無年份日期

F0931-0404　無撰文人，將督標端陽橙子兩貢自廣河起程至京及回粵沿途需用銀兩數目開列呈電，七月

F0931-0405　無撰文人，稟廣東巡撫請領餉項及報銷各款，無年份日期

F0931-0406　無撰文人，將東滙關到船配鹽及存河鹽船各數開列旬摺呈電，另西滙關已未放關鹽數附後，無年份日期

F0931-0407　上諭，大行皇太后百日内皇帝與臣工以下應用服色等例，七月十五日至八月二十五日

F0931-0408　無撰文人，標有督憲二字殘件一紙，無年份日期

F0931-0409 南海知縣，將南海縣各屬被水冲決圍基分別頂冲次冲酌給基費銀兩數目開列清摺呈候憲核，無年份日期

F0931-0410 無撰文人，開列拾字花墻做法清單及大房一座木石瓦作工料單，無年份日期

F0931-0411 無撰文人，請准出力捐輸張化龍張虎臣准作監生叙用，無年份日期

F0931-0412 陳平遠，退還匯款銀信片，十四日

F0931-0413 無撰文人，將東匯關到船配鹽及存河鹽船各數開列旬摺呈電，另附已請未請放關聯照各數，無年份日期

F0931-0414 無撰文人，將臨全等六埠本年年內可徵秋餉開列呈電，無年份日期

F0931-0415 無撰文人，將省河三廠應行條款列摺呈電，無年份日期

F0931-0416 無撰文人，將八月十一日至二十日止連陽等六埠共配鹽包數目開列呈電，無年份日期

F0931-0417 無撰文人，將查勘過三水清遠南海三縣圍基被水冲決寬深丈尺開列呈電，無年份日期

F0931-0418 無撰文人，將奉委查勘桑園圍基段應修處所開列呈電，無年份日期

F0931-0419 無撰文人，開列直隸順天府衙門各房承辦事宜，無年份日期

F0931-0420 無撰文人，將廣州四城門領發各處燈油數目開列呈閱，無年份日期

F0931-0421 無撰文人，運庫七月二十三日八月二十九日收支正雜實存銀兩數目報單，無年份日期

F0931-0422 裕恩，抄御製詩一首，無年份日期

F0931-0423 署按察使司理刑廳，將應領廉俸各款經管各項公事書役姓名逐一備造清冊

移送查核施行，無年份日期

FO931-0424 無撰文人，花縣福源水之茅斜肚地方山勢風水圖説，無年份日期

FO931-0425 參贊大臣文蔚，將鹽務一節來文送回以期再酌札，六月初十日

FO931-0426 無撰文人，運司衙門收捐潮橋缺餉及自行加捐各款未能核實彌補，無年份日期

FO931-0427 無撰文人，將本月十一日至二十日止臨全等七埠共配鹽包清數開列呈電，無年份日期

FO931-0428 廣州城守副將濟山，轉禀總督清水濠地方截獲搶犯俞亞照已連同所搶鏡錢等物解交總局查收飭審並令員弁加緊偵緝盜犯，十一月十八日

FO931-0429 無撰文人，將本月初三日告狀人姓名事由列摺呈閲，無年份日期

FO931-0430 無撰文人，將東滙關到船配鹽及存河鹽船各數開列旬摺呈電，無年份日期

FO931-0431 無撰文人，將西櫃各埠已請照未發照鹽包數目開列呈電，無年份日期

FO931-0432 無撰文人，將廣州府屬各縣溢坦初次起租税數分別列摺呈電，無年份日期

FO931-0433 無撰文人，禀廣東按察使三水高要等縣境内有無失事是否安静情形，附禀按察使已將前赴高雷廉順道查訪地方情形封入布政使申文内轉達等事，無年份日期

FO931-0434 肇慶知府，將所屬州縣未結交代逐案查明已算未算及現辦情形連到任後催據結報各案開列簡明清摺呈電，無年份日期

FO931-0435 無撰文人，議辦理行銷平櫃埠引州縣鹽務事，無年份日期

FO931-0436 無撰文人，議物價銀價車轎夫役等價均有變動是以礙難預定，無年份日期

FO931-0437 文慶，致何慶齡信，無年份日期

FO931-0438 應龍田，呈送書箱號數及內裝書目致東家大人札，十一月初一日

FO931-0439 葉名琛，致曹毓英爲曹母喪專泐布唁並具賻儀二十金以表敬心，無年份日期

FO931-0440 無撰文人，開列丙辰壬辰庚辰甲申字樣便箋一紙，無年份日期

FO931-0441 無撰文人，覆葉名琛札，無年份日期

FO931-0442 無撰文人，將本月十八日告狀人姓名事由列摺呈電，無年份日期

FO931-0443 無撰文人，豐年歌，無年份日期

FO931-0444 無撰文人，按廣東各府縣學開列名單，無年份日期

FO931-0445 無撰文人，朝審勾到名單，無年份日期

FO931-0446 無撰文人，將本月初八日告狀人姓名事由列摺呈閱，無年份日期

FO931-0447 無撰文人，將本月十三日告狀人姓名事由列摺呈閱，無年份日期

FO931-0448 無撰文人，將本月初三日告狀人姓名事由列摺呈閱，無年份日期

FO931-0449 無撰文人，開列陸豐縣民人控告陸豐縣烏坎鄉粵海關稅廠內管事人張廷光擄劫殺人各案，無年份日期

FO931-0450 無撰文人，試用藩照磨陶復馨試用藩經歷陶復謙爲同祖堂弟依奉新例是否仍准陶復馨留粵試用無需回避，無年份日期

FO931-0451 無撰文人，受雇英商代管會隆行務之香山買辦吳士瓊供詞，嘉慶十五年後

FO931-0452 嘆商喇咈等，稟兩廣總督請轉飭察辦

十三行夷館外有華人擺賣什物及澳門挑夫强行討索，嘉慶十五年二月

FO931-0453 嘆咭唎國大班噫啦哐，稟兩廣總督允准批牌予二班味呧喇咈早日上省照常料理貿易，嘉慶十八年十月十二日

FO931-0454 嘉慶二十一年分兩廣總督蔣任內辦理夷務事宜

一 兼署兩廣總督廣東巡撫董教增、粵海關監督祥紹，片奏接見嘆咭唎夷使情形並咨飭沿海查探夷船行踪悉加準備，嘉慶二十一年五月十一日

二 兼署兩廣總督廣東巡撫董教增、粵海關監督祥紹，片奏哃嚐陳既通漢語並識漢字充當副貢使北上進京當加意防範，嘉慶二十一年六月十九日

三 兩廣總督蔣攸銛、廣東巡撫董教增，奏詳查嘆咭唎入貢情形，嘉慶二十一年閏六月二十三日

四 上諭，嘆咭唎貢使由內地回粵後辦理入貢事並將粵海關税課額數情形詳細查明是否停止嘆咭唎一國貿易不致大有窒礙，嘉慶二十一年八月初六日

五 上諭，嘆咭唎貢使入貢不能成禮致令駁遣回國此後如有嘆咭唎國夷船駛近海口即行驅逐不許寄椗停泊，嘉慶二十一年七月初八日

六 上諭，嘆咭唎貢使回粵後即令回國副使哃嚐陳亦行遣回不准其再來並飭查粵海關徵收税銀若干如將嘆咭唎國貿易停止是否可行，嘉慶二十一年七月初八日

七 兩廣總督蔣攸銛，奏遵旨飭令哃嚐陳偕同嘆咭唎貢使一並回國再查粵海關徵收夷商課税情形奏請姑准嘆咭唎照常貿易，嘉慶二十一年八月初一日

八　兩廣總督蔣攸銛、廣東巡撫董教增，奏爲恭奉諭旨欽遵辦理及查有嘆咭唎貢船駛抵粵洋現在核辦緣由恭摺奏請聖訓事，嘉慶二十一年八月初一日

九　兩廣總督蔣攸銛等，片奏仍照向例允准嘆咭唎貢船換回國之茶絲等物免其納税抑不准免税請旨遵行，嘉慶二十一年九月十六日奉到朱批

十　上諭，准粵督等奏嘆咭唎貢使抵粵後仍照乾隆五十八年之例給予筵宴其兑換回國之茶絲等物仍照向例免税至該督另摺覆奏酌議貿易一事所見甚是仍播仁恩准通貿易嗣後爾國貿易船隻前來粵東不准駛至他省，嘉慶二十一年八月二十五日

十一　上諭，仍將到粵嘆咭唎貢使善爲撫慰諭令回國並將嘆咭唎一國每年納税情形查明覆奏，嘉慶二十一年七月十五日

十二　兩廣總督蔣攸銛、廣東巡撫董教增，奏嘆咭唎貢船抵粵情形，嘉慶二十一年八月二十三日

十三　兩廣總督蔣攸銛、廣東巡撫董教增，片奏恭録前奉諭旨飭令啊噹㖫隨同貢船回國並擬明白易曉之示諭發交廣州府刊刷發給各國夷商謹將所擬示諭底稿録呈御覽，嘉慶二十一年八月二十二日

十四　上諭，嘆咭唎貢使到粵後一切仍照前諭遵旨辦理刊刷示諭一節殊可不必，嘉慶二十一年九月十四日

十五　兩廣總督蔣攸銛等，奏嘆咭唎貢船回粵洋情形又隨侍之五人或一起帶回或留一二人隨後回國似可聽從其便，嘉慶二十一年九月初七日

十六　兩廣總督蔣攸銛等，片奏辦理嘆咭唎貢使到粵回國事宜並懇請再行頒發明諭刊

布曉諭各國夷商一體遵照，嘉慶二十一年九月初七日

十七 上諭，粵督遵旨奏暎咭唎貢使到粵回國事宜所辦甚是至另片所請再行頒發諭旨宣明該貢使等失禮之咎殊可不必該督總當設法將伊國來津之意嚴行杜絕隨侍之五人不必全行驅逐，嘉慶二十一年十月初一日

十八 兩廣總督蔣攸銛、廣東巡撫董教增，奏暎咭唎貢船抵粵奉旨准其兑換茶絲回國照例免税准其一體駛赴黄埔次第卸貨上貨俟貢使到粵後將免税諭旨敬謹宣布，嘉慶二十一年九月二十日

十九 上諭，暎咭唎將來如再進貢總須在粵收泊聽候奏明請旨不得再至天津，嘉慶二十一年十月十三日

二十 無撰文人，片奏更正前奏暎咭唎國二次賫貢年份又除西洋國外其餘各國貨船均由虎門口出入向不准入澳門外十字門口請敕下軍機處一並存記，嘉慶二十一年九月二十日

廿一 兩廣總督蔣攸銛、廣東巡撫董教增，片奏暎咭唎貢使甫經抵粵情形，嘉慶二十一年十一月二十日

廿二 兩廣總督蔣攸銛、廣東巡撫董教增，奏暎咭唎貢使業經回國甚爲安静又夷情叵測各海口砲臺島嶼應行防範等，嘉慶二十一年十二月十四日

廿三 上諭，暎咭唎貢使業已回國倘後有表請訓示該督撫即行奏明該夷船不許於天津等處收泊又粵東海疆仍須相度情形妥爲辦理可也，嘉慶二十二年正月初七日

廿四 兩廣總督蔣攸銛，奏爲會籌粵東海口島嶼添設砲臺垛墻營房並派撥巡防官弁兵

丁酉立章程密陳聖鑒事，嘉慶二十二年二月初十日

道光二十三年分

一　上諭，酌定善後條約茲據覆議分晰具奏著照所議，道光二十三年九月二十四日

二　軍機大臣穆彰阿等，遵旨速議具奏將道光二十三年九月十六日耆英等原奏酌定善後條約各條悉心參核逐一分晰録呈預覽恭候欽定，無年份日期

三　欽差大臣兩廣總督耆英等，片奏辦理暎夷呈請向各洋行租賃棧房居住等情，道光二十三年八月二十七日

四　欽差大臣兩廣總督耆英，片奏咪唎堅酋長遣使進京瞻覲之請至今並無該使臣來粵信息現已札飭黄恩彤欽遵諭旨明白曉諭阻止以杜各國效尤之念，無年份日期

五　欽差大臣兩廣總督耆英等，片奏體察各夷求進京都隱微及辦理緣由，道光二十三年九月初六日

六　兩廣總督革職留任祁墳等，奏爲虎門砲臺業已興工修築繪圖進呈並官紳捐輸銀項足敷修築工價恭摺奏祈聖鑒事，道光二十三年正月

七　閩浙總督怡良等，奏爲遵議砲架船式據實覆奏仰祈聖鑒事，道光二十二年十二月二十三日

八　欽差大臣伊里布，奏爲途次接奉諭旨俟到粵會晤夷酋宣示告知妥爲辦理恭摺密奏仰祈聖鑒事，道光二十二年十二月初五日

九　欽差大臣伊里布等，奏奉旨妥爲辦理夷酋控訴臺灣殺戮夷俘接晤夷酋察看光景似不致驟生枝節，道光二十二年十二月二十二日

十　上諭，閩浙總督怡良赴臺查辦夷酋控訴臺灣多殺夷俘事，道光二十三年正月初八日

十一　欽差大臣伊里布，片奏奉上諭飭將咪夷禀陳貿易事宜又新立關口酌加税則並晤夷酋時曉以臺灣正法夷俘等事統俟會同籌議，無年份日期

十二　上諭，怡良渡臺查辦及各國商販並所奏税額等事著伊里布妥籌定議具奏，道光二十二年十二月十七日

十三　兩江總督耆英，片奏欽差大臣廣州將軍伊里布因病出缺，道光二十三年二月二十四日

十四　欽差大臣伊里布等，奏爲預籌給夷銀兩請由粤省匯交以歸簡便恭摺奏祈聖鑒事，附撥款清單，道光二十三年正月二十日

十五　欽差大臣伊里布，片奏給夷銀兩仍以按年籌款清交方爲正辦又夷情頗爲安静，道光二十三年正月二十日

十六　欽差大臣兩廣總督耆英，奏爲敬陳原辦通商善後案内實在情形恭摺覆奏仰祈聖鑒事，道光二十三年十月初九日

辦理夷務事宜第二十三冊

道光二十四年分

一　欽差大臣兩廣總督耆英，奏報抵粤接印任事日期及照會咪唎㗝國使臣在澳會晤緣由，道光二十四年四月十五日

二　欽差大臣兩廣總督耆英，片奏赴粤上任沿途諸事，無年份日期

三　欽差大臣兩廣總督耆英，奏爲連日接見咪唎㗝夷使顛嗌大概情形恭摺由驛馳奏仰祈聖鑒事，道光二十四年五月初十日

四　欽差大臣兩廣總督耆英，片奏將趙長齡

潘仕成札調來署佐理夷務，道光二十四年五月初十日

五　欽差大臣兩廣總督耆英，片奏道經虎門抵澳會見𠸄咭唎新來夷酋及大西洋兵頭等情形，道光二十四年五月初十日

六　欽差大臣兩廣總督耆英，奏爲咪唎㗼夷使呈遞文書停止北上並連日會議條約相機辦理情形恭摺驛馳奏仰祈聖鑒事，附照録咪夷使臣嚾嚧照會一件，道光二十四年五月十七日

七　欽差大臣兩廣總督耆英，片奏奉上諭與回國之𠸄夷使臣噗鼎喳及新到之嘚吡時一同接見將上年所定辦理條款面與要約勿致參差並查探𠸄夷新任使臣嘚吡時情形，道光二十四年五月十七日

八　欽差大臣兩廣總督耆英，片奏廣東藩司黃恩彤隨辦夷務頗著勤勞懇請賞賜賞戴花翎，道光二十四年五月二十三日

九　欽差大臣兩廣總督耆英，奏爲夷使呈出國書停止北上已將條約議定鈐印分執恭摺驛馳奏仰祈聖鑒事，道光二十四年五月二十四日

十　欽差大臣兩廣總督耆英，片奏酌定條約詳細情形，道光二十四年五月二十四日

十一　欽差大臣兩廣總督耆英，片奏體察各國夷情並探知咈囒哂使臣來華事，道光二十四年五月二十四日

十二　欽差大臣兩廣總督耆英、廣東巡撫程矞采，片奏咪夷欲赴通商口岸察看貿易事宜，道光二十四年六月十六日

十三　欽差大臣兩廣總督耆英，片奏咪夷嚾嚧各口之行或可中止又𠸄酋嘚吡時擬赴各口查考所屬管事是否遵守成約，道光二十四年七月初一日

十四　欽差大臣兩廣總督耆英，片奏咈夷兵船俟赴天津欲求進京朝見，道光二十四年七月十六日

十五　欽差大臣兩廣總督耆英，奏爲照録夷使所譯漢字國書恭摺附奏仰祈聖鑒事，附照録咪唎嘡譯出漢字國書，道光二十四年八月十五日

十六　欽差大臣兩廣總督耆英，奏爲遵旨查明御史曹履泰陳奏各條恭摺覆奏仰祈聖鑒事，道光二十四年八月十五日

十七　欽差大臣兩廣總督耆英，奏咪唎嘡夷使嚹嚧實已回國，道光二十四年八月二十九日

十八　欽差大臣兩廣總督耆英等，奏爲酌定咈嚹哂國貿易條約恭摺具奏仰祈聖鑒事，附酌定咈嚹哂國五口貿易章程三十五款清單，道光二十四年九月十九日

十九　欽差大臣兩廣總督耆英，片奏酌減丁香洋酒税則，道光二十九年九月十九日

二十　欽差大臣兩廣總督耆英、廣東巡撫程矞采，片奏夷務漸次完竣保奏各員事，道光二十九年九月二十一日

廿一　欽差大臣兩廣總督耆英，片奏條陳各國夷情，道光二十四年九月二十一日

廿二　欽差大臣兩廣總督耆英、浙江巡撫梁寶常，奏爲查明定海夷情照常安靜恭摺奏祈聖鑒事，道光二十四年九月二十八日

廿三　欽差大臣兩廣總督耆英、浙江巡撫梁寶常，片奏已革同知舒恭受暫留定海差委，道光二十四年九月二十八日

辦理夷務事宜第二十四冊

道光二十五年分

一　欽差大臣兩廣總督耆英等，奏爲夷目來澳求市恭摺具奏仰祈聖鑒事，道光二十

五年正月二十八日

二　欽差大臣兩廣總督耆英、廣東巡撫黃恩彤，奏爲遵旨體察夷情查詢覆奏仰乞聖鑒事，道光二十五年四月二十八日

三　欽差大臣兩廣總督耆英等，片奏丹麻爾國議設領事並請發給章程税則，道光二十五年五月三十日

四　欽差大臣兩廣總督耆英、廣東巡撫黃恩彤，片奏咈蘭哂國夷使喇嘮呢回澳緣由，道光二十五年六月十九日

五　欽差大臣兩廣總督耆英、廣東巡撫黃恩彤，奏爲咈夷心懷疑慮反覆宜防謹將連日往復辯論情形恭摺馳奏仰祈聖鑒事，道光二十五年七月十七日

六　欽差大臣兩廣總督耆英、廣東巡撫黃恩彤，奏爲咈夷已就範圍約冊亦經互換恭摺馳奏仰祈聖鑒事，道光二十五年七月二十八日

七　欽差大臣兩廣總督耆英、廣東巡撫黃恩彤，片奏咈夷使喇嘮呢因換約事竣擬赴江蘇閩浙通商各口查看貿易情形，道光二十五年七月二十八日

八　欽差大臣兩廣總督耆英、廣東巡撫黃恩彤，片奏照繕前奏天主教原摺交咈夷帶回覆主該夷現已離澳駛往各口，道光二十五年八月二十一日

九　欽差大臣兩廣總督耆英、廣東巡撫黃恩彤，片奏暎國兵船照議定章程分往五港口通商處所停泊當即飛飭水師各營留心偵探動靜，道光二十五年八月二十一日

十　欽差大臣兩廣總督耆英、廣東巡撫黃恩彤，片奏合衆國約冊業經互換緣由，道光二十五年十二月十六日

十一　欽差大臣兩廣總督耆英、廣東巡撫黃恩

彤，片奏咈囒哂使臣喇噂呢已坐駕兵船前往噶喇噶嗹國留夷目咖喀唎在澳恭候馳禁天主教恩旨，道光二十五年十二月二十六日

十二 欽差大臣兩廣總督耆英、廣東巡撫黃恩彤，奏撫夷銀項現已交兑清楚催令暎夷如約退回舟山等，道光二十五年十二月二十六日

道光二十六、七、八年分

一 欽差大臣兩廣總督耆英、廣東巡撫黃恩彤，奏爲夷情漸有轉機舟山約期交還並請面議事宜現擬招至虎門接見以便迎機而導恭摺馳奏仰祈聖鑒事，道光二十六年二月二十六日

二 欽差大臣兩廣總督耆英、廣東巡撫黃恩彤，片奏奉諭遵辦天主教弛禁緣由，道光二十六年二月二十六日

三 欽差大臣兩廣總督耆英、廣東巡撫黃恩彤，奏爲接晤暎酋重定條約舟山即可收復恭摺馳奏仰祈聖鑒事，附將與暎酋嚧吡嗧所議條款繕呈，道光二十六年三月十二日

四 欽差大臣兩廣總督耆英、廣東巡撫黃恩彤，片奏舟山一島詳細籌度緣由，道光二十六年三月十二日

五 欽差大臣兩廣總督耆英、廣東巡撫黃恩彤，奏爲暎夷現已遵約舟山即行退還恭摺馳奏仰祈聖鑒事，道光二十六年四月二十四日

六 欽差大臣兩廣總督耆英、廣東巡撫黃恩彤，奏爲接到夷文舟山業經退還恭摺馳奏仰祈聖鑒事，道光二十六年閏五月初四日

七 欽差大臣兩廣總督耆英、廣東巡撫黃恩

形，奏遵旨偵探舟山退還實在情形詳細具奏，道光二十六年六月初六日

八　欽差大臣兩廣總督耆英、廣東巡撫黄恩彤，片奏丹麻爾國夷使來粤及前赴上海緣由，道光二十六年六月初六日

九　欽差大臣兩廣總督耆英、廣東巡撫黄恩彤，片奏大沙頭洋面沙船被夷船行劫一案辦理緣由，道光二十六年六月初六日

十　欽差大臣兩廣總督耆英、廣東巡撫黄恩彤，片奏辦理十三行地方有嘆夷與民人争鬧傷斃人命一案，道光二十六年六月初六日

十一　欽差大臣兩廣總督耆英、廣東巡撫黄恩彤，奏爲舟山現已收復謹將委員禀報情形及嘆酋續報撤兵日期恭摺馳奏仰祈聖鑒事，道光二十六年六月十五日

十二　欽差大臣兩廣總督耆英、廣東巡撫黄恩彤，片奏大沙頭洋面沙船被夷船盗劫一案出洋捕盗嘆夷兵船業已回滬夷人盗船仍嚴密捕拿，道光二十六年六月十五日

十三　欽差大臣兩廣總督耆英、廣東巡撫黄恩彤，奏爲舟山全境肅清謹將委員續報情形恭摺馳奏仰祈聖鑒事，道光二十六年七月初六日

十四　欽差大臣兩廣總督耆英、廣東巡撫黄恩彤，奏爲遵旨查明出力各員核實保奏仰祈聖鑒事，附將收復舟山及隨同辦理夷務始終出力應行酌獎各員開具清單恭呈御覽，道光二十六年九月初三日

十五　欽差大臣兩廣總督耆英、廣東巡撫黄恩彤，奏爲嘆夷請於西藏定界通商業經援據條約正言拒絶謹將現辦情形恭摺奏祈聖鑒事，道光二十六年十一月二十八日

十六　欽差大臣兩廣總督耆英、廣東巡撫黄恩

彤，片奏密飭委員偵探嘆酋突請西藏定界通商情由及酌辦緣由，道光二十六年十一月二十八日

十七 欽差大臣兩廣總督耆英、廣東巡撫黃恩彤，片奏咈嘆二國留居琉球夷人妥爲安頓防範約束相機辦理情形，道光二十六年十一月二十八日

十八 欽差大臣兩廣總督耆英、廣東巡撫黃恩彤，奏爲嘆夷定界通商之請已有轉圜恭摺奏祈聖鑒事，道光二十六年十二月十七日

十九 欽差大臣兩廣總督耆英、廣東巡撫黃恩彤，片奏嘆夷復欲與後藏通商並前往天津爲要挾之計相應請旨飭下駐藏大臣就近體察情形酌量妥辦，道光二十六年十二月十七日

二十 欽差大臣兩廣總督耆英、廣東巡撫黃恩彤，片奏奉上諭相機勸諭咈嘆夷酋將留居琉球夷人撤回並探聞留居琉球夷人或爲偵探日本等情，道光二十六年十二月十七日

廿一 欽差大臣兩廣總督耆英，奏爲遵旨恭繳朱批原摺仰祈聖鑒事，道光二十七年二月初十日

廿二 欽差大臣兩廣總督耆英，奏爲內地關稅輕重懸殊請旨辦理恭摺具奏仰祈聖鑒事，道光二十八年正月二十四日

FO931-0455 英吉利國公班衙特派駐粵統理本國貿易主事等，致清帝奏求伸冤函封，無年份日期

FO931-0456 無撰文人，今將驗過來往三板內載夷人名數列摺呈覽，七月初七日

FO931-0457 署兩廣督標中軍副將事前營參將祺壽等，今將驗過來往三板內載夷人名數

列摺呈覽，七月初六日

FO931-0458 署兩廣督標中軍副將事前營參將祺壽等，今將驗過來往三板内載夷人名數列摺呈覽，六月初一日

FO931-0459 廣東候補通判李敦業、廣東廣州城守副將韓肇慶，今將驗過來往三板内載夷人名數列摺呈覽，四月初二、四月初三、四月初四日

FO931-0460 加總兵銜兩廣督標中軍副將趙光璧等，今將驗過來往三板内載夷人名數列摺，呈覽，八月初九日、八月初十日

FO931-0461 加總兵銜兩廣督標中軍副將趙光璧等，今將驗過來往三板内載夷人名數列摺呈覽，十月初八日

FO931-0462 加總兵銜兩廣督標中軍副將趙光璧等，今將驗過來往三板内載夷人名數列摺呈覽，十月十八日

FO931-0463 加總兵銜兩廣督標中軍副將趙光璧等，今將驗過來往三板内載夷人名數列摺呈覽，十月三十、十一月初一至十八日

FO931-0464 無撰文人，將截至十月三十日止現住省館夷商名數列摺呈覽，無年份日期

FO931-0465 署兩廣督標中軍副將事前營參將祺壽等，今將驗過來往三板内載夷人名數列摺呈覽，四月十一日、四月十四日、四月十五日、六月初九日、六月初十日、八月初一日、八月初六日、十月初九日、八月初二日

FO931-0466 署兩廣督標中軍副將事前營參將祺壽等，今將驗過來往三板内載夷人名數列摺呈覽，六月二十九日、六月十五日、四月十八日、六月初二日、六月初三日、六月十三日、七月初八日、

六月十二日、六月十一日、六月十四日

F0931-0467　署兩廣督標中軍副將事前營參將祺壽等，今將驗過來往三板内載夷人名數列摺呈覽，六月二十七日

F0931-0468　署兩廣督標中軍副將事前營參將祺壽等，今將驗過來往三板内載夷人名數列摺呈覽，七月二十七日

F0931-0469　署兩廣督標中軍副將事前營參將祺壽等，今將驗過來往三板内載夷人名數列摺呈覽，七月二十八日

F0931-0470　署兩廣督標中軍副將事前營參將祺壽等，今將驗過來往三板内載夷人名數列摺呈覽，七月二十九日

F0931-0471　署兩廣督標中軍副將事前營參將祺壽等，今將驗過來往三板内載夷人名數列摺呈覽，七月三十日

F0931-0472　無撰文人，今將驗過來往三板内載夷人名數列摺呈覽，九月十六日

F0931-0473　署兩廣督標中軍副將事前營參將祺壽等，今將驗過來往三板内載夷人名數列摺呈覽，十二月初八日

F0931-0474　署兩廣督標中軍副將事前營參將祺壽等，今將驗過來往三板内載夷人名數列摺呈覽，十二月初九日

F0931-0475　署兩廣督標中軍副將事前營參將祺壽等，今將驗過來往三板内載夷人名數列摺呈覽，四月十三日

F0931-0476　署兩廣督標中軍副將事前營參將祺壽等，今將驗過來往三板内載夷人名數列摺呈覽，四月二十八日

F0931-0477　署兩廣督標中軍副將事前營參將祺壽等，今將驗過來往三板内載夷人名數列摺呈覽，四月二十九日

FO931-0478 署兩廣督標中軍副將事前營參將祺壽等，今將驗過來往三板內載夷人名數列摺呈覽，十二月二十九日

FO931-0479 無撰文人，今將驗過來往三板內載夷人名數列摺呈覽，無年份日期

FO931-0480 加總兵銜兩廣督標中軍副將趙光璧等，今將驗過來往三板內載夷人名數列摺呈覽，十月初六日

FO931-0481 無撰文人，奏特參恃官勾串借勢淩人之在籍捐納知府麥慶培恭摺請旨革職審辦，六月初十日

FO931-0482 無撰文人，呈遵奉密查中外交易情形，無年份日期

FO931-0483 無撰文人，稟查明澳港唐夷奸儈收買內地銅錢銷毀國寶漁利犯科情形，無年份日期

FO931-0484 欽差大臣兩廣總督耆英，奏辦理各國夷務及接見夷使相機駕馭情形，無年份日期

FO931-0485 潘世榮，呈報在省港澳外國人行迹函，無年份日期

FO931-0486 欽差大臣兩廣總督耆英，照會米利堅國公使顧盛其奉旨調任兩廣總督簡用欽差大臣請靜候到粵面商一切，道光二十四年二月十二日

FO931-0487 欽差大臣兩廣總督耆英，發牌傳知於三月初二日自江寧起程赴廣東沿途州縣遵照預備夫馬船隻不許懸燈結彩等事，道光二十四年二月二十八日

FO931-0488 欽差大臣兩廣總督耆英，咨護兩廣總督程矞采咪夷欲赴天津奉上諭馳赴廣東會同妥辦事，道光二十四年二月二十八日

FO931-0489 欽差大臣兩廣總督耆英，咨奏事大人

專差標弁賚進奏摺夾板一副，道光二十四年二月二十八日

FO931-0490 欽差大臣兩廣總督耆英，札江蘇臬司查收火票並飭呈送應用勘合迎投行轅備用，道光二十四年二月二十八日

FO931-0491 欽差大臣兩廣總督耆英，咨奏事大人專差江蘇巡撫標摺弁賚進奏摺夾板一副，道光二十四年三月十二日

FO931-0492 欽差大臣兩廣總督耆英，咨奏事大人專差浙江巡撫標摺弁賚進奏摺夾板一副，道光二十四年三月十五日

FO931-0493 欽差大臣兩廣總督耆英，咨會數省將軍總督巡撫粵海關監督耆英現已調任兩廣總督，道光二十四年三月十五日；欽差大臣耆英，札江蘇按察司查收火票兵票傳牌分別彙繳，道光二十四年三月十五日

FO931-0494 欽差大臣兩廣總督耆英，照會米利堅國公使顧盛即行前往澳門會晤，道光二十四年四月十五日

FO931-0495 欽差大臣兩廣總督耆英，奏報抵粵接印任事日期及照會咪唎嘡國使臣在澳會晤緣由，附奏赴粵上任沿途諸事，道光二十四年四月十五日

FO931-0496 欽差大臣兩廣總督耆英，札布政使銜即補道潘仕成立即來轅會同黃藩司悉心籌商一切控馭機宜隨時稟辦並同前往澳門接晤咪唎嘡使臣，道光二十四年四月十七日

FO931-0497 欽差大臣兩廣總督耆英，咨署兩江總督送交拿獲私鹽及晴雨糧價等驗文，道光二十四年四月十六日

FO931-0498 欽差大臣兩廣總督耆英，照會英國新任公使德酋邀約在虎門會晤，道光二

十四年四月二十一日

FO931-0499　欽差大臣兩廣總督耆英，照會英國離任公使璞酋邀約在虎門會晤，道光二十四年四月二十一日

FO931-0500　欽差大臣兩廣總督耆英，照會美國公使顧聖酋即將在澳門會晤並爲前發照會填寫公使銜姓有舛錯之處致歉，道光二十四年四月二十四日

FO931-0501　無撰文人，照會美國公使顧聖酋即將在澳門會晤並爲前發照會填寫公使銜姓有舛錯之處致歉，無年份日期

FO931-0502　欽差大臣兩廣總督耆英，奏爲恭報行抵粵東接印任事日期及照會咪唎㗎國使臣在澳會晤緣由，無年份日期

FO931-0503　欽差大臣兩廣總督耆英，札候選主事趙司員立即來轅會同黄藩司潘候補道悉心籌劃一切駕馭機宜隨時體察夷情密禀核辦，道光二十四年四月二十四日

FO931-0504　欽差大臣兩廣總督耆英、廣東巡撫程矞采，奏藩司黄恩彤籌辦夷務妥善請賞戴花翎以示鼓勵，道光二十四年五月二十三日

FO931-0505　欽差大臣兩廣總督耆英，照會大西洋侍郎吐唎喊啦⿰口邊哆西洋公事與中國交涉者俱在澳門向歸總兵官督同唩嚟哆辦理，道光二十四年五月初九日

FO931-0506　欽差大臣兩廣總督耆英，照會大西洋國駐澳總兵官⿰口庇咖嚄照覆前任總兵官公文一件録送查照，道光二十四年五月初九日

FO931-0507　欽差大臣兩廣總督耆英，咨兵部自澳門發奏摺夾板一副，道光二十四年五月初十日；署香山縣知縣陸孫鼎，具

領到耆英發下奏摺夾板一副遵即飭差飛遞，道光二十四年五月初十日

F0931-0508

欽差大臣兩廣總督耆英，奏爲連日接見咪唎𡃤夷使嚬嚧大概情形恭摺由驛馳奏仰祈聖鑒事，附奏將趙長齡潘仕成札調來署佐理夷務，附奏道經虎門抵澳會見𠸄咭唎新來夷酋及大西洋兵頭等情形，道光二十四年五月初十日

F0931-0509

欽差大臣兩廣總督耆英，咨數省將軍總督巡撫及粵海關監督移付總督衙門抄録連日接見咪唎𡃤夷使嚬嚧大概情形各摺稿請煩查照施行，道光二十四年五月初十日

F0931-0510

欽差大臣兩廣總督耆英，札委准補同知銅麟隨同各該委員聽候黄藩司差遣委用妥辦夷務，道光二十四年五月十一日

F0931-0511

欽差大臣兩廣總督耆英，照會大西洋國駐澳總兵呲咖嗄未便與前總兵官會辦所有澳門公事仍當與總兵官及嘍嚟哆查照定章秉公核辦，道光二十四年五月十三日

F0931-0512

欽差大臣兩廣總督耆英，照會德酋辦理十三行花旗國人與內地民人因口角起衅致將清遠縣人徐亞滿槍斃一案，道光二十四年五月十三日

F0931-0513

欽差大臣兩廣總督耆英，照會德酋𠸄商請址租建洋行棧房須就地方民情擇地議租兩得其平現已飭地方官員傳到紳民會同妥議，道光二十四年五月十三日

F0931-0514

欽差大臣兩廣總督耆英，照會德酋當即移咨福州將軍閩浙總督查照管事官李太郭已前往福州港事，道光二十四

年五月十三日

FO931-0515　欽差大臣兩廣總督耆英，照會顧聖咪酋得悉其允肯停止北上又雙方委員當就各款條約秉公妥議等事，道光二十四年五月十四日

FO931-0516　欽差大臣兩廣總督耆英，照會咪酋顧聖詳言粵省民情，道光二十四年五月十四日

FO931-0517　欽差大臣兩廣總督耆英，照會咪酋顧聖明晰解釋道光十九年美國領事商民等在十三行內被林則徐圍困拘禁等情存案以備查考，道光二十四年五月十四日

FO931-0518　欽差大臣兩廣總督耆英，照會咪酋顧聖道光二十一年四月咪國商船三板由省回黃埔突遭砲打一案擬應俟回省查明原案再行分別辦理，道光二十四年五月十四日

FO931-0519　欽差大臣兩廣總督耆英，咨廣東巡撫移付總督衙門抄録照覆噗夷德公使請址擴建洋行又請飭查盜犯陳亞大及裙帶路匪徒滋事並管事官李太郭帶官前往福州等案咨文抄稿，道光二十四年五月十三日；隨轅書李書粟等，稟咪酋顧聖呈稱粵省匪徒擾害請爲保護一案應否妥籌行司會議理合檢案稟請訓示，初八日

FO931-0520　欽差大臣兩廣總督耆英，咨廣東巡撫粵海關移付總督衙門札廣東布政司委趙長齡聽候差遣潘仕成銅麟及吳廷獻等隨同差遣各緣由，道光二十四年五月十一日

FO931-0521　欽差大臣兩廣總督耆英，奏爲咪唎㗎夷使呈遞文書停止北上並連日會議條

約相機辦理情形恭摺馳奏仰祈聖鑒事，附照録咪夷使臣⿰口顧哩照會一件，附奏㖿夷噗嘧二酋退換緣由，道光二十四年五月十七日；咨廣東巡撫移總督衙門札廣東布政司遵旨查詢噗嘧二酋更換緣由摺奉到朱批粘抄片並録諭旨查詢噗嘧二酋更換緣由，道光二十四年六月二十五日

FO931-0522

欽差大臣兩廣總督耆英，咨粵海關移付總督衙門應西洋理事官唛嚟哆稟請再爲出示曉諭華商納税須按新例辦理等情煩爲查照速即諭飭澳門華商遵照新定章程辦理施行，道光二十四年五月十六日

FO931-0523

欽差大臣耆英，移付總督衙門札澳門同知轉飭香山知縣迅速查明西洋理事官唛嚟哆所稟划艇二隻給還收領具報事，道光二十四年五月十六日

FO931-0524

署香山縣知縣陸孫鼎，具領到耆英發下奏摺夾板一副遵即飭差飛遞，道光二十四年五月十七日；欽差大臣兩廣總督耆英，咨兵部自澳門發奏摺夾板一副，道光二十四年五月十七日

FO931-0525

欽差大臣兩廣總督耆英，咨數省將軍總督巡撫粵海關移付總督衙門抄摺知會咪唎㗎夷使呈遞文書停止北上並連日會議條約相機辦理情形摺，道光二十四年五月十八日

FO931-0526

欽差大臣兩廣總督耆英，札西洋理事官唛嚟哆澳門華商遵照新章納税一案業經咨會粵海關查照諭飭遵辦，道光二十四年五月十六日

FO931-0527

欽差大臣兩廣總督耆英，咨請廣東巡撫粵海關監督核會奏議定亞美理駕合

衆國貿易條約章程摺稿，道光二十四年五月二十三日

FO931-0528 欽差大臣兩廣總督耆英，咨兵部自廣東省城發奏摺夾板一副，道光二十四年五月二十三日

FO931-0529 欽差大臣兩廣總督耆英，咨數省將軍總督巡撫及粵海關移付總督衙門抄録咨會咪唎嘡夷顚嘘呈出國書停止北上又探聞咈囒哂使臣喇吃呢帶兵船來中國必須設法妥爲撫馭各緣由摺片抄稿一本，道光二十四年五月二十五日

FO931-0530 欽差大臣兩廣總督耆英，照會咪夷顧聖恭録耆英調任兩廣總督辦理各省通商善後事宜上諭，道光二十四年五月二十九日

FO931-0531 欽差大臣兩廣總督耆英，移付總督衙門恭録抵粵接印及照會咪酋在澳會晤摺奏到朱批上諭，附鈔發浙江巡撫梁具奏原片，道光二十四年六月初一日

FO931-0532 欽差大臣兩廣總督耆英，咨兩江總督恭録原奏咪唎嘡使臣欲行請覲並兩江地方善後等事摺奏到朱批，道光二十四年六月初一日

FO931-0533 欽差大臣兩廣總督耆英，咨兩江總督隨伺粵東標弁楊永齡馬俊良將飭令回營請量予超拔以昭激勵，道光二十四年五月二十六日

FO931-0534 欽差大臣兩廣總督耆英，移付總督衙門查明道光二十一年四月咪國商船三板突遭砲打將商人舍理打斃將受傷餘人監禁原案録案移付以憑核辦，道光二十四年六月初四日

FO931-0535 欽差大臣兩廣總督耆英，照會英國德酋並咨閩浙總督允英國公使與閩省管

事官來往文書暫由欽差大臣衙門或中國地方官代爲遞送俟開市以後商船流通如有往來文書仍聽各管事官自行遞送，道光二十四年六月初十日

F0931-0536
欽差大臣兩廣總督耆英，咨閩浙總督浙江巡撫咪國所派領事已赴舟山請密飭查探嘆夷在舟山情形，道光二十四年六月十四日

F0931-0537
欽差大臣兩廣總督耆英，札浙江寧紹台道特委密探定海嘆船增多操演情形，道光二十四年六月十四日

F0931-0538
欽差大臣兩廣總督耆英，咨粵海關移還會咨關吏俞聯留署辦公文稿各件，道光二十四年六月十八日

F0931-0539
欽差大臣兩廣總督耆英、管理粵海關監督事務文豐，咨吏部户部移户科請暫留粵海關衙門書吏俞聯協同辦理夷税章程事並諭省塘京塘速遞有關公文，道光二十四年六月十九日

F0931-0540
欽差大臣兩廣總督耆英，咨廣東巡撫粵海關移付總督衙門札廣東布政司恭録原奏趙長齡潘仕成等人隨同赴澳差遣各緣由摺奉到朱批上諭，道光二十四年六月二十一日

F0931-0541
欽差大臣兩廣總督耆英，咨數省將軍總督巡撫及粵海關移付總督衙門恭録原奏接見咪唎嘡夷使⿰口顧⿰口盛等摺奉到朱批上諭，道光二十四年六月二十一日

F0931-0542
欽差大臣兩廣總督耆英，札廣東按察司查收火票限單各一分別彙繳存銷，道光二十四年六月二十一日

F0931-0543
欽差大臣兩廣總督耆英，札飭江蘇上海道將巴領事之弟私赴新聞一帶打雀情由轉行知照寧紹台道興泉永道，道

光二十四年六月二十一日

FO931-0544 欽差大臣兩廣總督耆英，咨數省將軍總督巡撫及粵海關移付總督衙門恭録原奏咪唎㗰夷使停止北上並會議條約相機辦理情形摺奉到朱批上諭，道光二十四年六月二十五日

FO931-0545 欽差大臣兩廣總督耆英，札廣東按察司查收火票限單各一分別彙繳存銷，道光二十四年六月二十四日

FO931-0546 欽差大臣兩廣總督耆英，咨數省將軍總督巡撫及粵海關移付總督衙門並札浙江寧紹台江蘇蘇松太道英夷德公使赴各口查看貿易事宜又據聞咪酋顧公使回國不赴各口等情，道光二十四年六月二十九日

FO931-0547 欽差大臣兩廣總督耆英，照會嘆國噟酋業備悉其將前往福州厦門寧波上海四口查看管事官辦事等情，附嘆咭唎收條一紙，道光二十四年六月三十日

FO931-0548 欽差大臣兩廣總督耆英，札廣東按察司查收火票限單各一分別彙繳存銷，道光二十四年七月初一日

FO931-0549 欽差大臣兩廣總督耆英，咨數省將軍總督巡撫及粵海關移付總督衙門恭録原奏咪唎㗰夷使停止北上咈夷使臣帶兵船欲來中國各摺奉到朱批，道光二十四年七月初一日

FO931-0550 欽差大臣兩廣總督耆英，咨數省將軍總督巡撫及粵海關移付總督衙門恭録原奏在澳議定亞美理駕合衆國貿易條約章程摺奉到朱批，道光二十四年七月初一日

第四冊提要（F0931-0551—F0931-0979）

FO931-0551

欽差大臣兩廣總督耆英，咨廣東巡撫移付總督衙門並札廣東布政司奉朱批上諭廣東布政使黄恩彤辦事認真不辭勞勩著加恩賞戴花翎並賞加二級准其隨帶相應恭録並抄原片咨會移付札知欽遵，道光二十四年七月初一日

FO931-0552

欽差大臣兩廣總督耆英，咨吏部奉上諭候選主事趙長齡、在籍道員潘仕成均著交耆差遣委用相應恭録並抄原奏請煩查照施行，道光二十四年七月初一日

FO931-0553

欽差大臣兩廣總督耆英，片奏㖆酋嘚吡時稱欲前往福州厦門寧波上海等四口查考所屬管事等是否遵守成約緣由，道光二十四年七月初一日；欽差大臣兩廣總督耆英，咨兩江閩浙總督浙江福建江蘇巡撫盛京福州將軍直隸總督粵海關移付總督衙門並札浙江寧紹台道江蘇蘇松太道知照嘚吡時欲往四口查考管事抄片，道光二十四年七月初三日

FO931-0554

英國公使德庇時，照會欽差大臣兩廣總督耆英查香港對面附近尖沙嘴有花旗英人給銀與中國官憲即准居住又建造屋宇等事爲德所不允准，道光二十四年七月初七日

FO931-0555

欽差大臣兩廣總督耆英，照覆㖆國嘚酋轉飭英人與花旗人一體依限拆遷尖沙嘴之官涌地方房屋又英國駐福州厦門管事官更調事已咨會閩省大憲，道

光二十四年七月十五日

FO931-0556 欽差大臣兩廣總督耆英，移付總督衙門抄録暎酋德公使照會花旗英人等在尖沙嘴建屋等案文稿，道光二十四年七月十五日

FO931-0557 欽差大臣兩廣總督耆英，咨廣東水師提督廣東巡撫飭查尖沙嘴地方有無夷人給銀建屋，道光二十四年七月十五日

FO931-0558 欽差大臣兩廣總督耆英，咨福州將軍閩浙總督福建巡撫暎國駐福州厦門管事官更調，道光二十四年七月十五日

FO931-0559 美國領事福士，申陳兩廣總督耆英咪國商人爹剌那帶有槍砲器械在粵代爲稟請給價銀購買，道光二十四年七月

FO931-0560 欽差大臣兩廣總督耆英，札廣東按察司查收火票限單分別匯繳存銷，道光二十四年七月二十三日

FO931-0561 欽差大臣兩廣總督耆英、廣東巡撫程矞采，咨閩浙總督福建巡撫福州將軍浙江巡撫兩江總督江蘇巡撫札飭福建興泉永道浙江寧紹台道江蘇蘇松太道咈囒哂使臣喇萼呢擬赴各通商口岸查看貿易情形務須相機接待妥慎辦理以示懷柔，無年份日期

FO931-0562 欽差大臣兩廣總督耆英，咨福州將軍閩浙總督浙江巡撫兩江總督福建巡撫江蘇巡撫札浙江寧紹台道江蘇蘇松太道知照暎酋德公使赴閩浙日期，道光二十四年七月二十八日

FO931-0563 無撰文人，咨呈軍機大人爲咨送咪唎堅夷使顧嗑所呈國書一件並譯出漢字一件，無年份日期

FO931-0564 美國水師提督駐華代辦伯駕，照會欽

差大臣耆英接耆英致顧聖照會已翻譯並閱悉欣聞望厦條約已經軍機大臣會同各部議准並奉朱批當囑本國商民恪守，附信封及英文原本，道光二十四年八月初三日；　標下廣東大鵬協副將王鵬，禀欽差大臣兩廣總督耆英咪夷在尖沙嘴管涌沙陂起造船廠卷共四件函封，道光二十七年三月二十二日

FO931-0565　欽差大臣兩廣總督耆英，咨覆浙江巡撫訪無夷人擅入衙署拜會一案，道光二十四年八月初一日

FO931-0566　欽差大臣兩廣總督耆英，咨閩浙總督浙江巡撫札浙江寧紹台道匪徒李成峰等詐擾一案無庸會同暎官審訊，道光二十四年八月初二日

FO931-0567　欽差大臣兩廣總督耆英，移付總督衙門准江蘇巡撫咨會奏上海運到洋硝擬請官爲收買毋庸撥充年額緣由，道光二十四年八月初五日

FO931-0568　欽差大臣兩廣總督耆英，移付總督衙門恭録兩江總督咨會奏籌議渡臺茶絲紬緞分別查辦一摺奉到朱批，道光二十四年八月初五日

FO931-0569　欽差大臣兩廣總督耆英，移付總督衙門准江蘇巡撫咨會奏暎國續派羅伯孫等充上海副管事官緣由，道光二十四年八月初五日

FO931-0570　欽差大臣兩廣總督耆英，照會英國署理公使噫酋奉部議准新定咪國貿易章程並酌改洋參黑白鉛等税例及添注出入口違禁貨物請諭飭英國商人一體遵照，道光二十四年八月初五日

FO931-0571　欽差大臣兩廣總督耆英，咨兩江總督江蘇巡撫福州將軍閩浙總督浙江巡撫

廣東巡撫粤海關福建巡撫移付總督衙門英商貿易應照現定咪國條約請煩查照轉飭遵照畫一辦理施行，道光二十四年八月初五日

F0931-0572 欽差大臣兩廣總督耆英，照覆咪酋伯駕已翻譯閲明七月二十七日照會並令依限拆遷尖沙嘴房屋等事，道光二十四年八月初九日

F0931-0573 欽差大臣兩廣總督耆英，咨呈軍機大人爲咨送咪唎堅夷使顧盛所呈國書並譯出漢字之件，道光二十四年七月二十九日

F0931-0574 欽差大臣兩廣總督耆英，咨覆江蘇巡撫咨開抄録鵝鼻嘴善後事宜奏稿存俟彙案核辦，道光二十四年八月十二日

F0931-0575 欽差大臣兩廣總督耆英，咨覆閩浙總督移付總督衙門咨開會奏福州籌議開市緣由摺奉到朱批上諭並轉飭妥辦英夷退還鼓浪嶼等情，道光二十四年八月十二日

F0931-0576 欽差大臣兩廣總督耆英，咨覆浙江巡撫准咨開匪徒李成峰等詐擾一案札飭毋庸會訊，道光二十四年八月十四日

F0931-0577 欽差大臣兩廣總督耆英，咨數省將軍總督巡撫粤海關移付總督衙門札浙江寧紹台道江蘇蘇松太道知照咪唎堅夷使顧盛實已回國伯駕折回廣州抄片，道光二十四年八月二十九日，欽差大臣兩廣總督耆英，咨數省將軍總督巡撫及粤海關移付總督衙門札浙江寧紹台道江蘇蘇松太道恭録奏顧酋實已回國伯駕折回廣州一片奉到朱批，道光二十四年十月二十六日

F0931-0578 欽差大臣兩廣總督耆英，片奏咪唎堅

夷使⿰口顛嗑實已回國⿰口帕⿰口駕業已折回廣州，道光二十四年八月二十九日

F0931-0579 廣州香山知縣陸孫鼎，爲具領到耆英發下奏摺夾板一副限日四百里遵即飭差飛遞事，道光二十四年九月十一日；欽差大臣兩廣總督耆英，咨兵部自澳門拜發奏摺夾板一副並咨呈軍機處公文一角，道光二十四年九月初八日

F0931-0580 廣州香山知縣陸孫鼎，爲具領到耆英發下奏摺夾板一副限日四百里遵即飭差飛遞事，道光二十四年九月初七日；欽差大臣兩廣總督耆英，咨兵部自澳門拜發奏摺夾板一副，道光二十四年九月初五日

F0931-0581 欽差大臣兩廣總督耆英，移付總督衙門恭録江蘇巡撫奏⿰口英國續派羅伯遜等前赴上海充當副管事官事奉到朱批，道光二十四年九月十六日

F0931-0582 欽差大臣兩廣總督耆英，移付總督衙門准兩江總督咨⿰口英夷在滬建館情形，道光二十四年九月十六日

F0931-0583 欽差大臣兩廣總督耆英，移付總督衙門兩江總督江蘇巡撫會奏上海收買洋硝一摺奉到朱批，道光二十四年九月十六日

F0931-0584 欽差大臣兩廣總督耆英，移付總督衙門准兩江總督咨嚴懲船户私載夷人閑遊並分別比例議定治罪章程，道光二十四年九月十六日

F0931-0585 欽差大臣兩廣總督耆英，咨覆浙江巡撫准咨開定海夷船情形相安無事一案存俟核奏，道光二十四年九月十六日

F0931-0586 欽差大臣兩廣總督耆英，照覆⿰口英國嚧

酋福州李管事所住屋宇已咨閩省督撫轉飭該處地方官照料，道光二十四年九月十六日

FO931-0587 欽差大臣兩廣總督耆英，咨覆水師提督咪夷兵船駛入虎門飭令查探，道光二十四年九月十七日

FO931-0588 欽差大臣兩廣總督耆英，咨數省將軍總督巡撫及粵海關移付總督衙門並札浙江寧紹台道江蘇蘇松太道恭録具奏嚧酋往四口查考管事並囑酋欲回國摺奉到朱批，道光二十四年九月十七日

FO931-0589 欽差大臣兩廣總督耆英，咨閩浙總督福建巡撫移付總督衙門福州李管事住屋如願另租飭爲酌辦並廈門領事官記里布退職亞利國暫在廈管理等事，道光二十四年九月十八日

FO931-0590 欽差大臣兩廣總督耆英，咨兵部自廣東省城拜發奏摺夾板一副，道光二十四年九月十九日

FO931-0591 欽差大臣兩廣總督耆英，咨送廣東巡撫會奏夷務出力人員甄叙回會稿，道光二十四年九月二十一日

FO931-0592 欽差大臣兩廣總督耆英，奏爲查明定海夷情照常安静恭摺奏祈聖鑒事，附奏請將已革同知舒恭受暫留定海襄理民夷交涉事務，道光二十四年九月二十八日

FO931-0593 欽差大臣兩廣總督耆英，咨覆閩浙總督准咨開鼓浪嶼黑白夷兵前往舟山換班請核辦存俟彙核覆奏，道光二十四年九月二十七日

FO931-0594 欽差大臣兩廣總督耆英，移付總督衙門准署兩江總督璧昌抄咨奏咦國嚧酋到滬接見情形，道光二十四年九月二

十七日

FO931-0595　欽差大臣兩廣總督耆英，移付總督衙門准署兩江總督壁昌咨開奏暎國嚧酋起椗赴寧波等口日期抄片，道光二十四年九月二十四日

FO931-0596　欽差大臣兩廣總督耆英，移付總督衙門准護江蘇巡撫文柱咨開奏嚧唓嘚抵滬並出口日期情形抄片，道光二十四年九月二十四日

FO931-0597　欽差大臣兩廣總督耆英，移付總督衙門准護江蘇巡撫文柱咨開奏上海收買洋硝一摺奉准部覆如奏辦理，道光二十四年九月二十四日

FO931-0598　欽差大臣兩廣總督耆英，札暎國領事官馬額峨咪國領事官福士抄發新定嚴禁十三行地方匪徒滋事章程，道光二十四年九月二十九日

FO931-0599　欽差大臣兩廣總督耆英，照覆暎國嚧酋江西鉛山武夷茶阻往上海寧波某商霸佔鐵市及粵省桂皮違例包攬等事已行移咨查，道光二十四年十月初二日

FO931-0600　欽差大臣兩廣總督耆英，咨廣東巡撫移付總督衙門抄録改定嚴禁十三行匪徒滋事章程及札行底稿，道光二十四年九月二十九日

FO931-0601　欽差大臣兩廣總督耆英，咨閩浙總督浙江巡撫移付總督衙門抄録定海夷情安靜舒恭受留定海差委摺片，道光二十四年九月二十八日

FO931-0602　欽差大臣兩廣總督耆英，移付總督衙門准浙江巡撫咨開奏嚧酋來浙並咪夷烏兒吉軒理知到浙抄片，道光二十四年十月初二日

FO931-0603　欽差大臣兩廣總督耆英，移付總督衙

門咨浙江巡撫分別飭禁江西鉛山阻茶寧商鐵霸桂皮洋布違例加稅等事，道光二十四年十月初三日

FO931-0604 欽差大臣兩廣總督耆英，札廣東按察司查收火票限單分別彙繳存銷，道光二十四年十月初六日

FO931-0605 欽差大臣兩廣總督耆英，咨福州將軍閩浙兩江總督浙江廣東福建江蘇巡撫粵海關札浙江寧紹台道移付總督衙門咪夷貿易新章准各國商人一體均沾咨行照辦，附抄録粵海關原文，道光二十四年十月初七日

FO931-0606 欽差大臣兩廣總督耆英，移付總督衙門準閩浙總督劉韵珂福建巡撫劉鴻翺咨𠸄酋到福州查看貿易入口出口日期，道光二十四年十月初九日

FO931-0607 欽差大臣兩廣總督耆英，札合衆國領事福士洋行欠項不能不追遠商不致受累情由，內夾𠸄咭唎收條，道光二十四年十月十二日

FO931-0608 欽差大臣兩廣總督耆英，移付總督衙門抄録札咪唎㗆領事福士咪國商人恐受洋行之累文稿，道光二十四年十月十四日

FO931-0609 欽差大臣兩廣總督耆英，咨兵部自廣東省城拜發奏摺夾板一副，道光二十四年十月十六日；廣州府南海縣知縣史璞，爲依奉領到緊要奏摺夾板一副並兵部公文一角飭役飛遞事，道光二十四年十月十七日

FO931-0610 欽差大臣兩廣總督耆英，札廣東按察司查收火票限單分別彙繳存銷，道光二十四年十月十五日

FO931-0611 欽差大臣兩廣總督耆英，札廣東按察

司查收火票限單分別彙繳存銷，道光二十四年十月十七日

F0931-0612　欽差大臣兩廣總督耆英，移付總督衙門恭録原奏准署兩江總督壁昌咨開嘆國嚧酋起椗赴浙日期摺奉到朱批，道光二十四年十月二十一日

F0931-0613　欽差大臣兩廣總督耆英，札覆合衆國領事福士傳諭咪商帶來砲械粵省無須向買，道光二十四年十月二十四日

F0931-0614　欽差大臣兩廣總督耆英，移付總督衙門抄録咪唎㗉領事福士來文及札覆咪商帶來砲械無須購買文稿，道光二十四年十月二十四日

F0931-0615　欽差大臣兩廣總督耆英，札廣東按察司查收火票限單分別彙繳存銷，道光二十四年十一月初五日

F0931-0616　德惠師，致函某人感謝其惠贈畫像並回贈已照，八月初九日

F0931-0617　無撰文人，欽差大臣耆英徐廣縉與英國公使等道光二十三年至咸豐二年爲進城茶棧加抽用銀省城河南黃埔租地三款事項歷年來往公文大略，無年份日期

F0931-0618　無撰文人，內地貨及洋藥進出口收税之例，無年份日期

F0931-0619　無撰文人，札覆英國領事官馬額峨已咨明粵海關按關署向用式樣製造秤碼丈尺一副交領事官收執，無年份日期

F0931-0620　無撰文人，咨覆粵海關佛蘭西船隻經過虎門直至黃埔不報驗實屬有違定章煩爲查照，無年份日期

F0931-0621　欽差大臣兩廣總督耆英，咨覆閩浙總督查亞利國權在厦港管理毋庸再行照會，道光二十四年十一月二十六日

FO931-0622 欽差大臣兩廣總督耆英，咨閩浙總督浙江巡撫移付總督衙門恭録兵部咨奉上諭舒恭受免遣在浙效力贖罪請煩欽遵查照施行，道光二十四年十一月二十六日

FO931-0623 欽差大臣兩廣總督耆英，移付總督衙門暎夷派總理軍糧道谷分往粤省收銀希即轉飭藩司委員解交公同彈兑，道光二十四年十一月二十六日

FO931-0624 欽差大臣兩廣總督耆英，移付總督衙門抄録合衆國領事福士申嚴催緝拿咪國蝦嗱米船被劫請勒催拿辦，道光二十四年十一月二十六日

FO931-0625 欽差大臣兩廣總督耆英，照會暎國嘚酉札行咪國領事福士新定佛蘭西貿易章程及增改丁香洋酒税例，道光二十四年十一月二十三日

FO931-0626 欽差大臣兩廣總督耆英，札大西洋理事官唛嚟哆合衆國佛蘭西二國通商案内更改税則，道光二十四年十一月二十三日

FO931-0627 欽差大臣兩廣總督耆英，札廣東按察司查收火票限單分別彙繳存銷，道光二十四年十一月二十日

FO931-0628 欽差大臣兩廣總督耆英，札廣東按察司查收火票限單分別彙繳存銷，道光二十四年十一月二十一日

FO931-0629 欽差大臣兩廣總督耆英，札廣東按察司查收火票限單分別彙繳存銷，道光二十四年十一月二十九日

FO931-0630 欽差大臣兩廣總督耆英，咨閩浙總督浙江巡撫移付總督衙門恭録定海夷情安靜舒恭受留浙差委各摺片奉到朱批，道光二十四年十二月十五日

FO931-0631 欽差大臣兩廣總督耆英，咨粵海關監督諭飭各關口胥役人等各國商民採買貨物但照新例收税驗放，道光二十四年十二月十六日

FO931-0632 欽差大臣兩廣總督耆英，札香山縣丞飭查咈囒哂國有無阿勒免巡船到澳門在何洋停泊，道光二十四年十二月十六日

FO931-0633 欽差大臣兩廣總督耆英，咨覆閩浙總督浙江巡撫浙江定標兵丁被夷官拿去現駐定夷官已送交道府查辦，道光二十五年三月二十四日

FO931-0634 欽差大臣兩廣總督耆英，咨廣東巡撫移付總督衙門抄録照覆德酋欺凌英官未獲二犯現爲拿辦會稿，道光二十五年三月二十七日

FO931-0635 欽差大臣兩廣總督耆英、廣東巡撫黄恩彤，照會英國德酋已咨會閩浙總督毋庸掛慮福厦兩領事更變並黄旗瑞典二國違禁走私船隻出口等事，道光二十五年四月初八日發

FO931-0636 欽差大臣兩廣總督耆英、廣東巡撫黄恩彤，咨閩浙總督福厦兩領事更變情形，道光二十五年四月初八日發

FO931-0637 欽差大臣兩廣總督耆英，咨廣東巡撫移付總督衙門抄送福厦兩領事不能緩行並黄旗瑞典二國船隻出口各回會稿，道光二十五年四月初八日發

FO931-0638 欽差大臣兩廣總督耆英、廣東巡撫黄恩彤，札覆英國領事馬額峨禁販私鐵與外來洋鐵並無關涉有兩粵鐵商在洋樓近地墻上粘貼花紅單應飭傳查詢以杜蒙混而禁把持除札飭廣州府立傳該商等赴案詢究外合札該領事傳諭該國

商人照舊任便交易，道光二十五年四月十四日

FO931-0639 欽差大臣兩廣總督耆英，咨廣東巡撫移付總督衙門抄送札覆馬領事申稱鐵商貼花紅單及㖊船由省起回黃埔在路每被搶劫各案會稿，道光二十五年四月十四日

FO931-0640 欽差大臣兩廣總督耆英，咨送廣東巡撫移付總督衙門抄送合衆國領事福士所請中和行餘地已租與英商一案回會稿，道光二十五年四月二十五日

FO931-0641 欽差大臣兩廣總督耆英、廣東巡撫黃恩彤，札覆英國領事馬額峨申稱棉花勒取扣規一案並札飭廣州府將該商傳案約束，道光二十五年四月二十五日

FO931-0642 欽差大臣兩廣總督耆英，咨廣東巡撫移付總督衙門抄送札覆馬領事申陳棉花勒取扣規一案回會稿，道光二十五年四月二十五日

FO931-0643 欽差大臣兩廣總督耆英、廣東巡撫黃恩彤，札英國領事馬額峨鐵商在洋樓粘貼花紅單查緝私販鐵斤實係專指內地私鐵而言並非連洋鐵一並影射在內札知該領事傳諭本國商人仍遵照前訂條約任便交易，道光二十五年五月初一日

FO931-0644 欽差大臣兩廣總督耆英，咨送廣東巡撫移付總督衙門抄送鐵商潘裕源等訊無把持洋鐵一案回會稿，道光二十五年五月初一日

FO931-0645 欽差大臣兩廣總督耆英、廣東巡撫黃恩彤，咨覆閩浙總督查照英人在閩口岸租地建屋據興泉永道詳議專責成內地民人隨租隨報與原定條約不符且與

粵東辦法亦不劃一，仍候閩浙總督體察各情酌量飭遵辦理，道光二十五年五月初六日

FO931-0646 欽差大臣兩廣總督耆英，咨廣東巡撫抄送咨覆閩浙總督英人租屋責令內民隨租隨報與條約不符回會稿，道光二十五年五月初六日發

FO931-0647 欽差大臣兩廣總督耆英、廣東巡撫黄恩彤，札英國領事馬額峨據申陳中國行商經紀不按向例抽銀八錢章程辦理經查現已復行照常交易，道光二十五年五月三十日

FO931-0648 欽差大臣兩廣總督耆英，咨送廣東巡撫移付總督衙門被録札行嘆領事傳諭棉花商人照常交易回會各稿，道光二十五年五月三十日

FO931-0649 欽差大臣兩廣總督耆英、廣東巡撫黄恩彤，札覆合衆國領事福士申陳內地民人鈕元德自新加坡附搭英船回粵到澳被西洋官兵捉解强留財物，道光二十五年六月初九日

FO931-0650 欽差大臣兩廣總督耆英、廣東巡撫黄恩彤，札行西洋理事官唛嚟哆確查申覆內地民人鈕元德自新加坡附搭英船回粵到澳被西洋官兵捉解强留財物案，道光二十五年六月初九日

FO931-0651 欽差大臣兩廣總督耆英，咨廣東巡撫移付總督衙門抄送札行西洋理事並先行札合衆國領事民人鈕元德被西洋兵役將衣物强留案會回稿，道光二十五年六月初十日發

FO931-0652 欽差大臣兩廣總督耆英，咨廣東巡撫移付總督衙門抄送札飭西洋理事官唛嚟哆澳門划艇由澳關覆驗仍遵現章辦

理並將划艇酌定額數稟覆查核一案會回稿，道光二十五年六月初十日發

FO931-0653

一　欽差大臣兩廣總督耆英，咨廣東巡撫移付總督衙門抄送札廣東布政司按察司會議廣州一港行走界址又咨兩江閩浙總督會查上海廈門兩口議定界址回會稿，道光二十五年六月初十日

二　欽差大臣兩廣總督耆英、廣東巡撫黃恩彤，咨浙江巡撫寧波上海廈門夷人行走界址是否業經議定及係作何定法請煩查照見覆，道光二十五年六月初七日發

三　欽差大臣兩廣總督耆英、廣東巡撫黃恩彤，咨兩江總督閩浙總督上海廈門夷人行走界址作何定法是否定以時不定以地亟應詳悉示覆，道光二十五年六月初七日

FO931-0654　欽差大臣兩廣總督耆英，咨廣東巡撫移付總督衙門抄送德酋派員赴省收銀來文及發還孔藩司公文並札廣東布政司查銷照會德酋公文，道光二十五年六月初十日發

FO931-0655　欽差大臣兩廣總督耆英，咨廣東巡撫移付總督衙門抄送德酋照覆稽查走私章程一案會回稿，道光二十五年六月十六日

FO931-0656　欽差大臣兩廣總督耆英，咨兵部自廣東省城拜發奏摺夾板一副，道光二十五年七月十七日

FO931-0657　欽差大臣兩廣總督耆英，照覆嘆國嚧酋來信已閱並交寄覆璞公使信函，道光二十五年七月十九日

FO931-0658　欽差大臣兩廣總督耆英，咨兵部自廣東省城拜發奏摺夾板一副，道光二十

五年七月二十七日

FO931-0659　欽差大臣兩廣總督耆英、廣東巡撫黃恩彤，札覆西洋理事官唛嚟哆稟稱澳門各口常有匪船灣泊請將華民隸西洋管轄以便造冊稽查良歹等情大屬非是切宜恪遵舊制勿得以窒礙難行之事妄行瀆請，道光二十五年八月初一日

FO931-0660　欽差大臣兩廣總督耆英、廣東巡撫黃恩彤，札行合衆國領事福士知照合衆國醫生地凡於太平門外曉珠里賃鋪設堂訓古醫症送藥被七約坊衆驅逐不許租賃查此案既據該醫生情願挪移另覓房屋居住黃曉峰亦已將按租銀照數交還取回原批，道光二十五年八月初一日

FO931-0661　欽差大臣兩廣總督耆英、廣東巡撫黃恩彤，札行西洋理事官唛嚟哆稟稱民人鈕元德自外洋進澳帶有箱隻不赴抽分館報稅一案務須斟酌得中，道光二十五年八月初一日

FO931-0662　欽差大臣兩廣總督耆英，照會𠸄國德酋修治黃河中國歷有成規毋須招致𠸄國藝士治河，道光二十五年八月初一日

FO931-0663　欽差大臣兩廣總督耆英，咨廣東巡撫移付總督衙門抄送西洋理事官唛嚟哆稟請澳門各口岸常有匪船灣泊請將華民歸隸西洋管轄一案會回稿，道光二十五年八月初二日

FO931-0664　欽差大臣兩廣總督耆英，咨廣東巡撫移付總督衙門抄送民人鈕元德自外洋進澳帶有箱隻不赴抽分館報稅一案來文並會回稿，道光二十五年八月初二日

FO931-0665 欽差大臣兩廣總督耆英，咨廣東巡撫移付總督衙門抄送札覆西洋理事官唼嚟哆求免澳門船鈔一事格礙難行會回稿，道光二十五年八月初二日

FO931-0666 欽差大臣兩廣總督耆英，咨廣東巡撫移付總督衙門抄送札飭香山東莞二縣查明釋放澳門划艇所雇華人亞萬一案會回稿，道光二十五年八月初二日

FO931-0667 欽差大臣兩廣總督耆英，咨廣東巡撫移付總督衙門抄送札行合衆國領事福士醫士地凡情願挪移另覓房屋居住黃曉峰亦已將租銀交還會回稿，道光二十五年八月初三日發

FO931-0668 欽差大臣兩廣總督耆英、廣東巡撫黃恩彤，札覆嘆國馬領事申陳黃埔關口委員阻留英商所雇西瓜扁事已札飭黃埔關口委員確查禀覆，又札飭稽查省河委員漆象曾查明禀覆，道光二十五年八月初九日

FO931-0669 欽差大臣兩廣總督耆英，咨送廣東巡撫移付總督衙門抄送黃埔關口委員阻留英商所雇西瓜扁一案會回稿，道光二十五年八月初九日

FO931-0670 欽差大臣兩廣總督耆英、廣東巡撫黃恩彤，咨粵海關飭查英商所雇西瓜扁運貨出口關役人等有無需索情事，道光二十五年八月初十日

FO931-0671 欽差大臣兩廣總督耆英，咨廣東巡撫移付總督衙門抄送飭查合衆國醫生地凡賃屋拆修被阻會回稿，道光二十五年八月十一日

FO931-0672 欽差大臣兩廣總督耆英、廣東巡撫黃恩彤，札飭南海知縣督同縣丞查明禀覆合衆國醫士地凡賃屋拆修被阻情由

並札覆合衆國福領事知照，道光二十五年八月十一日

FO931-0673　欽差大臣兩廣總督耆英、廣東巡撫黃恩彤，照會英國公使已接照會知悉英國師船駛赴五港口分泊，八月十六日發

FO931-0674　欽差大臣兩廣總督耆英、廣東巡撫黃恩彤，咨兩江總督江蘇巡撫閩浙總督浙江巡撫福州將軍廣東水師提督英國師船駛赴五港口分泊請轉飭該文武地方官妥慎辦理，八月十六日發

FO931-0675　欽差大臣兩廣總督耆英、廣東巡撫黃恩彤，札福建興泉永道江蘇蘇松太道浙江寧紹台道英國師船駛赴五港口分泊務須妥慎辦理，八月十六日發

FO931-0676　欽差大臣兩廣總督耆英、廣東巡撫黃恩彤，照會嘆國德酉已接照會知悉英國師船駛赴五港口分泊，道光二十五年八月十六日

FO931-0677　欽差大臣兩廣總督耆英、廣東巡撫黃恩彤，咨江蘇巡撫浙江巡撫兩江總督閩浙總督福州將軍札福建興泉永道江蘇蘇松太道浙江寧紹台道英國師船駛赴五港口分泊務須妥慎辦理，道光二十五年八月十六日

FO931-0678　欽差大臣兩廣總督耆英、廣東巡撫黃恩彤，咨粵海關省河委員潻象曾稟覆西瓜扁等項船隻運貨出口係由粵海關扣查驗放行與引水等絕無干涉事請即查明嘆商雇用西瓜扁運貨出口向來如何驗放關口丁役人等近日有無需索情事，道光二十五年八月十四日

FO931-0679　欽差大臣兩廣總督耆英，咨廣東巡撫移付總督衙門抄送西瓜扁運貨出口關

役人等有無需索一案會回稿，道光二十五年八月十四日

FO931-0680 欽差大臣兩廣總督耆英，咨廣東巡撫移付總督衙門抄送嘆國師船來五口分泊一案會咨照札會回稿，道光二十五年八月十六日

FO931-0681 欽差大臣兩廣總督耆英、廣東巡撫黃恩彤，照會英國德酋已獲悉英國火輪船撈救在洋遇難之福省楊柔等六名船夥載到香港並賜給盤費到澳，道光二十五年八月十九日

FO931-0682 欽差大臣兩廣總督耆英，咨廣東巡撫抄送英國火船救載福省船夥楊柔等六名一案來文並會回稿，道光二十五年八月十九日

FO931-0683 欽差大臣兩廣總督耆英、廣東巡撫黃恩彤，照會英國德酋閩省已派員彈壓出示曉諭本地民人不得擁擠欺凌英商，道光二十五年八月十九日

FO931-0684 欽差大臣兩廣總督耆英，咨廣東巡撫抄送閩省示禁民人不得擁擠英商一案照會德酋知悉會回稿，道光二十五年八月十九日

FO931-0685 欽差大臣兩廣總督耆英、廣東巡撫黃恩彤，札覆英國馬領事英人喀唎吐吡在新沙街租房居住被毀搶器物已嚴飭該地方官會營迅速查拿究辦，道光二十五年八月二十一日

FO931-0686 欽差大臣兩廣總督耆英、廣東巡撫黃恩彤，札飭番禺知縣南海知縣迅速查拿嚴辦英國民人喀唎吐吡在新沙街租房居住被毀搶器物一案，道光二十五年八月二十一日

FO931-0687 欽差大臣兩廣總督耆英，照覆嘆國德

酉接來文知福建領事官離鼓浪嶼搬到新館又厦門海防受賄任用非人哄騙英商一事已咨閩省查辦，道光二十五年九月初四日

FO931-0688

欽差大臣兩廣總督耆英，咨閩浙總督請確查厦門海防有無受賄任用漢人哄騙暎商各情，道光二十五年九月初四日

FO931-0689

欽差大臣兩廣總督耆英，咨廣東巡撫移付總督衙門抄送英民喀唎吐吡被搶什物現已提訊罰賠札發收領一案回會稿，道光二十五年九月初四日

FO931-0690

欽差大臣兩廣總督耆英，札廣東按察司查收火票限單分別匯繳存銷，道光二十五年九月十一日

FO931-0691

欽差大臣兩廣總督耆英、廣東巡撫黄恩彤，咨奉天府尹熱河都統並數省將軍總督巡撫廣東水陸提督廣東布政司恭録寄諭天主教規矩無庸查禁但藉稱習教結黨爲非及別教溷迹假冒仍舊治罪，道光二十五年九月十四日行

FO931-0692

欽差大臣兩廣總督耆英、廣東巡撫黄恩彤，札番禺知縣禀覆暎民喀唎吐吡住新沙街被匪人毀搶一案續拿各犯名數及作何懲辦之處亟應據實禀覆，道光二十五年九月二十一日

FO931-0693

欽差大臣兩廣總督耆英、廣東巡撫黄恩彤，札英國馬領事知照英民喇吐吡被搶什物一案續拿人犯已提訊懲處，道光二十五年十月初一日

FO931-0694

欽差大臣兩廣總督耆英，照會英國公使英國水師副將葛林遜船隻復在臺灣洋面游奕審察山川形勢擺列向盤插標繪圖請即將該船迅速撤回，十月初一

日發

FO931-0695 欽差大臣兩廣總督耆英，咨覆閩浙總督已照會德酋速將在臺洋游奕之英國水師副將奕葛林遜船隻撤回，十月初一日發

FO931-0696 欽差大臣兩廣總督耆英，移付總督衙門暎夷目葛林遜復赴臺洋游泊照會德酋撤回一案原咨及照咨各稿，道光二十五年十月初一日

FO931-0697 欽差大臣兩廣總督耆英，咨廣東巡撫移付總督衙門抄送續獲錢亞毛等掠取暎人喀唎吐呲什物訊擬一案會稿，道光二十五年十月初一日

FO931-0698 欽差大臣兩廣總督耆英，咨廣東巡撫移付總督衙門抄送喃嘓國嗎領事辯訴前洋商馬佐良領牌遲延委員訊明札覆一案會稿，道光二十五年十月初一日

FO931-0699 欽差大臣兩廣總督耆英，照會暎國德酋已接來文恭祝皇太后萬壽，道光二十五年十月初七日

FO931-0700 欽差大臣兩廣總督耆英，移付總督衙門抄録德酋照會稱弁兵赴香港拿人煩擾巡船勒索三板艇户來文及照覆稿，道光二十五年十月初九日

FO931-0701 欽差大臣兩廣總督耆英，移付總督衙門抄録暎國夷目葛林遜現在吳淞江立標照咨各稿及來文，道光二十五年十月十七日

FO931-0702 欽差大臣兩廣總督耆英，照會英國公使德庇時查明厦門磁器出口税則，無年份日期

FO931-0703 欽差大臣兩廣總督耆英，咨兵部自廣東省城拜發奏摺夾板一副，道光二十五年十一月初二日

FO931-0704　欽差大臣兩廣總督耆英，咨廣東巡撫移付總督衙門抄送合衆國夷官裨治文被竊飭拿逃犯黄亞高一案會回稿，道光二十五年十月二十七日

FO931-0705　欽差大臣兩廣總督耆英，咨覆粵海關澳門額船輪鈔原行札稿，道光二十五年十月二十九日

FO931-0706　欽差大臣兩廣總督耆英，奏爲連日接見夷酋重申要約議定舟山按期交還謹將查辦情形恭摺奏祈聖鑒事，夾附另函封套，無年份日期

FO931-0707　欽差大臣兩廣總督耆英，曉諭舟山業已收回該處居民照舊各安其業示稿，道光二十五年十一月初二日

FO931-0708　欽差大臣兩廣總督耆英，咨兩江總督浙江巡撫札委江蘇常鎮道咸齡馳赴浙江會同寧紹台道陳之驥等官收復舟山並安撫事宜，道光二十五年十一月初二日

FO931-0709　欽差大臣兩廣總督耆英，照會英國德酋已派委咸齡前往收復舟山並令定期委員來省兑交銀兩，道光二十五年十一月初五日

FO931-0710　無撰文人，致英國德公使函爲兑交舟山銀款早經備齊祈委員前來以便兑交清楚又附呈禮物洋銀感謝舟師迎送並犒賞水手，無年份日期

FO931-0711　欽差大臣兩廣總督耆英，札廣東按察司查收火票限單分别彙繳存銷，道光二十五年十一月初四日

FO931-0712　欽差大臣兩廣總督耆英，札廣東按察司查收火票限單分别彙繳存銷，道光二十五年十一月初七日

FO931-0713　欽差大臣兩廣總督耆英，照覆啖國水

師提督郭接閱賞給水手銀兩改作善舉來文，道光二十五年十一月初十日

FO931-0714 欽差大臣兩廣總督耆英，移付總督衙門抄録虎門委員索取划艇規銀查明復辦一案札行各稿，道光二十五年十一月初八日

FO931-0715 欽差大臣兩廣總督耆英、廣東巡撫黃恩彤，札覆合衆國領事福士傳諭美商所請將火船製法相授中國得從緩置議，道光二十五年十一月初十日

FO931-0716 欽差大臣兩廣總督耆英、廣東巡撫黃恩彤，札佛蘭西領事官傳諭本國商人嗣後進出虎門停泊黃埔以及划艇小船往來澳港灣泊省河務各遵照新定稽查章程辦理，十一月初十日

FO931-0717 欽差大臣兩廣總督耆英、廣東巡撫黃恩彤，札佛蘭西領事官有佛蘭西國商船揚帆直入虎門請查明該船貨色船名具覆並轉飭各商船遵守新定稽查章程，十一月初十日

FO931-0718 欽差大臣兩廣總督耆英，咨廣東巡撫抄録咪商申請將西洋火船製法相授中國札覆緩議來文並會回稿，道光二十五年十一月初十日

FO931-0719 欽差大臣兩廣總督耆英，札廣東按察司查收火票照例繳銷，道光二十五年十一月十一日

FO931-0720 欽差大臣兩廣總督耆英，照覆英國德酋接來文知厦門李領事棄世調派副領事官署職又厦門收税而與外國通商生弊之看銀師必應嚴行禁除已飛咨閩浙總督暨福州將軍，道光二十五年十一月十二日

FO931-0721 欽差大臣兩廣總督耆英，咨閩浙總督

福州將軍請轉飭禁除厦門看銀師，道光二十五年十一月十四日

FO931-0722 欽差大臣兩廣總督耆英，照會英國公使德酋派員來省兑收乙巳年十二月洋銀咨行查照，道光二十五年十一月十四日

FO931-0723 欽差大臣兩廣總督耆英，咨閩浙總督兩江總督浙江巡撫江蘇巡撫札浙江寧紹台道江蘇常鎮道接德公使來文約定正月以前收銀退還舟山並發改正告示，道光二十五年十一月十七日

FO931-0724 欽差大臣兩廣總督耆英，咨覆閩浙總督據咨開厦門海防廳受賄並任用漢人哄騙英商經委員查詢並無其事照覆德公使，道光二十五年十一月二十日

FO931-0725 香山知縣陸孫鼎等，禀欽差大臣兩廣總督耆英黄亞高業經查訊似未在合衆國夷人裨治文家行竊請飭該領事查明情節並批示應否將該犯解省審辦，道光二十五年十一月二十四日

FO931-0726 欽差大臣兩廣總督耆英，咨送廣東巡撫移付總督衙門黄亞高訊非正賊一案會回札稿，道光二十五年十一月二十九日

FO931-0727 無撰文人，批覆香山知縣等仍將黄亞高暫行管押毋庸解省，道光二十五年十一月三十日

FO931-0728 無撰文人，照會英國德酋請定期派員來省兑收乙巳年十二月應給銀兩並咨會廣東巡撫移付總督衙門札知廣東布政司照會德酋，無年份日期

FO931-0729 無撰文人，札行西洋理事官唛嚟哆訊結通事劉元需索西洋划艇銀錢一案，無年份日期

FO931-0730 欽差大臣兩廣總督耆英，札行西洋理事官唛嚟哆訊結通事劉元需索西洋划艇銀錢一案，道光二十五年十二月二十五日

FO931-0731 欽差大臣兩廣總督耆英，照會暎國公使德庇時於香港外海面緝獲之馬吉星等二名係盜劫重犯未便遽行省釋，道光二十五年十二月二十八日

FO931-0732 欽差大臣兩廣總督耆英，移付總督衙門抄録通事劉元需索西洋划艇銀錢一案各稿並咨粵海關通事劉元需索西洋划艇銀錢一案煩爲查找希即另派妥實通事前往該處當差，道光二十五年十二月二十六日

FO931-0733 欽差大臣兩廣總督耆英，移付總督衙門馬吉星同妻在香港外海面被捉照札確查一案文稿，道光二十五年十二月二十五日

FO931-0734 欽差大臣兩廣總督耆英，移付總督衙門抄録馬吉星等係盜劫重犯未便省釋照會德酋等文稿，道光二十五年十二月二十八日

FO931-0735 欽差大臣兩廣總督耆英、廣東巡撫黄恩彤，照覆合衆國公使黄亞高捲竊裨治文一案特派南海施縣丞商辦本爲鄭重起見實無薄待之意，三月初五日發

FO931-0736 欽差大臣兩廣總督耆英、廣東巡撫黄恩彤，照覆咪酋璧珥黄亞高捲竊裨治文一案特派南海施縣丞商辦本爲鄭重起見實無薄待之意，道光二十六年三月初五日

FO931-0737 署南海縣事高要縣知縣瑞寶，禀欽差大臣兩廣總督耆英黄亞高竊取合衆國紳士裨治文銀物一案提訊録供懲處等

情，道光二十六年三月初九日

FO931-0738 欽差大臣兩廣總督耆英，咨廣東巡撫移付總督衙門抄送裨治文竊案委派施縣丞商辦照覆文稿，道光二十六年三月十一日

FO931-0739 欽差大臣兩廣總督耆英、廣東巡撫黃恩彤，照會合衆國璧公使裨治文被竊一案人犯黃亞高已提訊懲處等情，道光二十六年三月十三日

FO931-0740 美國護理公使璧珥，照會欽差大臣兩廣總督耆英廣東巡撫黃恩彤請免捲竊紳士裨治文銀物一案人犯黃亞高罪，道光二十六年三月十五日

FO931-0741 無撰文人，照會佛蘭西領事吡咕即將私入內地傳教之佛蘭西人交荷蘭領事官收領，道光二十六年八月初十日

FO931-0742 美國駐廣州領事福士，申陳欽差大臣兩廣總督耆英代奉准在廣州聯興街設立禮拜堂之吔吼送上稟函物件，道光二十六年八月二十四日

FO931-0743 欽差大臣兩廣總督耆英，照會英國德公使請確查在粵英人所涉命案一宗，道光二十六年八月二十五日

FO931-0744 兵科掌印給事中曹履泰，奏五處馬頭通商今只粵東不准入城請旨飭下江南浙江江蘇督撫曉諭夷人毋許越境閒遊又沿海地方與夷關商只准夷人在就近衙署毋許大員入夷館面商，無年份日期

FO931-0745 無撰文人，匣裝道光二十二年至二十七年嘆咭唎合衆國咈嚂哂喘噢哪喊等國漢夷字條約稅則紙本清單，無年份日期

FO931-0746 香山縣丞汪政，呈查詢咈嚂哂遭風夷

兵來澳暫住情形，無年份日期

FO931-0747 無撰文人，稟欽差大臣亮光總督耆英新荳欄租屋建禮拜堂天橋厨房等事函封，道光二十七年四月初九日

FO931-0748 廣東巡撫黄恩彤，覆廣東按察使趙長齡函議新荳欄地轉租英人事，無年份日期

FO931-0749 廣東按察使趙長齡，稟呈繳照覆德酉文稿，無年份日期

FO931-0750 英國公使德庇時，照會欽差大臣兩廣總督耆英函封，道光二十七年二月二十三日

FO931-0751 英國公使德庇時，照會欽差大臣兩廣總督耆英本國商人甘願全價承買新荳欄尾南邊之商鋪並諭令馬管事官妥辦此事，道光二十七年二月二十三日

FO931-0752 欽差大臣兩廣總督耆英，照覆英國德酉新荳欄鋪屋已委員會同妥辦，二月二十四日

FO931-0753 欽差大臣兩廣總督耆英，照覆英國德酋新荳欄鋪屋已委員會同妥辦，附寬和通事館李德投德酋爲新荳欄鋪屋四十間事來文一角一件交趙大人處紙箋及照覆文稿，道光二十七年二月二十四日

FO931-0754 英國駐廣州領事官馬額峨，申陳欽差大臣兩廣總督耆英英商情願議買新荳欄內鋪屋六間請飭委員向業户取出契約交領事官查驗又查二花園一路及新荳欄一街當蔽塞請飭令委員查問租銀，道光二十七年四月十五日

FO931-0755 欽差大臣兩廣總督耆英，札覆英國馬領事新荳欄栅外鋪屋二間並二花園一路地段俱係街衆公置收租作華光廟香

燈供奉之用因首事外出其價值及租銀尚未查開現在復飭委員等妥速查明，道光二十七年四月十八日

FO931-0756　廣州府南海知縣張繼鄒，稟欽差大臣兩廣總督耆英奉札飭查合衆國商人禰伯健報稱華商拖欠銀兩提訊王績熙情形，附耆英飭令舊洋商伍怡和等詳核本案批示二件，道光二十七年十月初三日

FO931-0757　無撰文人，奏委辦夷務之紳士許祥光伍崇曜等實力勛勸懇恩請獎，附奏伍崇曜身份特殊應請毋庸發抄，無年份日期

FO931-0758　廣州知府銅麟等，稟奉札飭覆查訊華商德記欠合衆國商人禰伯健銀兩一案情形，道光二十八年正月二十三日

FO931-0759　欽差大臣兩廣總督耆英，照會英國德公使接閩浙總督來函稱自英國駐福州領事官若遜到任年餘約束商人並不擅行越界任意遊行，道光二十八年正月二十四日

FO931-0760　欽差大臣兩廣總督耆英，咨兩江總督閩浙總督江蘇巡撫浙江巡撫福州將軍粵海關監督並札蘇松太道興泉永道本大臣奉上諭進京陛見兩廣總督印務及欽差大臣關防均著徐廣縉署理廣東巡撫著葉名琛護理等恭録上諭咨札查照，道光二十八年正月二十四日

FO931-0761　欽差大臣兩廣總督耆英，照會各國總鎮公使協鎮札各國領事官本大臣奉諭旨進京陛見以後有應伸事件請署理欽差大臣兩廣總督徐廣縉核辦，附耆英致咉咈咪三國公使函，道光二十八年正月二十四日

FO931-0762 欽差大臣兩廣總督耆英，札知寧紹台道補發咪夷婁嚴華被劫處所係在蘇省洋面批示，道光二十八年正月二十三日

FO931-0763 欽差大臣兩廣總督耆英，札知寧紹台道補發嘆兵船由上海駛泊甬江批示，道光二十八年正月二十三日

FO931-0764 欽差大臣兩廣總督耆英，札知蘇松太道補發美利堅商船停泊黃浦每夜放鎗並英商載來小鐵砲欲請售賣一案批示，道光二十八年正月二十三日

FO931-0765 欽差大臣兩廣總督耆英，札知江蘇按察司補發上海酌議停船下貨規條會稟批示，道光二十八年正月二十三日

FO931-0766 湖廣總督裕泰、湖北巡撫趙炳言，咨將江夏縣訪獲西洋人李若瑟等三人解粵旋據合衆國公使稱願收領轉交各該國領事領回，道光二十八年正月二十九日

FO931-0767 欽差大臣署理兩廣總督徐廣縉，札覆英國顏領事已閱悉其接管駐扎廣州領事官之缺，道光二十八年二月二十七日

FO931-0768 無撰文人，片奏潛伏湖北被拿獲之西洋意大利傳教人多肋交咪酋伯駕認領後病故，道光二十八年四月二十日

FO931-0769 欽差大臣署理兩廣總督徐廣縉，咨會欽差大臣衙門番禺職員王績熙呈控美商禰伯健欠找茶價不還反索費銀一案訊斷情由，道光二十八年五月二十四日

FO931-0770 欽差大臣兩廣總督徐廣縉，札飭南海番禺二縣備辦欽差大臣衙門日用紙札等，道光二十八年八月十九日

FO931-0771　無撰文人，稟求札飭南番二縣按月備送欽差大臣衙門日用紙札等，無年份日期

FO931-0772　欽差大臣兩廣總督徐廣縉，咨送軍機處譯出咪唎㗭新派夷酋德威士呈遞夷書副本，道光二十八年九月十七日

FO931-0773　美國駐中國副使伯駕，照會欽差大臣上海設法禁止偷漏稅餉一事自後彼此肯固守條約海關派出之人能清廉自矢兼之海關與各國領事各盡職守認真辦理則偷漏情弊自然杜絕，八月初四日到；欽差大臣兩廣總督、廣東巡撫，照覆咪酋伯駕海關自當嚴密稽查偷漏情弊各國人員亦需認真辦理不致爲浮言所惑，八月十七日行

FO931-0774　英國公使文翰，照會廣東巡撫查明海盜藿亞五何亞七等人訊懲情形，八月初六日到；欽差大臣兩廣總督、廣東巡撫，照覆暎國吱酋海盜何亞七等人業已提訊嚴辦，八月十七日行

FO931-0775　無撰文人，奏接見暎酋吱𪾋面議入城事宜情形，無年份日期

FO931-0776　英國駐廣州領事顏士禮，伸陳欽差大臣兩廣總督徐廣縉將徐亞進一案業經定罪犯人照請辦理，道光二十九年正月十五日

FO931-0777　無撰文人，奏叩謝恩賞御書，道光二十九年正月二十五日

FO931-0778　無撰文人，奏奉旨不准暎夷進城備文照會去後確探夷情，道光二十九年二月十四日

FO931-0779　無撰文人，片奏偵探不許暎夷進城夷酋私相聚議情形，無年份日期

FO931-0780　無撰文人，片奏咈𠸄哂兵船赴五口查

看貿易暫泊吳淞口後即開行出口並未滋事亦無要求，道光二十九年二月二十日

FO931-0781 上諭，允英人入城一遊交徐廣縉妥爲辦理各文武官員均需慎密布置，道光二十九年二月十七日

FO931-0782 無撰文人，片奏暎人堅欲入城廣東省城商民保衛整齊人心鎮定現在暎夷並無動作惟有時通間諜刻加提防，道光二十九年三月初一日

FO931-0783 無撰文人，片奏暎夷咱嚧吟已離琉球，道光二十九年三月初一日

FO931-0784 廣東巡撫葉名琛等，奏遵旨妥辦暎夷入城一事所有通盤籌劃調撥省內各營兵丁防守城池砲臺隨時策應情形，道光二十九年

FO931-0785 兩廣總督徐廣縉，奏探訪吱酋近日約齊夷商公議提銀助費及照會請派火輪船停泊洋行幫助彈壓省城土匪等情現擬備文照會曉以廣東百姓不願外國人進城該酋當察民情而紓商力等事，道光二十九年三月初九日

FO931-0786 無撰文人，片奏暎夷咱嚧吟已離琉球又據吱嚙照會暎船在琉球擱淺已調本國師船前往幫忙，道光二十九年三月初九日

FO931-0787 上諭，暎夷入城一事應照徐廣縉葉名琛等所議酌辦察看夷情相機而行，道光二十九年三月二十二日

FO931-0788 無撰文人，三月十五日至五月初二日廣東沿海前後所雇商漁船隻每月需支口糧船價數目合就列摺送覽，無年份日期

FO931-0789 兩廣總督徐廣縉等，奏遵旨覆奏粵省

兵民自保𠸄夷罷議入城現在民氣安恬夷情就範情形，附奏暫緩水師提督巡洋，道光二十九四月十一日

FO931-0790 兩廣總督徐廣縉等，奏𠸄夷罷議入城後粤省民夷情形，道光二十九年四月二十三日

FO931-0791 兩廣總督徐廣縉等，奏叩謝恩賞並遵旨覆奏𠸄夷如何就範民夷安静情形，道光二十九年四月二十三日

FO931-0792 兩廣總督徐廣縉等，奏酌將澳門税口移派黄浦現在試辦緣由，道光二十九年閏四月初七日

FO931-0793 兩廣總督徐廣縉，奏奉上諭加恩賞給子爵准其世襲並賞戴雙眼花翎恭摺叩謝天恩，道光二十九年閏四月初七日

FO931-0794 兩廣總督徐廣縉、廣東巡撫葉名琛，奏爲酌保隨同經理保衛始終奮勉尤爲出力之紳士分别懇恩請奬仰祈聖鑒事，附擬請清單，道光二十九年閏四月初七日

FO931-0795 無撰文人，奏爲廣東商民深明大義捐資禦侮成效昭然懇恩請奬仰祈聖鑒事，無年份日期

FO931-0796 黄爵滋等，聞粤東夷務綏靖恭紀有作寄兩廣總督徐廣縉廣東巡撫葉名琛，無年份日期

FO931-0797 無撰文人，片奏前赴虎門𠸄酋路過黄埔接見咪酋德喊吐情形，無年份日期

FO931-0798 上諭，著將襄辦夷務尤爲出力之廣東文武官員及隨同保衛始終奮勉之紳士等量予恩施以示奬勵，道光二十九年五月初九日

FO931-0799 兩廣總督徐廣縉等，奏遵旨覆奏澳門福潮各行遷徙黄浦後澳門及黄浦各情，

道光二十九年六月十八日

FO931-0800 無撰文人，奏奉旨准以一等世襲恭謝天恩，道光二十九年六月二十日發

FO931-0801 英國公使文翰，照會欽差大臣兩廣總督徐廣縉欽奉本國家上諭進粵城之議前經定約何以届期不能守約爲此轉行照會查覽以奏進閲覽，道光二十九年七月初五日

FO931-0802 欽差大臣兩廣總督徐廣縉，照覆咦國呅酋既罷進城之議通商互市綏靖如常何必再請具奏，道光二十九年七月初九日

FO931-0803 無撰文人，香山縣人沈志亮供殺死大西洋兵頭啞嗎嘞情由，道光二十九年七月二十九日

FO931-0804 欽差大臣兩廣總督徐廣縉等，奏爲密陳咦夷追溯前年因何許期進城懇乞代奏緣由恭摺仰祈聖鑒事，附照覆咦酋呅翰稿底，道光二十九年八月十八日

FO931-0805 兩廣總督徐廣縉、廣東巡撫葉名琛，奏密陳咦夷罷議進城現在情事並購得該國王密傳呅酋各實據緣由，道光二十九年十月十三日

FO931-0806 安徽學政太僕寺卿羅惇衍，奏高州府教授羅家政獲賞加五品銜繕摺恭謝天恩，無年份日期

FO931-0807 無撰文人，致兩廣總督徐廣縉函賀其消夷酋之反側振中夏之威聲，無年份日期

FO931-0808 無撰文人，片奏赴虎門與咦酋呅翰面議進城事，道光二十九年正月

FO931-0809 兩廣總督徐廣縉等，奏現在夷情静謐民氣恬熙並採訪知咪咈各酋約會呅翰致書咦國王以罷議進城半年來貿易漸

旺安心貿易是大家之福等情，道光二十九年十一月初六日

FO931-0810 廣東巡撫葉名琛，奏縷晰陳明咦夷入城有害無利斷難隱忍坐視墮其術中，無年份日期

FO931-0811 粵海關，出示曉諭禁止華夷商人勾結濫用洋貨出口免徵照單規避土貨納餉，無年份日期

FO931-0812 無撰文人，稟遵查現在承充夷人通事姓名開列送閲，無年份日期

FO931-0813 無撰文人，將遵奉前往沙頭堡密查民夷船隻走私情形開列呈電，無年份日期

FO931-0814 無撰文人，嚧嗔國王畫像圖説，無年份日期

FO931-0815 西洋理事官唩嚓哆，爲領回澳門總督啞嗎嘞被斬頭手領狀，道光二十九年十二月初四日

FO931-0816 無撰文人，批澳門同知等稟繳接取啞酋頭手領狀由，道光二十九年十二月十二日

FO931-0817 兩廣總督徐廣縉，奏遵旨查明咦夷咱嚧吟尚未撤離琉球照會呅酋未果所有始末緣由，道光二十九年十二月十八日

FO931-0818 澳門同知英濬等，稟繳西洋夷接取啞酋頭手原領狀一紙，無年份日期

FO931-0819 無撰文人，呈英國包領事照會華商私賣英商寄棧棉花一案已移交卑職照案勒催傳訊，無年份日期

FO931-0820 運同銜江蘇即補道吳健彰等，稟兩廣總督徐廣縉咦咭唎公使呅咹抵滬堅稱遣人赴津呈遞公文並該夷火輪船已於四月十一日開行，道光三十年四月十

一日

FO931-0821 兩廣總督徐廣縉等，奏吱酋假以巡查海口爲名潛往上海另行呈遞公文不過徒勞惟有以静待動俟其回港後相機妥辦，道光三十年

FO931-0822 兩廣總督徐廣縉等，奏爲吱酋駛回香港一切安静如常恭摺仰祈聖鑒事，無年份日期

FO931-0823 兩廣總督徐廣縉等，奏遵旨覆奏吱酋回粤越十餘日照舊貿易並無要求唯有察其虛實寓撫綏於限制，道光三十年

FO931-0824 兩廣總督徐廣縉、廣東巡撫葉名琛，奏遵旨覆奏吱酋意欲採購臺灣鷄籠煤炭並密議求換臺灣港口，道光三十年八月十九日

FO931-0825 兩廣總督徐廣縉，奏遵旨密奏咦夷在粤貿易及鴉片銷售情形又密訪廣州都統烏蘭泰言行等事，道光三十年九月初一日

FO931-0826 欽差大臣兩廣總督徐廣縉，照會咪酋伯駕吊唁咪國大伯理璽天德仙逝，道光三十年九月十五日；亞美理駕合衆國攝理駐中國欽差大臣事務副使伯駕，照會欽差大臣兩廣總督徐廣縉合衆國大伯理璽天德逝世副伯理璽天德已接任中英文本及函封，道光三十年九月十三日

FO931-0827 兩廣總督徐廣縉、廣東巡撫葉名琛，奏遵旨確查民人丁光明赴大學士耆英宅內呈遞稟函一案緣由，道光三十年九月三十日

FO931-0828 兩廣總督徐廣縉、廣東巡撫葉名琛，奏廣東海防控御情形，道光三十年十月二十四日

FO931-0829　兩廣總督徐廣縉、廣東巡撫葉名琛，奏遵旨覆奏防夷於安撫之策，道光三十年十月二十四日

FO931-0830　無撰文人，片奏購得唊新聞紙內開唊國女王有書到港呅𪡏到上海遣人赴天津及謀換臺灣港口等情形，無年份日期

FO931-0831　兩廣總督徐廣縉、廣東巡撫葉名琛，奏遵旨覆奏夷酋呅𪡏與其商人議論欲換臺灣地方作爲港口事經密購得新聞紙該國王有書深以呅𪡏兵船不進天津口岸爲然其非必欲滋事可見欲換港口並非真欲嘵瀆，道光三十年十一月十六日

FO931-0832　兩廣總督徐廣縉、廣東巡撫葉名琛，奏遵旨覆奏夷酋呅𪡏與其商人議論欲換臺灣地方作爲港口事經密購得新聞紙該國王有書深以呅𪡏兵船不進天津口岸爲然其非必欲滋事可見欲換港口並非真欲嘵瀆一摺草稿，道光三十年十一月十六日

FO931-0833　兩廣總督徐廣縉，奏遵旨密委妥員前往福建確查民夷情形俟其稟覆到時再奏，道光三十年十一月十八日

FO931-0834　欽差大臣兩廣總督徐廣縉，照覆英國公使洋行裁撤後原收茶用由茶棧抽取仍用於歸還公項並無任其自得，無年份日期

FO931-0835　無撰文人，批蘇松太道稟夷商完納稅餉照章兼用洋錢緣由已悉，咸豐元年正月初四日

FO931-0836　兩廣總督徐廣縉，遵旨覆奏閩浙總督奏請照會呅𪡏撤回久住琉球之啪嚧呤事未便再行照會福州用刀戳傷民人之

葡萄牙黑夷已照該國之例懲辦，咸豐元年正月二十日

FO931-0837　兩廣總督徐廣縉，片奏恭録上諭照會咈㘓哂夷酋除貿易五口地方外嚴禁私遣夷人潛往內地並移解私入蒙古傳教之咈㘓哂夷二人等，咸豐元年正月二十日

FO931-0838　兩廣總督徐廣縉，遵旨覆奏委員查明閩省夷人實在情形並將閩省各國夷人現住寓所抄呈御覽，咸豐元年二月初六日

FO931-0839～0851　**中英通商徵稅諸事交涉往來文件彙抄，咸豐元年**

一　江蘇巡撫楊文定，咨欽差大臣徐廣縉㖆國駐滬領事阿利國照會稱內地商民販運洋鐵須赴有烙官鋪給票呈縣給照輾轉周折有礙貿易等情請煩查照核覆飭遵施行，七月十九到

二　兩江總督陸建瀛，咨欽差大臣同前，八月初一到

三　蘇松太道麟桂，禀欽差大臣同前，七月三十到

四　欽差大臣兩廣總督徐廣縉、廣東巡撫葉名琛，批㖆領事阿利國所稱內地商民販運洋鐵事係專防中國奸民囤積私販與通商章程並無格礙自應照章辦理，閏八月二十七日行

五　欽差大臣兩廣總督徐廣縉、廣東巡撫葉名琛，咨覆兩江總督陸建瀛江蘇巡撫楊文定㖆領事阿利國稱內地商民販運洋鐵事係專防中國奸民囤積私販與通商章程並無格礙自應照章辦理，閏八月二十七日行

六　福州將軍桂良，咨欽差大臣徐廣縉英國

翻譯官星察理照會請將英商船隻入口報關納稅按照別國商人自報章程辦理請煩察奪速賜見覆，閏八月十三日到

七 欽差大臣兩廣總督徐廣縉、廣東巡撫葉名琛，咨覆福州將軍桂良英國船隻報關納稅仍照舊章辦理，閏八月二十三日行

八 福州將軍桂良，咨欽差大臣徐廣縉駐廈英國翻譯官夏巴聲稱已接公使文翰札飭各口岸英商貨稅均改照別國樣式自行報徵，閏八月十八日到

九 欽差大臣兩廣總督徐廣縉、廣東巡撫葉名琛，咨覆福州將軍桂良未接呅酋照會其英國船隻報稅仍循舊章辦理，閏八月二十六日行

十 浙江巡撫常大淳，咨欽差大臣徐廣縉暎國駐寧副領事海酋照會奉公使文翰札飭各口駐札領事可兼辦各國船貨進口事務等情，粘抄海酋照會寧紹台道原文，八月初四日到

十一 寧紹台道瑞璸，稟欽差大臣同前

十二 欽差大臣兩廣總督徐廣縉、廣東巡撫葉名琛，批寧紹台道瑞璸暎國駐各口領事兼辦各國船貨進口事務外國彼此自相交涉應聽其便，閏八月二十七日行

十三 欽差大臣兩廣總督徐廣縉、廣東巡撫葉名琛，咨覆浙江巡撫常大淳暎國駐各口領事兼辦各國船貨進口事務外國彼此自相交涉應聽其便，閏八月二十七日行

FO931-0852 蘇松太道麟桂，稟美國領事祈理蘊發給牌照雇用小船撑渡並將牌式艇名開單送覽，咸豐元年七月

FO931-0853 **中外交涉往來文件彙抄**

一 法蘭西署理公使科的嘉，照會欽差大臣兩廣總督徐廣縉廣東巡撫葉名琛咨查法

國傳教士雲正泰在滇被拿獲復斃命詳情久未蒙照覆又並將江蘇松江府婁縣地方官查辦天主教告示録送察閲，八月十六日到

二　欽差大臣兩廣總督徐廣縉、廣東巡撫葉名琛，照覆咈酋科的嘉粵滇路途遥遠雲正泰案詳情難遽送達又婁縣等地禁教實因本國匪教假借天主教之名横行不法，閏八月初二日行

三　美國署理公使伯駕，照會欽差大臣兩廣總督徐廣縉中國米穀不准出口爲防接濟洋盜咪國商船是否需遵禁例，八月十九日到

四　欽差大臣兩廣總督徐廣縉、廣東巡撫葉名琛，照覆咪酋伯駕轉諭咪國商人停止販運米糧出口，閏八月初二日行

FO931-0854　無撰文人，批蘇松太道稟夷商雇用小艇廣東曾否給發船牌緣由已悉，咸豐元年閏八月二十七日

FO931-0855～0876　中外交涉往來文件彙抄

一　法蘭西公使布爾布隆，照會欽差大臣兩廣總督徐廣縉奉命接任公使，閏八月二十二日到

二　欽差大臣兩廣總督徐廣縉、廣東巡撫葉名琛，照覆咈國普酋接來文悉其前來中國接辦各國貿易事務，九月十八日行

三　美國署理公使伯駕，照會欽差大臣兩廣總督徐廣縉廣東巡撫葉名琛亞美理駕駐厦領事官裨烈利回國已派令其子少裨烈利代理其領事官事務，九月十六日到

四　欽差大臣兩廣總督徐廣縉、廣東巡撫葉名琛，照覆咪酋伯駕接來文得悉咪國駐厦領事官變動，九月十八日行

五　欽差大臣兩廣總督徐廣縉、廣東巡撫葉

名琛，札知興泉永道咪國駐厦領事官變動，九月十八日行

六　閩浙總督季芝昌，遵批核議詳咨欽差大臣兩廣總督徐廣縉𡁠夷並咪國駐厦領事官擅自赴漳遊玩用繩索丈量城墻等情，九月十一日到

七　閩浙總督季芝昌，據稟轉咨欽差大臣兩廣總督徐廣縉英夷並咪國領事前赴漳州遊玩用繩索丈量城墻事並粘抄興泉永道抄呈清摺五件，九月十一日到

八　欽差大臣兩廣總督徐廣縉、廣東巡撫葉名琛，照會𡁠酋文翰咪酋伯駕駐厦英夷並咪國領事官屢赴漳州遊玩，十月十八日行

九　欽差大臣兩廣總督徐廣縉、廣東巡撫葉名琛，咨覆閩浙總督李芝昌已照會𡁠咪各酋務守成約勿再擅入内地，十月十八日行

十　英國公使文翰，照覆欽差大臣兩廣總督徐廣縉廣東巡撫葉名琛英民出遊漳州非屬遠行，十月二十七日到

十一　美國署理公使伯駕，照覆欽差大臣兩廣總督徐廣縉廣東巡撫葉名琛未悉駐厦領事赴漳遊玩丈量城墻詳情自當嚴飭務守章程，十月二十七日到

十二　欽差大臣兩廣總督徐廣縉、廣東巡撫葉名琛，咨覆閩浙總督季芝昌抄録𡁠咪二酋照覆駐厦領事赴漳遊玩事來文，十一月初五日行

十三　英國公使文翰，照會欽差大臣廣東巡撫葉名琛虎門欖村砲臺頭目擅向英商書信艇需索規銀，十月十三日到

十四　欽差大臣兩廣總督徐廣縉、廣東巡撫葉名琛，照覆𡁠國吱酋已行文查詢虎門欖

村砲臺頭目索取規費如果屬實即當嚴行禁止，十一月初四日行

十五　欽差大臣兩廣總督徐廣縉、廣東巡撫葉名琛，札水師提標中軍參府查明欖村砲臺頭目無索取規費事如果屬實即當嚴行禁止，十一月初五日行

十六　澳門總督基瑪良士，照會欽差大臣兩廣總督徐廣縉已奉命接任澳門總督辦理諸務，十月二十二日到

十七　欽差大臣兩廣總督徐廣縉、廣東巡撫葉名琛，照覆大西洋唲啇已知悉新澳門總督到任，十一月初四行

十八　浙江巡撫常大淳，咨欽差大臣兩廣總督徐廣縉小西洋人累絲等在寧波滋事應解赴廣東交該國領事官領回處治，九月初三日到；浙江巡撫常大淳，咨會欽差大臣兩廣總督徐廣縉在寧滋事小西洋人累絲等已委員管解廣東，十月二十四日到

十九　欽差大臣兩廣總督徐廣縉、廣東巡撫葉名琛，札西洋理事官嘜嚟哆查收解來在寧滋事匪犯二名並將收到匪犯日期及如何辦理緣由伸陳察核，十月二十五日行

二十　欽差大臣兩廣總督徐廣縉、廣東巡撫葉名琛，札委員右營額外洪鳳揚解送夷犯至澳門交接收取印文回銷，十月二十五日行

廿一　欽差大臣兩廣總督徐廣縉、廣東巡撫葉名琛，札澳門同知接收解到夷犯轉解西洋夷目並將收到夷犯轉解日期申覆察核，十月二十五日行

廿二　欽差大臣兩廣總督徐廣縉、廣東巡撫葉名琛，咨覆浙江巡撫常大淳已將接到小西洋夷犯解交西洋理事官領回審辦，十

月二十六日行

FO931-0877　浙江寧波鄞縣知縣馮翊，稟暎咭唎二枝半桅商船一隻駛至寧波情形，咸豐元年閏八月十二日；無撰文人，批浙江鄞縣稟暎商船來寧據稟已悉，咸豐元年十月二十五日

FO931-0878～0892　**中外交涉往來文件彙抄**

一　英國駐廣州領事顏士禮，伸陳廣東巡撫葉名琛暎人囉由黄埔坐本地小艇來省帶有貨物至今未見到來諒係被人殺害請爲查照飭查，十一月二十五日到

二　欽差大臣兩廣總督徐廣縉、廣東巡撫葉名琛，札暎國顏領事已飭令該管地方文武分路密查暎人囉確實踪迹，十二月初五日行

三　美國署理公使伯駕，照會欽差大臣兩廣總督徐廣縉駐滬領事變動，十一月十八日到

四　欽差大臣兩廣總督徐廣縉、廣東巡撫葉名琛，照覆咪酋伯駕已知悉咪國駐滬領事變動，十二月初五日行

五　法國公使布爾布隆，照會欽差大臣兩廣總督徐廣縉遞送所奉法國皇帝詔書譯本及署理内外交涉事務大學士羅巴公文各一併詢問會晤日期，十月二十八日到

六　欽差大臣兩廣總督徐廣縉、廣東巡撫葉名琛，照覆咈酋嚐咘喻法國皇帝詔書及照會已閲悉然會晤之期尚不能預定，十二月初五日行

七　法國公使布爾布隆，照會欽差大臣兩廣總督徐廣縉廣東巡撫葉名琛文正泰在雲南被拿獲監禁斃命一案飭查已閲五月未見照覆請爲加意察核，十一月二十一日到

八　欽差大臣兩廣總督徐廣縉、廣東巡撫葉名琛，照覆咈酋嚐咘喻文正泰案行文咨查迄今尚未回覆，十二月十一日行

九　西洋理事官唩嚟哆，伸陳葡船駛至平海地方擱淺遭搶劫請飭平海營港口汛將什物交還並賠補船隻所有賊匪查拿究辦，十二月初四日到

十　欽差大臣兩廣總督徐廣縉、廣東巡撫葉名琛，札覆西洋理事官唩嚟哆平海擱淺葡船被搶一案必再行嚴飭該管官員迅速緝查究辦，十二月十一日行

十一　英國公使文翰，照會欽差大臣兩廣總督徐廣縉廣東巡撫葉名琛欖村砲臺頭目亞周强行拆毁英商信艇所雇華民在岸房屋並隨寄信件已被擅自開封等情，十一月二十二日到

十二　欽差大臣兩廣總督徐廣縉、廣東巡撫葉名琛，照覆咉酋呅嗡英商信艇被索取規費一案詳情，十二月十一日行

十三　英國公使文翰，照會欽差大臣兩廣總督徐廣縉廣東巡撫葉名琛前曾將茶棧抽用一節照會竟有來文聲稱棧房抽用係商税攸關未便特奏再煩即將公文迅速轉奏，十一月二十二日到

十四　英國公使文翰，再行照會欽差大臣兩廣總督徐廣縉廣東巡撫葉名琛欲重設抽用舊例係屬背負條約前請進京之文再煩速行代上，十一月二十九日到

十五　欽差大臣兩廣總督徐廣縉、廣東巡撫葉名琛，照覆咉酋呅嗡查茶棧抽用出於中國商人自願彌補公項與外國商人本屬無干既已具奏自應俟奉到朱批恭録備文知照，十二月十一日行

FO931-0893　浙江寧波鄞縣知縣馮翊，稟駛至寧波

停泊之嘆咭唎二枝半桅商船於十月初三日開放出口，咸豐元年十月初四日；無撰文人，批浙江鄞縣稟嘆商船開行由據稟已悉，咸豐元年十一月十三日

FO931-0894　無撰文人，片奏浙江遞解回粵小西洋夷人累絲等已飭交夷目領回收審日期，道光元年十一月十九日

FO931-0895　浙江寧波知府羅鏞，稟嘆咭唎二桅兵船送書信來寧等情，咸豐元年十月初十日；無撰文人，批浙江寧波知府稟嘆兵船來寧由據稟已悉，咸豐元年十一月二十一日

FO931-0896　浙江寧波知府羅鏞，稟嘆咭唎二桅半商船開放出口等情，咸豐元年十月初四日；欽差大臣衙門，批寧波知府稟報嘆商船開行由據稟已悉，咸豐元年十一月二十一日

FO931-0897～0898　瑞典挪威國駐廣州福領事，申陳欽差大臣兩廣總督徐廣縉代呈北閔國領事布士兜公文一件，十一月二十九日到；欽差大臣兩廣總督徐廣縉、廣東巡撫葉名琛，札覆瑞典哪嘩福領事發還轉交布士兜來文，十二月十一日行

FO931-0899　浙江寧波鄞縣知縣馮翊，稟嘆咭唎二桅兵船送書信來寧等情，咸豐元年十月初九日；無撰文人，批浙江鄞縣稟嘆兵船來寧據稟已悉，咸豐元年十二月初五日

FO931-0900～0910　**中外交涉往來文件彙抄**

一　西洋理事官唛嚟哆，伸陳葡船駛至平海地方擱淺遭搶劫請飭平海營港口汛將什物交還並賠補船隻所有賊匪查拿究辦，

十二月初四日到

二　欽差大臣兩廣總督徐廣縉、廣東巡撫葉名琛，札覆西洋理事官唩嚟哆平海擱淺葡船被搶一案必再行嚴飭該管官員迅速緝查究辦，十二月十一日行

三　欽差大臣兩廣總督徐廣縉、廣東巡撫葉名琛，咨廣東巡撫衙門移付總督衙門並札歸善知縣平海營參將即便查明兵丁是否串同引水搶劫情由，十二月十二日行

四　平海營參將林鳳儀，稟西洋國夷船被劫該國領事官申呈謂兵丁串同劫搶恐無是事合將船主⿰口畫剌嘹等原信並附贜單具稟憲鑒，正月初五日到

五　欽差大臣兩廣總督徐廣縉、廣東巡撫葉名琛，批平海營參將稟及呈繳大西洋⿰口畫剌嘹等原信贜單緣由已悉，正月十八日行

六　碣石總兵何芳，稟查拿西洋夷船平海遭劫一案賊匪生擒首犯情形，正月十三日到

七　欽差大臣兩廣總督徐廣縉、廣東巡撫葉名琛，批碣石總兵稟及呈繳大西洋⿰口畫剌嘹等原信贜單緣由已悉，正月十八日行

八　西洋理事官唩嚟哆，伸請嚴飭追查平海遭劫船隻各贜賠償船貨價銀，正月十六日到

九　欽差大臣兩廣總督徐廣縉、廣東巡撫葉名琛，札覆西洋理事官唩嚟哆平海夷船被劫一案已拿獲人犯數名仍飭偵緝黨夥，正月二十日行

十　美國署理公使伯駕，照會廣東巡撫葉名琛美國火輪兵船吠吐嘖嘆哪到粵轉達該船之總管美國在東洋各兵船元帥水師提督邀請到灣泊黃埔之美國火輪兵船相

會，正月十二日到

十一 欽差大臣兩廣總督徐廣縉、廣東巡撫葉名琛，照覆咪酋帕囌徐督軍高州未回葉奉旨在省料理一切軍務事件無暇暫離，正月十六日行

FO931-0911~0928 中外交涉往來文件彙抄

一 欽差大臣兩廣總督徐廣縉、廣東巡撫葉名琛，咨閩浙總督福建巡撫英商請租厦門海灘建造棧房及翻譯官夏巴私入內地違約陸行，咸豐二年二月十七日行

二 法國公使布爾布隆，照會欽差大臣兩廣總督徐廣縉廣東巡撫葉名琛呈送奉教華民爲天主教徒申辯書稟一件請祈代爲轉奏，咸豐元年十一月二十九日到

三 法國公使布爾布隆，照會欽差大臣兩廣總督徐廣縉前呈奉教華民書稟請代爲轉奏未獲一言見覆胸次殊未釋然相應照會曾否代爲轉奏請爲見覆，咸豐二年二月十四日到

四 欽差大臣兩廣總督徐廣縉、廣東巡撫葉名琛，照會咈國普酋奉教華民例應歸中國辦理轉奏之事必不可行，咸豐二年二月十七日行

五 美國署理公使伯駕，照會欽差大臣兩廣總督徐廣縉咪國人懷德等在福州租地建房受阻相應照知務爲設法令該處地方官遵條約准合衆國民人在所租之地刻日興工建屋，二月初六日到

六 欽差大臣兩廣總督徐廣縉、廣東巡撫葉名琛，照覆咪酋伯駕咪國人懷德等在福州租地建房受阻其中有無別故自應行文咨查福建省核議，二月十七日行

七 欽差大臣兩廣總督徐廣縉、廣東巡撫葉名琛，咨閩浙總督福建巡撫請煩查照轉

飭確切查明懷德等人於福州租地建屋受阻緣由，二月十八日行

八　澳門總督基馬拉士，照會欽差大臣兩廣總督徐廣縉大西洋國駐厦門寧波二口領事官任命事，二月十五日到

九　欽差大臣兩廣總督徐廣縉、廣東巡撫葉名琛，照會西洋堪酋領事之設實無必要，二月二十三日行

十　浙江巡撫，據禀咨明欽差大臣兩廣總督徐廣縉華人傳教士方安之在定海擾民滋事此案應否照會該國公使知照並祈裁酌示覆，二月十九日到

十一　欽差大臣兩廣總督徐廣縉、廣東巡撫葉名琛，咨覆浙江巡撫定海方安之一案業經完結所辦妥善俟咈公使來文再行核覆，二月二十三日行

十二　閩浙總督，咨會欽差大臣兩廣總督徐廣縉華人傳教士方安之在定海擾民滋事，二月二十九日到

十三　欽差大臣兩廣總督徐廣縉、廣東巡撫葉名琛，咨覆閩浙總督定海方安之一案業經完結所辦妥善俟咈公使來文再行核覆，三月初二日行

十四　英國公使文翰，照會欽差大臣兩廣總督徐廣縉廣東巡撫葉名琛現蒙寵命恩准賞假九個月卸任旋國期間各任事務署理安排，二月十三日到

十五　英國署理公使乍畏，照會兩廣總督徐廣縉廣東巡撫葉名琛英商船屢於珠江口海面遭賊攻擊請飭查以保商旅通流海面安静，二月二十八日到

十六　英國署理公使乍畏，照會欽差大臣兩廣總督徐廣縉廣東巡撫葉名琛已接到敕書簡調廣州領事官包令接任全權公使大臣

兼理通商貿易事宜，二月二十八日到

十七　英國公使包令，照會欽差大臣兩廣總督徐廣縉廣東巡撫葉名琛其已接任全權公使並請面晤等事，三月初三日到

十八　欽差大臣兩廣總督徐廣縉、廣東巡撫葉名琛，照覆噗國包酋欣知已接任之事俟徐回省後再爲擇期會晤，三月初七日行

FO931-0929～0939　中外交涉往來文件彙抄

一　英國駐廣州領事館護理領事官巴夏禮，伸陳欽差大臣葉名琛請用英國所泊黄埔火輪兵船前赴東莞捉拿攻擊英商船賊匪，九月十八日到

二　英國公使包令，照覆欽差大臣葉名琛黄埔地方租地爲副領事官建房一事受阻請委員協同調處完結並立釋業主曾炳高，九月十八日到

三　英國公使包令，照覆欽差大臣葉名琛已閱悉署理廣東巡撫柏貴代辦欽差大臣關防事，九月十八日到

四　英國駐廣州領事館護理領事官巴夏禮，伸廣東巡撫柏貴請即行札覆曾否飭放曾炳高並委員會辦黄埔租地等事，九月二十一日到

五　英國駐廣州領事館護理領事官巴夏禮，伸廣東巡撫柏貴請即行札覆委員會辦黄埔租地事應如何辦理之處，九月二十四日到

六　欽差大臣兩廣總督葉名琛、廣東巡撫柏貴，札覆噗國副領事官巴夏禮長洲租地建房一事必本地三姓民人公同應允毋須委員會辦又曾炳高早經該族人保回，九月二十七日發行

七　英國駐廣州領事館護理領事官巴夏禮，伸覆欽差大臣葉名琛廣東巡撫柏貴其所

查長洲平岡地基情形與奉到札覆內所稱不符，九月三十日到

八　英國公使包令，照會廣東巡撫柏貴黃埔租地一案請出示曉諭該處民人倘若原業主自願出租英人自聽其便又曾炳高出獄身亡，十月初七日

九　欽差大臣兩廣總督葉名琛、廣東巡撫柏貴，照會暎酉包玲來文稱黃埔民人曾炳高苦難出獄身亡自係誤聽人言不足深信，十月十一日發行

十　澳門總督基瑪良士，照會欽差大臣葉名琛寧波福州領事官之設符合和約章程又中國可在澳內設立委員等事，九月十八日到

十一　欽差大臣兩廣總督葉名琛、廣東巡撫柏貴，照覆大西洋暎酉毋庸在澳加設委員情由，十月十一日行

FO0931-0940　浙江寧波知府羅鏞，稟暎咭唎二桅半商船來寧，咸豐元年閏八月十二日；無撰文人，批浙江寧波知府稟暎商船來寧事，咸豐元年十月二十五日

FO0931-0941　蕭定安，稟探查在港夷人動向及華夷貿易情形等文十四份，無年份

FO0931-0942　無撰文人，呈辦理印度商人威架士稟控華商義德即容華三和店崔禮文即崔時蔚實名關松年少欠船價銀一案節略，無年份日期

FO0931-0943～0946　中外交涉往來文件彙抄

一　法國公使布爾布隆，照會欽差大臣兩廣總督葉名琛廣東巡撫柏貴嘉應州有奉教人被州官出票差拘如果係州官率意妄爲請爲秉公辦理，咸豐三年正月二十二日到

二　欽差大臣兩廣總督葉名琛、廣東巡撫柏

貴，照覆咈國普酋嘉應州有奉教人被州官出票差拘恐其中另有別情俟札飭該州據實明白禀覆再爲照覆，正月二十七日行

三　英國駐廣州領事館護理領事官巴夏禮，伸陳廣東巡撫柏貴英人迭被華民逞强凌辱請爲嚴行查禁以杜事端，二月初三日到

四　欽差大臣兩廣總督葉名琛、廣東巡撫柏貴，札覆英國夏領事所陳英人遭華民逞强凌辱一事非實村人情願具結完案該領事官亦宜禁約本國人等毋許滋事，二月初七日行

FO931-0947　無撰文人，禀茶棧設立茶用調劑遺欠之公項固爲事出有因奈奉行之後客販趨避乞奏明請旨敕部分行上海各口查照粵省章程設立茶棧收取茶用，無年份日期

FO931-0948　無撰文人，呈英國醫士合信在租用鄰近蔡姓棧房居住傳教被棧鄰民人滋擾一案訊供情形，無年份日期

FO931-0949　蕭定安，禀在港探查夷人動向等情，三月二十八日

FO931-0950　無撰文人，致英國公使包齡照會殘片，咸豐四年十月二十六日

FO931-0951　蕭定安，禀探知港內買米囤積情形，二月二十八日

FO931-0952　蕭定安，禀探知由上海來港火輪船一隻並港內米價等情，三月初一日

FO931-0953　蕭定安，禀探知港內開行英師船一隻出洋巡緝並九龍海面賊船出没等情，四月二十八日

FO931-0954　無撰文人，禀近年華夷茶葉棉花洋布貿易及在粵英國商人情形並英國欲將

領事商賈撤回香港傳聞，初四日

FO931-0955 無撰文人，定靖遠總汛派差役隨同夷人出遊例，無年份日期

FO931-0956 無撰文人，遵將上海關自咸豐三四五年分徵收夷商税鈔數目開列送閱，無年份日期

FO931-0957 蕭定安，稟探知英國火輪船在汕尾洋面開砲燒毀海匪賊船救回被劫米客又副領事夏巴回國等事，四月二十三日

FO931-0958 蕭定安，稟探知港內夷目憂心黃埔河有紅賊船四百餘隻未知何日安靖並上海戰事等情，十二月初七日

FO931-0959 蕭定安，稟探知載烟坭到港火輪船一隻並英國與鵝斯國海戰情形，二月十八日

FO931-0960 香港新聞紙抄件一份，咸豐五年八月初十日

FO931-0961 香港新聞紙抄件一份，咸豐五年九月二十日

FO931-0962 蕭定安，稟探知由新琪波來載有新銀及烟坭火船一隻到港並英鵝戰事等情，五月十三日

FO931-0963 闔省居民，粵省居民反英人入城告白，無年份日期

FO931-0964 蕭定安，稟探知港內開行夷商船三隻載米駛往福州發賣並九龍海面海賊及走私等情，五月二十日

FO931-0965 張玉堂，函覆探知哦囉嘶拋泊尖沙嘴又有嘆國火輪船一隻到泊等情，無年份日期

FO931-0966 張玉堂，函覆具報夷船夷情等原委，無年份日期

FO931-0967 茶葉官棧職員曾定忠等，呈請定洋貨店家數領照專辦以扶茶務而資報效事，

咸豐六年

FO931-0968 香港新聞紙抄件，咸豐五年十二月二十四日，咸豐五年十二月二十九日

FO931-0969 無撰文人，咨請欽差大臣兩廣總督通飭嚴禁走私渡船並札飭地方官協同緝獲，無年份日期

FO931-0970 閩浙總督王懿德、福建巡撫慶端，特再示諭新舊洋銀一律通行以利民用，無年份日期

FO931-0971 無撰文人，借札影射私運茶葉赴港發買人犯李榮昌張亞配易亞覺口供，附廣東總辦夷務前廣西按察使司張飭諭，咸豐七年三月

FO931-0972 無撰文人，鵝羅絲國求代奏請旨立約以期赴上海廣東各省港口貿易大皇帝批無用立合約，無年份日期

FO931-0973 無撰文人，將查明現在住澳各國夷人家數列摺呈電，無年份日期

FO931-0974 無撰文人，嚨嗬由嘆咭唎來係由黃埔十二月十二日到省當日並未回去，無年份日期

FO931-0975 英國公使，照會請煩轉奏恭賀大清皇帝七旬萬壽稿樣，無年份日期

FO931-0976 無撰文人，商釋放被鄉勇擒獲西洋人五名札，無年份日期

FO931-0977 無撰文人，探知孖氈胡榮私賣洋商寄棧棉花，無年份日期

FO931-0978 無撰文人，將丈量啿啵𠯿國咪唎𡁷國各夷船兩旁水痕並裝載貨物數目開列呈電，無年份日期

FO931-0979 無撰文人，開列五通事館通事名單，無年份日期

第五冊提要（F0931-0980——F0931-1222）

F0931-0980 無撰文人，查外海水師各營現存米艇撈繒船隻遞年額給燂洗更換篷索及配駕弁兵歲需口糧各銀兩開列呈電，無年份日期

F0931-0981 無撰文人，擬將六段巡船改用大扒船移派弁兵周年在西江一帶河道巡緝備開節略呈電，無年份日期

F0931-0982 無撰文人，將擬添派武員協同文委員在西江河面巡緝以靖地方開列節略呈電，無年份日期

F0931-0983 興彥，致介航四兄大人函請示知常玉山一帶叛亂事，無年份日期

F0931-0984 無撰文人，稟覆增給砲臺口糧銀兩一案已奉部覆准，無年份日期

F0931-0985 無撰文人，開列提標中右營砲臺兵丁所需口糧銀數及擬行支給辦法，無年份日期

F0931-0986 **四份軍需費用文件彙抄**

一 無撰文人，開列𠸄夷案内製造火藥報銷工料銀數，無年份日期

二 無撰文人，將福建請代買硝十五萬斤一案司議酌減八萬斤數目開列，無年份日期

三 無撰文人，遵將防夷軍需善後案内製造軍裝砲械藥彈等項報銷銀數開列呈閲，無年份日期

四 無撰文人，遵將𠸄夷軍需善後案内製造軍裝器械等項價值銀數開列呈閲，無年份日期

F0931-0987 無撰文人，請核銷各營動支公費銀兩

支銷祭品差費飯食燈油等項費用，無年份日期

FO931-0988 無撰文人，將道光二十五年分耆英閱驗督撫標廣州協三標合操賞犒開列呈閱，無年份日期

FO931-0989 無撰文人，將道光二十五年分耆英閱驗軍標大操水操犒賞數目開列呈閱，無年份日期

FO931-0990 無撰文人，將廣州府理事同知自道光二十五年正月起至咸豐三年五月底止各處防堵領用群子數目及前任鑄造群子數目價值逐一列摺呈電，無年份日期

FO931-0991 督辦工程委員候補通判顧炳章，遵將琴沙砲臺地盤間架高寬丈尺稟定章程並弁兵姓名年籍砲械船隻添置器具什物逐一備造須知清冊附繪圖説呈繳察核，無年份日期

FO931-0992 兩廣總督徐廣縉等，奏節次拿獲洋匪審訊大概情形，道光二十八年七月二十七日

FO931-0993 兩廣總督徐廣縉，奏特參懷疑妄稟擅作威福之署廣海寨游擊龍門協中軍都司陳大貴請旨革職查辦，道光二十八年七月二十七日

FO931-0994 無撰文人，奏陽江北額砲臺有被賊搶去砲位情事，無年份日期

FO931-0995 兩廣總督徐廣縉等，奏續修廣東駐防滿漢八旗水師旗營兵房懇恩俯准借項興修，道光二十八年十月十三日

FO931-0996 兩廣總督徐廣縉，奏甄別廣西都司白鈺守備侯成義分別送部革職，道光二十八年十月十三日

FO931-0997 兩廣總督徐廣縉，奏廣東水師提督患

病乞恩賞假調理請以碣石總兵洪名香暫署等事，道光二十八年十一月初九日

FO931-0998　兩廣總督徐廣縉，奏請將陞補水師都司謝慶燕撤回陞補並註銷預保，道光二十八年十一月初九日

FO931-0999　兩廣總督徐廣縉，奏廣西右江鎮總兵邊缺緊要通省副將內查無可擬正陪之員請將該員缺迅賜簡放，道光二十八年十一月初九日

FO931-1000　兩廣總督徐廣縉，奏請將陞署海口營參將吳元猷陞署龍門協副將並以題補水師提標右營游擊温賢陞署平海營參將，道光二十八年十二月二十二日

FO931-1001　兩廣總督徐廣縉，奏遴選新會營右營守備梁顯揚題補廣東提標水師後營游擊，道光二十八年十二月二十二日

FO931-1002　兩廣總督徐廣縉，奏請將兩廣督標右營守備王平和陞補廣州協右營都司，道光二十九年二月二十日

FO931-1003　兩廣總督徐廣縉，奏請將香山協左營右哨千總曾琪陞署香山協右營守備，道光二十九年二月二十日

FO931-1004　兩廣總督徐廣縉，奏請將粗率不職之調署廣西平樂協中軍都司事左江鎮左營都司西林降爲千總留於廣西候補以觀後效，道光二十九年三月初九日

FO931-1005　兩廣總督徐廣縉，奏請將應行引見之陞署香山協副將葉常春及陞署新會營參將羅成光展限給咨以資差委，道光二十九年三月初九日

FO931-1006　上諭，著兩廣總督徐廣縉廣東巡撫葉名琛俟陽山英德等縣匪徒剿捕竣事即由驛馳奏並將傷亡官兵分別咨部照例

給予恩恤，道光二十九年三月三十日

FO931-1007　兩廣總督徐廣縉、廣東巡撫葉名琛，奏道光二十八年分巡洋戰船被風損壞應行補造修換並將三板改造三扒船隻，附將道光二十八年分各營巡洋戰船及三板船遭風損壞情形開具簡明清單，道光二十九年四月十一日

FO931-1008　兩廣總督徐廣縉，奏爲道光二十八年分巡洋師船遭風擊碎損壞分別修補循例奏祈聖鑒事，附將道光二十八年分據各營先後具報巡洋師船遭風擊碎損壞月日及應造應修各情形開具簡明清單，附奏南澳鎮右營海門營禀請補造還額師船等事，道光二十九年四月十一日

FO931-1009　兩廣總督徐廣縉、廣東巡撫葉名琛，奏審明在香山縣屬洋面行劫盜犯吳亞洸等分別定擬，道光二十九年四月二十三日

FO931-1010　兩廣總督徐廣縉、廣東巡撫葉名琛，奏拿獲在陽江洋面叠劫盜犯敖尚升等審明定擬，道光二十九年四月二十三日

FO931-1011　兩廣總督徐廣縉、廣東巡撫葉名琛，奏拿獲劫奪快船並在香山洋面行劫盜犯黃亞勝等審明定擬，道光二十九年四月二十三日

FO931-1012　兩廣總督徐廣縉、廣東巡撫葉名琛，奏特參貪功畏事之南韶連鎮總兵孫淇漢請旨交部嚴議，道光二十九年五月二十八日

FO931-1013　兩廣總督徐廣縉、廣東巡撫葉名琛，奏拿獲在澄海惠來洋面行劫盜犯吳阿押等審明定擬，道光二十九年五月二

十八日

FO931-1014 兩廣總督徐廣縉，奏循例修造廣東外海內河戰船估需銀數，附將廣東省道光二十八年分屆應修造外海內河巡緝戰船數目需用工料並津貼銀兩及動支款項開列清單，道光二十九年五月二十八日

FO931-1015 兩廣總督徐廣縉、廣東巡撫葉名琛，奏拿獲在香山縣屬牛角山外洋行劫盜犯麥亞因等審明定擬，道光二十九年五月二十八日

FO931-1016 兩廣總督徐廣縉、廣東巡撫葉名琛，奏拿獲鄰境盜匪之署惠來縣事鎮平縣知縣崔敬修照例應請送部引見，道光二十九年六月十八日

FO931-1017 兩廣總督徐廣縉，奏陞補廣西隆林營游擊馬芳春請再加展限給咨送部引見事，道光二十九年六月十八日

FO931-1018 兩廣總督徐廣縉、廣東巡撫葉名琛，奏審明在香山縣屬洋面行劫盜犯林亞萬等分別定擬，道光二十九年六月十八日

FO931-1019 兩廣總督徐廣縉，奏奉上諭將擒捕陽山英德等縣匪徒有功官員予以甄叙並飭酌量保奏尤爲出力之員弁謹繕摺叩謝天恩，道光二十九年七月二十六日

FO931-1020 兩廣總督徐廣縉，奏請將不諳營務任意刁抗之外海水師候補守備許大鵬斥革，道光二十九年七月二十六日

FO931-1021 兩廣總督徐廣縉，奏請敕下兵部於候補候選兩項人員內揀發陸路游擊二員都司四員迅速前來廣東以資委用，道光二十九年七月二十六日

FO931-1022 兩廣總督徐廣縉，奏碣石總兵曾逢年

密邇家鄉辦公諸多窒礙請旨揀員對調以資整飭，道光二十九年七月二十六日

FO931-1023 兩廣總督徐廣縉、廣東巡撫葉名琛，奏爲特參不能約束兵丁之都司守備並將奉調剿捕需索銀兩各兵提省審辦緣由恭摺奏聞仰祈聖鑒事，道光二十九年七月二十六日

FO931-1024 無撰文人，片奏請以南雄協副將趙雲鵬委署南韶連鎮總兵印務等，道光二十九年八月十八日

FO931-1025 兩廣總督徐廣縉，奏遵旨稽查廣東廣西各營員弁情形，道光二十九年八月十八日

FO931-1026 兩廣總督徐廣縉、廣東巡撫葉名琛，奏籌辦西海洋面洋匪拿獲多名黨羽漸散仍飭搜捕，道光二十九年八月二十四日

FO931-1027 兩廣總督徐廣縉，奏新任惠來營游擊賽沙春難以勝任且其年過五旬請勒令休致，道光二十九年九月十四日

FO931-1028 兩廣總督徐廣縉、廣東巡撫葉名琛，奏拿獲在陽江縣屬洋面屢次行劫盜犯梁亞典等審明定擬，道光二十九年九月十四日

FO931-1029 兩廣總督徐廣縉、廣東巡撫葉名琛，奏應拔千總之新會左營右哨二司把總尹達章拿獲鄰境大夥巨盜多名請以守備遇缺即補先換頂戴俾資激勸，道光二十九年九月十四日

FO931-1030 兩廣總督徐廣縉、廣東巡撫葉名琛，奏將新會縣拿獲在越南外洋圖財謀殺多命凶犯黃欣裕等審明定擬，道光二十九年十月二十日

F0931-1031 兩廣總督徐廣縉、廣東巡撫葉名琛，奏將拿獲在南澳廳屬洋面行劫盜犯方賜金等審明定擬，道光二十九年十月二十日

F0931-1032 兩廣總督徐廣縉、廣東巡撫葉名琛，奏道光二十五年分修竣師船，附將道光二十五年分廣東修造各營届應大小修拆造各米艇撈繒等船竣工日期開列簡明清單，道光二十九年十月二十日

F0931-1033 兩廣總督徐廣縉，奏甄別才不勝任之陞署大鵬協副將馬玉麟請旨降補，道光二十九年十一月十五日

F0931-1034 兩廣總督徐廣縉、廣東巡撫葉名琛，奏遵旨覆奏搜查西海洋匪情形，道光二十九年十一月十五日

F0931-1035 無撰文人，呈密查匪犯馮雲山是否在籍眷屬有無傳習邪教結黨拜會情事緣由，無年份日期

F0931-1036 兩廣總督徐廣縉、廣東巡撫葉名琛，奏拿獲鄰境盜犯各員照例分別咨部議叙並請送部引見，四月十一日

F0931-1037 兩廣總督徐廣縉，片奏廣東大鵬協營中軍都司署水師提標中軍參將韓進忠俟搜捕西海餘匪事竣再赴新任，十一月十五日

F0931-1038 無撰文人，呈韶州府屬各游匪竄擾並職道籌款雇募勇壯剿辦情形，無年份日期

F0931-1039 無撰文人，廣東捐輸及藩庫海關等各款經費銀兩開支數目，無年份日期

F0931-1040 廣東候補按察使經歷梁瑞麟，將潮勇名數並發過各勇盤費銀兩數目分晰開列清摺，無年份日期

F0931-1041 無撰文人，桂平縣鵬隘山人李進富即

李二供單述其拜會打探官兵團練消息情形，無年份日期

F0931-1042 無撰文人，訪聞洪秀泉祖山宜令人速速發掘及粵城入脉之處墓葬有損粵城風水宜令遷去，無年份日期

F0931-1043 無撰文人，將六月初十日解省壹百八十一犯開列清摺呈電，無年份日期

F0931-1044 無撰文人，將拿獲滋擾仁樂曲翁各縣匪犯於訊供後病故各名列摺呈電，無年份日期

F0931-1045 無撰文人，現獲各犯供開始興滋事夥黨姓名，無年份日期

F0931-1046 無撰文人，將陽山縣解到犯人供開夥黨姓名開列呈電，無年份日期

F0931-1047 廣東水師提督，將親統舟師在東中西三路洋面擒獲各犯及飭各屬所獲犯名船隻砲械並起出被禁人等數目繕列清單，無年份日期

F0931-1048 兩廣總督徐廣縉，致廣西巡撫鄒鳴鶴函述兩省官員之事及查辦何名科夥黨等事，十一月十五日

F0931-1049 無撰文人，將訪查各匪首姓名住址及所帶匪夥數目開列呈電，無年份日期

F0931-1050 無撰文人，查番禺慕德里司馬務鄉賊匪冒充紳士魚肉鄉民事，無年份日期

F0931-1051 無撰文人，將派出官兵壯勇先後獲犯名數開列呈電，無年份日期

F0931-1052 無撰文人，查訪香山縣屬洋面賊黨嘯聚搶劫等情，無年份日期

F0931-1053 無撰文人，將訪查陳頭瀝滘上滘等村從逆匪犯姓名開列呈電，無年份日期

F0931-1054 無撰文人，順德仕版鄉劣紳何元勛從逆情事，無年份日期

F0931-1055 無撰文人，將六月初九初十十一十二

等日收到番禺縣等解到各犯列摺呈電，無年份日期

F0931-1056 提督軍門崑壽，將防守韶城叠次出剿擇其尤爲出力各員弁紳士兵勇銜名擬請從優奬叙，無年份日期

F0931-1057 無撰文人，將九月二十六日擬解省十二犯附解另案三犯開列呈電，無年份日期

F0931-1058 無撰文人，將十二月初六日起至初十日止據各路官兵及韶州府並委員吳守鍾令連平州張牧暨始興縣舒令會同營委各員獲解賊匪名數及首級器械數目各日期開列呈閲，無年份日期

F0931-1059 無撰文人，仁化縣譚奴苟湖廣桂陽縣陳猪養供詞述入夥行劫打仗事，無年份日期

F0931-1060 無撰文人，江西上猶縣李有詳湖廣郴州桂東縣郭葉洪及廣東和平縣劉利養供詞述入夥與官兵打仗事，無年份日期

F0931-1061 無撰文人，將十一月初二日解省八十犯附另案五犯開列清摺呈電，無年份日期

F0931-1062 無撰文人，開列清遠賊頭姓名及籍貫，無年份日期

F0931-1063 無撰文人，將十二月初六日解省二十二犯列摺呈電，無年份日期

F0931-1064 無撰文人，將廣州協千總黄曜吉督率弁兵東勇分路追剿賊匪獲勝生擒賊匪割取首級左耳及奪獲旗幟砲械暨受傷兵勇逐一開列名數呈閲，無年份日期

F0931-1065 無撰文人，開列批解人犯等各項支銷清單，無年份日期

F0931-1066 無撰文人，廣州府庫另款存儲逆産罰

款實存銀數清摺，無年份日期

FO931-1067 無撰文人，樂昌縣沈兆洪供詞述其被挾入夥到湖南興寧縣打仗事，無年份日期

FO931-1068 無撰文人，長寧縣周亞龍供詞述其入夥到許家山開角得贓事，無年份日期

FO931-1069 無撰文人，英德人陸水保供詞述其入夥隨同開角事，無年份日期

FO931-1070 無撰文人，乳源人廖金積供詞述其聽糾到水東鹽埠一帶行劫入室搜贓事，無年份日期

FO931-1071 無撰文人，將七月二十一日起至二十八日止各路官兵獲解賊匪名數日期開列呈閱，無年份日期

FO931-1072 無撰文人，將擬辦人犯開列呈電，無年份日期

FO931-1073 無撰文人，將本月初九日燕塘會哨各鄉練勇名數開列呈電，無年份日期

FO931-1074 無撰文人，開列大石賊目姓名及籍貫，無年份日期

FO931-1075 南海縣五斗口司巡檢張金鑑，將本月二十一二十二等日在佛山登洲頭連獲勝仗奪獲旗幟搭提砲膽刀矛等械數目開列，無年份日期

FO931-1076 無撰文人，信函附言辦理廣西匪首大頭羊事，無年份日期

FO931-1077 無撰文人，將十二月十一日、四月初八日及十月初八日解省陸拾壹犯開列呈電，無年份日期

FO931-1078 無撰文人，奏咸豐三四年辦理高廉兩府屬善後事宜地方俱已安靖緣由，無年份日期

FO931-1079 無撰文人，廣東省城北部賊巢分布及其來路地圖，無年份日期

FO931-1080 無撰文人，録呈東關紳士陳舉人來信報探聞北路南番兩縣各鄉村賊匪活動並東關團練近日進剿賊巢情形，無年份日期

FO931-1081 無撰文人，將爲剿辦自廣西竄入清遠英德一帶賊匪通諭各州縣告示開呈憲鑒，無年份日期

FO931-1082 無撰文人，呈高廉道報銷用過剿捕西省灘匪官兵壯勇薪水口糧夫價等項支銷清單及支給辦法，無年份日期

FO931-1083 無撰文人，遵將會隨緝捕文武委員分别最爲出力及其次出力者開列銜名清摺呈電，無年份日期

FO931-1084 無撰文人，將廣寧案犯羅金保等供開夥黨姓名列摺呈電又將温大貨五供開伙黨姓名列摺呈電，無年份日期

FO931-1085 無撰文人，關於江蘇一帶戰事奏摺上諭抄録，無年份日期

FO931-1086 無撰文人，十一月十六日前剿辦省城北路石井石門一帶賊匪俱獲勝仗日程，無年份日期

FO931-1087 管帶佛勇武舉孔繼堯，呈將從前犯過各案今則隨營打仗出力之壯勇開列清摺並請免其前愆檄行各縣將各勇所犯之案將名註銷，無年份日期

FO931-1088 無撰文人，南海縣石潭村人羅亞佰供詞述其二次拜會並無從賊打仗情事，無年份日期

FO931-1089 無撰文人，番禺沙灣茭塘二司有名逆匪名單，無年份日期

FO931-1090 無撰文人，查探李文茂黨夥查亞富等匪藏匿之所，無年份日期

FO931-1091 無撰文人，將查得河南各村匪黨開列呈閲，無年份日期

FO931-1092 護中軍參將湯遇珍，禀廣西潯州艇匪由武宣象州竄至柳州府城請分飭兵勇攔剿或移節督剿，無年份日期

FO931-1093 無撰文人，將同人社學三十二鄉倡辦團練除迭次打仗殲擒來寇會同各局報明外合將清辦內匪名數開列清摺，無年份日期

FO931-1094 管帶潮州幹勇候補縣丞鄭錫琦，將北門歷次打仗尤爲出力弁目壯勇開列清摺，無年份日期

FO931-1095 無撰文人，將撫憲等衙門辦理軍務經清各書姓名開列呈候獎勵，無年份日期

FO931-1096 無撰文人，番禺縣何桂揚黎志和等人供詞辯其没爲匪與官兵打仗，無年份日期

FO931-1097 無撰文人，將撥支潮州壽鎮南澳謝鎮統帶兵勇赴江西援剿經費銀數開列呈電，無年份日期

FO931-1098 無撰文人，遵將調來省城剿捕賊匪各起官兵壯勇及帶兵官員名開列送閱，無年份日期

FO931-1099 無撰文人，將佛山局捐輸團練經費堂名人名銀數照捐簿開列清單呈覽，無年份日期

FO931-1100 無撰文人，陳太平沙西海一帶賊匪活動猖獗並李村汛把總過於寬柔不痛加懲治縱容賊匪事，無年份日期

FO931-1101 候選府經歷任成章，禀查探廣西梧州藤縣蒼梧蒙江等地賊情，無年份日期

FO931-1102 無撰文人，將本年二月分廣州協左右二營各汛員弁先後獲解賊犯姓名開列呈閱，無年份日期

FO931-1103 無撰文人，將防守新城八門二關城上

城下弁兵數目開列呈閱，無年份日期

FO931-1104　無撰文人，將派定東西兩路各營奮勇接應站立圍基分派各路功剿官兵壯勇銜名開列送閱，無年份日期

FO931-1105　無撰文人，將奉調西省酌加官兵壯勇口糧開列呈核，無年份日期

FO931-1106　無撰文人，奉中堂諭令會同商議圍捕九江等處賊匪事宜謹將會擬各條開列呈覽，無年份日期

FO931-1107　無撰文人，將現有南海縣金利司屬鄉紳酌商團練應援剿辦北路石井賊匪略節情形開列呈閱，無年份日期

FO931-1108　無撰文人，將正月二十五日解省三十九犯附另案三犯開列呈電，無年份日期

FO931-1109　無撰文人，將二月二十九日解省一百二十七犯開列清摺呈電，無年份日期

FO931-1110　南安知府汪報閏，致葉名琛函求速賜撥餉五萬兩接濟江西危急，二月二十七日

FO931-1111　無撰文人，將署南雄州孫牧撥解崑提台韶關軍營經費銀數開摺呈核，無年份日期

FO931-1112　無撰文人，將奉委會同新會縣陳令勸諭各行捐輸銀數列摺呈電，無年份日期

FO931-1113　無撰文人，將番禺沙茭捐輸銀兩完繳奉給局收銀數列摺呈覽，無年份日期

FO931-1114　無撰文人，録明成化朝邱濬韓雍論兩廣剿賊方略，無年份日期

FO931-1115　無撰文人，廣西平南至桂平西江段官兵駐紮營地砲臺分布圖說，無年份日期

FO931-1116　無撰文人，稟招募新安沙井陳姓居民

素習戰鬥者雇該處慣鬥之蠔艇瀨拖駕駛來省協同紅單船合力剿捕賊匪並附紅單船行户所擬節略，無年份日期

FO931-1117 無撰文人，將到省探聽永福平樂等各處賊匪大概情形開具節略呈電，無年份日期

FO931-1118 無撰文人，札飭據沙灣紳士何壯猷稟稱該鄉何博份畏罪懇求投誠立功自贖等情合咨札飭令何博份將所有船砲器械及黨夥姓名先行造冊呈繳並取具該紳等切實保結呈送核辦，無年份日期

FO931-1119 無撰文人，抄録七月十八日八月二十四日安徽戰事相關奏摺上諭，無年份日期

FO931-1120 無撰文人，將各官管帶各陸營兵勇數目呈鑒，無年份日期

FO931-1121 無撰文人，禀堵捕海面匪徒事宜節略是否有當伏候憲裁，無年份日期

FO931-1122 委員廣東遇缺即補縣丞劉利鴻，將支發翁源緝捕夫價花紅銀兩數目開列清摺呈鑒，無年份日期

FO931-1123 無撰文人，支夫價花紅銀清單，無年份日期

FO931-1124 無撰文人，將紅單拖船原配水勇官兵月支各數開列呈電，無年份日期

FO931-1125 無撰文人，開列庫存各項銀數，無年份日期

FO931-1126 無撰文人，將支發督標廣協官兵夫價銀兩數目開列清摺呈電，無年份日期

FO931-1127 無撰文人，將本月初六七八等日省城老城内砲斃人數姓名開列清摺呈電，無年份日期

FO931-1128 無撰文人，報香港夷人屍載回港埋葬及紅匪在群大路劫去漁船等情，無年

份日期

F0931-1129　無撰文人，標有博羅要件函封一件，無年份日期

F0931-1130　無撰文人，開列徐亞九信息一紙，無年份日期

F0931-1131　無撰文人，開列有意起旗各匪徒及有意在拆頭地方滋事現未起旗名單，無年份日期

F0931-1132　無撰文人，圍剿由永寧兩江竄義寧及靈川境之前永福賊周聾子情形，無年份日期

F0931-1133　標下右營六品頂戴戉什哈劉維新，稟報查探有鷹嘴沙團練紳士拿獲賊匪送解同知收審事，五月

F0931-1134　無撰文人，札葉名琛廣西攻剿賊匪兵勇口糧經費無從籌劃特委知州陳瀚馳謁當面稟陳一切務求設法手援，無年

份日期

F0931-1135　無撰文人，稟聞廣西桂林陽朔一帶圍剿賊匪情形，無年份日期

F0931-1136　無撰文人，函請葉名琛嚴飭管帶兵勇各文武乘勝追剿潯州匪艇，無年份日期

F0931-1137　無撰文人，札廣州府嚴加勒令南海九江關姓紳耆速交匪首關巨，無年份日期

F0931-1138　彭舒蕚，稟乞札諭各營裁汰砲手及砲夫之冗濫並兵壯等不得寸步離營等事，五月二十一日

F0931-1139　無撰文人，稟密探賊巢虛實首逆大館內居住人員並糧食存給等情形，無年份日期

F0931-1140　連平紳士謝汝恭，稟連平貴塘貴東一帶賊匪叛亂情形，十一月二十五日

F0931-1141　無撰文人，小淵營弁蔣某此處爲增城入番禺最要之地，無年份日期

F0931-1142　標下右營六品頂戴戉什哈黄振高，禀報查探北江一帶剿匪勝仗確實情形，四月

F0931-1143　標下白沙塘汛探兵許明光，禀楊村溓湖竹料一帶逆匪起旗屯聚等事，五月

F0931-1144　清遠縣知縣程兆桂，禀清遠回岐司屬地方賊勢愈猖請於院司列憲前轉爲回明密委員前來督辦，二十七日

F0931-1145　龔彦川、梁及三，致紫海先生函南海官窑石門一帶仰求添兵守護以策萬全，七月初四日

F0931-1146　無撰文人，將十月初八日起至二十日止據各路官兵及乳源始興各縣會營獲解賊匪名數日期開列呈閲，無年份日期

F0931-1147　無撰文人，將奉派游擊李新明都司黄彬管帶紅單船隻前赴江南助剿所有應需薪糧船價銀兩數目列摺呈電，無年份日期

F0931-1148　無撰文人，探聞廣西賊匪大頭羊大鯉魚等屯聚大黄江口内挽泊專向往來船隻打單擬請添派素習水路兵勇實力駐防等事，無年份日期

F0931-1149　無撰文人，將訊過奉發匪犯林二盛等供詞列摺呈電，無年份日期

F0931-1150　無撰文人，將由梧州至平樂府城沿途探聽廣西賊匪大概情形開明節略呈電，無年份日期

F0931-1151　無撰文人，計開石井昇平等社紳士名單並請札諭各紳耆查察入會爲匪之人及獲賊匪辦法，無年份日期

F0931-1152　無撰文人，禀沙頭堡附近大桐金甌九

江等堡逆首逆衿尚多未獲或需委官查辦嚴加懲創，無年份日期

F0931-1153 無撰文人，將老城內勸捐局自十一月二十八日起至十二月初八日止十日內勸捐銀數列摺呈電，無年份日期

F0931-1154 無撰文人，將各犯供開夥黨開列呈電，無年份日期

F0931-1155 無撰文人，擬桂林府屬厢鄉團練仿府兵番上之法開呈鑒定，無年份日期

F0931-1156 無撰文人，將本月初九日燕塘會哨各鄉練勇名數開列呈電，無年份日期

F0931-1157 無撰文人，抄録呈送廣東省城福建客長公議條規，無年份日期

F0931-1158 無撰文人，內河海珠等各砲臺防臺官弁員名開列，無年份日期

F0931-1159 無撰文人，將新城聯街團練隊長旗頭值事姓名籍貫開列呈電請給予八品頂戴，無年份日期

F0931-1160 無撰文人，清遠佛岡等處剿捕兵勇口糧夫價油燭銀半月銀數，無年份日期

F0931-1161 無撰文人，開列自開局起至十月初八日止認捐者二十二户計共捐銀數，無年份日期

F0931-1162 無撰文人，將羅鏡西路軍營賞給紳民勇練頂戴開列清冊呈電，無年份日期

F0931-1163 無撰文人，將查詢虎門寨兵民一切情形列摺呈電，無年份日期

F0931-1164 無撰文人，開列仁榮店等油行十二家續捐銀總數及石龍等地油行每月可捐銀數，無年份日期

F0931-1165 解餉委員卸惠州府連平州吏目馮寶封，禀自粵解餉赴湖南江蘇等處情形，無年份日期

F0931-1166 無撰文人，將軍器局內存放軍需餘剩

鐵鉛銅杉椿等物點交鋪户領運售賣估值數目理合開列呈閲，無年份日期

FO931-1167　無撰文人，將軍器局内現存罟網藤牌等項堪用不堪用開列呈閲，無年份日期

FO931-1168　無撰文人，遵將查明賀縣土匪外匪姓名住址開列呈鑒，無年份日期

FO931-1169　無撰文人，將肇慶府屬游匪滋擾各州縣辦理防剿事宜借領經費及籌墊口糧船夫脚價並置造砲械等項共用銀兩開列簡明清摺呈電，無年份日期

FO931-1170　無撰文人，將奉飭招募水勇操演技藝純熟以資得用緣由稟呈憲鑒，無年份日期

FO931-1171　無撰文人，遵將順德協屬病故及陣亡千把總外委額外各員弁開列清單呈閲，無年份日期

FO931-1172　無撰文人，將五月分廣州協左右二營各汛員弁先後獲解賊犯共一百十五名開列呈閲，無年份日期

FO931-1173　無撰文人，抄録廣西省垣廣東客長公議條規，無年份日期

FO931-1174　無撰文人，不識身份十五人名單，無年份日期

FO931-1175　歸善縣幕友，致表弟信函言惠來知縣死節事，無年份日期

FO931-1176　左營千總昆芳，稟呈葉名琛將留在省河各巡船差使開列呈閲，無年份日期

FO931-1177　無撰文人，呈抽助軍餉之法，無年份日期

FO931-1178　無撰文人，黄埔一帶珠江南北岸水程，無年份日期

FO931-1179　候補直隸州史樸，飭番禺差役鄧忠楊鑣管帶番禺添設巡船三隻水勇人數及

經費，無年份日期

FO931-1180　無撰文人，開列新會左營把總劉國輔署督標水師營外委張鳳德及兵丁薪糧銀數，無年份日期

FO931-1181　無撰文人，開列派往大歷剿捕之左營署外委何龍彪右營署把總葉逢春及兵丁薪糧銀數，無年份日期

FO931-1182　無撰文人，道州與廣西廣東交界各地，無年份日期

FO931-1183　無撰文人，沙螺堡西塱堡各鄉名，無年份日期

FO931-1184　無撰文人，將現存砲子箇數開列呈電，無年份日期

FO931-1185　無撰文人，請嚴辦已獲之官窑一帶首匪楊顯並密拿其同夥，無年份日期

FO931-1186　無撰文人，將新城内駐紮各路壯勇開列呈閲，無年份日期

FO931-1187　無撰文人，將樂昌縣訊過匪犯趙雲橋等供詞列摺呈電，無年份日期

FO931-1188　無撰文人，呈開惠州協左營把總陳大綸等擬拔補之弁兵姓名，無年份日期

FO931-1189　無撰文人，將因變逸出監犯周老三等犯事罪名摘叙呈電，無年份日期

FO931-1190　信宜懷鄉司巡檢陳榮，呈報赴信宜大寮查辦凌十八起事始末緣由各件，道光三十年

FO931-1191　兩廣總督徐廣縉，奏爲校閲廣東省城旗緑各營官兵情形恭摺奏祈聖鑒事，道光二十九年十二月十八日

FO931-1192　兩廣總督徐廣縉，奏保舉堪勝陸路總兵之副將趙雲鵬黄慶春，道光二十九年十二月十八日

FO931-1193　兩廣總督徐廣縉、廣東巡撫葉名琛，奏審明揭陽縣民蔡厚吉京控劫擄等情

分別定擬事，道光二十九年十二月十九日

FO931-1194 兩廣總督徐廣縉等，奏守備羅璋拿獲鄰境盜犯請以都司陞用，道光二十九年十二月十九日

FO931-1195 兩廣總督徐廣縉、廣東巡撫葉名琛，奏拿獲在香山新安洋面搶劫盜犯趙白蟻等審明定擬，道光三十年正月二十九日

FO931-1196 兩廣總督徐廣縉，奏保舉陞署海門營參將泊承陞陞署崖州協副將，道光三十年二月十八日

FO931-1197 兩廣總督徐廣縉，奏爲廣西武職委用乏員請揀發參將游擊都司以資差遣恭摺具奏仰祈聖鑒事，道光三十年二月十八日

FO931-1198 兩廣總督徐廣縉等，奏千總楊衛邦羅逢濤拿獲鄰境盜犯多名請以守備即補賞加都司銜，道光三十年三月二十九日

FO931-1199 兩廣總督徐廣縉，奏遵旨查香山協副將葉長春堪勝水師總兵之員惟接陞署札付歷俸尚未期滿與例稍有未符可否俯准保奏恭候諭旨，道光三十年三月二十九日

FO931-1200 兩廣總督徐廣縉、廣東巡撫葉名琛，奏遵旨覆奏辦理廣東與鄰省交界處盜匪情形，附奏兩廣教匪會匪情形，道光三十年四月二十二日

FO931-1201 兩廣總督徐廣縉、廣東巡撫葉名琛，奏洋盜悉除前後籌辦情形，道光三十年四月二十二日

FO931-1202 兩廣總督徐廣縉、廣東巡撫葉名琛，片奏洋盜張開平等投首妥爲安插各緣

由，道光三十年四月二十二日

F0931-1203 兩廣總督徐廣縉、廣東巡撫葉名琛，奏遵旨覆奏肇羅道張敷赴任途次告病請飭吏部傳知新選之員到任，道光三十年四月二十二日

F0931-1204 兩廣總督徐廣縉，奏請以陞署隆林營游擊馬芳春陞署融懷營參將，道光三十年四月二十二日

F0931-1205 兩廣總督徐廣縉、廣東巡撫葉名琛，片奏署水師提標中軍參將韓進忠搜捕西海餘匪事竣應飭該員趕緊赴新任，道光三十年四月二十二日

F0931-1206 上諭，著兩廣總督徐廣縉廣東巡撫葉名琛迅即籌撥銀十萬兩速解赴廣西以濟堵剿楚匪所需，道光三十年四月二十四日

F0931-1207 兩廣總督徐廣縉、廣東巡撫葉名琛，奏審明先後拿獲廣東西海洋匪及漁利之士紳分別定擬，道光三十年五月二十二日

F0931-1208 兩廣總督徐廣縉，奏左江鎮總兵盛筠告病開缺請以慶遠協副將奚應龍署理，道光三十年五月二十四日

F0931-1209 兩廣總督徐廣縉，奏請以陞署平海營參將温賢陞署大鵬協副將以陞補硇洲營都司黎志安陞署海安營游擊，道光三十年五月二十四日

F0931-1210 兩廣總督徐廣縉，奏請以廣西撫標右營游擊成保陞署廣西提標中軍參將，道光三十年六月二十日

F0931-1211 兩廣總督徐廣縉，奏循例修造外海內河戰船估需銀數，附將廣東省道光二十九年分届應修造外海內河巡緝戰船數目需用工料並津貼銀兩及動支款項

開列清單，道光三十年六月二十日

FO931-1212 兩廣總督徐廣縉，奏請廣東陸路提督祥麟暫緩交卸北上，道光三十年六月二十日

FO931-1213 兩廣總督徐廣縉，奏請以准陞碣石鎮右營都司曾高陞署廣東水師提標左營游擊，道光三十年六月二十日

FO931-1214 兩廣總督徐廣縉、廣東巡撫葉名琛，奏遵旨覆奏安插投誠盜犯張開平等入營，道光三十年

FO931-1215 兩廣總督徐廣縉，奏爲道光二十九年分巡洋師船遭風擊碎損壞並與賊打仗被焚分別修補循例奏聖鑒事，附將道光二十九年分據各營先後具報巡洋師船與賊打仗被賊焚毀及遭風擊碎損壞月日並應造應修各情形開列簡明清單，道光三十年七月初七日

FO931-1216 兩廣總督徐廣縉，奏梧州協副將周濟成等老病庸劣請旨分別勒休革職，道光三十年七月初七日

FO931-1217 兩廣總督徐廣縉、廣東巡撫葉名琛，奏動項興修南雄曲江英德始興等州縣被水倒塌塘汛營房等項，附將廣東省南韶屬內被水倒塌壞爛各塘汛營房藥局間數及工料銀數開列清單，道光三十年七月二十四日

FO931-1218 兩廣總督徐廣縉，奏遵旨據實保奏陞署海安營游擊黎志安等水師人員以資儲備，附奏陳明體察水師實在情形，道光三十年七月二十四日

FO931-1219 兩廣總督徐廣縉，奏請以廣西提標中軍參將王廷獻陞署新太協副將，無年份日期

FO931-1220 兩廣總督徐廣縉，奏陽江鎮總兵曾逢

年丁憂循例由驛奏聞並委員遞署篆務事，道光三十年八月初十日

F0931-1221

兩廣總督徐廣縉、廣東巡撫葉名琛，奏署清遠營游擊吳德新因病服毒緣由，道光三十年八月十九日

F0931-1222

兩廣總督徐廣縉，奏請以准陞香山協中軍都司沙兆龍陞署碣石鎮中軍游擊，道光三十年八月十九日

第六冊提要（F0931-1223—F0931-1432）

FO931-1223　兩廣總督徐廣縉，奏請以陞署閩粵南澳鎮右營守備潘慶陞署吳川營都司，道光三十年八月十九日

FO931-1224　新授湖南布政使祁宿藻，奏補授湖南布政使恭謝天恩，道光三十年八月二十四日後

FO931-1225　兩廣總督徐廣縉，奏清遠佛岡一帶查拿游匪情形，無年份日期

FO931-1226　上諭，著兩廣總督徐廣縉即專辦廣東軍務堵剿英德等縣游匪並將有功官紳具奏奬勵將失職官軍查明參辦，道光三十年九月十六日

FO931-1227　上諭，著兩廣總督徐廣縉廣東巡撫葉名琛隨時奏聞粵東粵西剿辦匪徒及辦理夷務等情形，道光三十年九月十八日

FO931-1228　上諭，著兩廣總督徐廣縉廣東巡撫葉名琛依所擬辦理兩廣匪徒剿辦事宜並著徐廣縉詳查已革廣西提督閔正鳳劣迹據實具奏，道光三十年九月二十二日

FO931-1229　兩廣總督徐廣縉，覆奏廣西賊匪情形並飭拿紳士單開各匪及未便出省緣由，道光三十年九月三十日

FO931-1230　兩廣總督徐廣縉，覆奏廣西省辦理游匪俟葉名琛剿辦清遠英德游匪事竣旋省即督帶兵勇兼程馳赴梧州督剿，道光三十年九月三十日

FO931-1231　兩廣總督徐廣縉、廣東巡撫葉名琛，奏續獲聽從劫奪快船並在洋行劫之香

山盗犯伍亞三等審明定擬，道光三十年九月三十日

FO931-1232 兩廣總督徐廣縉、廣東水師提督洪名香，奏請以陞署水師提標中軍參將鍾國瑞陞署香山協副將缺以陞署海安營游擊黎志安陞署海門營參將，道光三十年九月三十日

FO931-1233 兩廣總督徐廣縉，奏拿獲廣西兩次攻城戕官首匪陳亞潰情形，道光三十年十月初七日

FO931-1234 兩廣總督徐廣縉，奏爲廣西永康州城失守賊匪旋即竄逸現在飛飭各文武確探追剿恭摺奏祈聖鑒事，道光三十年十月十一日

FO931-1235 浙江道監察御史姚福增，奏粵東防夷團練章程簡易可行已著成效請旨頒發廣西酌量施行以捍盗匪而安善良，道光三十年十月十四日

FO931-1236 上諭，著兩廣總督徐廣縉廣東巡撫葉名琛廣西巡撫鄭祖琛將姚增福奏摺抄給閱看將所録廣東團練章程抄給鄭祖琛閱看並傳諭廣西布政使勞崇光知之，道光三十年十月十四日

FO931-1237 兩廣總督徐廣縉，覆奏廣西遷江縣失守已飭剿查並新任廣西提督向榮已接印欽差大臣林則徐在潮州途中患病等情形，道光三十年十月二十五日

FO931-1238 兩廣總督徐廣縉，奏廣西河池州失守現已飛飭文武官員確查進剿緣由，道光三十年十月二十五日

FO931-1239 兩廣總督徐廣縉，奏欽差大臣林則徐在途次病故出缺緣由並代呈遺摺，道光三十年十月二十七日

FO931-1240 兩廣總督徐廣縉、廣東巡撫葉名琛，

覆奏已委員密查已革廣西提督閔正鳳有無別項劣迹左江鎮總兵盛筠畏葸無能縱賊養寇請即行革職一併查辦及廣東廣西剿辦游匪情形，附奏請准撥海關稅銀暫充軍費，道光三十年十一月初一日

FO931-1241 上諭，著兩廣總督徐廣縉廣東巡撫葉名琛廣西巡撫鄭祖琛將姚增福奏摺抄給閱看將所録廣東團練章程抄給鄭祖琛閲看並傳諭廣西布政使勞崇光知之，道光三十年十月十四日

FO931-1242 上諭，著兩廣總督徐廣縉廣東巡撫葉名琛將廉州並英德一帶剿匪陣亡失利官員分別獎懲並分飭兩廣各州縣仿照廣西横州博白兩處團練章程妥辦實力奉行，道光三十年十月二十二日

FO931-1243 兩廣總督徐廣縉，奏廣西貴縣擒獲巨匪鍾亞春及督飭文武官員分路剿捕情形，道光三十年十一月初八日

FO931-1244 兩廣總督徐廣縉，奏廣西軍務吃緊請准所有應行引見武職一律暫緩給咨事，道光三十年十一月初八日

FO931-1245 兩廣總督徐廣縉、廣東巡撫葉名琛，奏遵旨確查署清遠營游擊吳德新確係因病服毒自殺並無別情，道光三十年十一月十六日

FO931-1246 上諭，著兩廣總督徐廣縉廣東巡撫葉名琛督飭文武官員乘勝追剿翁源賊匪並保奏出力員弁查明傷亡官兵以便賞恤，道光三十年十一月二十日

FO931-1247 兩廣總督徐廣縉、廣東巡撫葉名琛，奏廉州殲擒巨匪並將土匪拿辦以及交界添設兵勇各縁由，道光三十年十一月二十二日

FO931-1248 兩廣總督徐廣縉、廣東巡撫葉名琛，覆奏廉州英德匪徒極力剿辦已札飭委解王浚來清遠枷示及粵桂兩省交界處所一體嚴防又戕害守備馬兆之犯已獲緣由，道光三十年十一月二十二日

FO931-1249 兩廣總督徐廣縉、廣東巡撫葉名琛，奏廉州剿匪情形及在粵桂兩省交界一律添兵分別防剿緣由，道光三十年十一月二十二日

FO931-1250 上諭，著李星沅爲欽差大臣迅赴廣西辦理剿捕事務，道光三十年十一月十二日

FO931-1251 上諭，著兩廣總督徐廣縉將林則徐遺下之欽差大臣關防並歷次所奉寄信諭旨各件委妥員迅速賫送廣西交李星沅祇領，道光三十年十一月十二日

FO931-1252 兩廣總督徐廣縉，奏訪查已革廣西提督閔正鳳畏葸無能情形及廣西盜匪披猖緣由等事，道光三十年八月十一日後

FO931-1253 無撰文人，雷州營汛輿圖，無年份日期

FO931-1254 無撰文人，將奉委查明九龍香港地方大脚婦人及訊供緣由列摺呈電，無年份日期

FO931-1255 無撰文人，將查明廣西近事及粵桂交界各縣匪徒姓名住址列摺呈鑒，無年份日期

FO931-1256 兩廣總督徐廣縉等，奏酌擬建修虎門廣海各城寨砲臺並置造拖風船隻請旨勸捐興辦及籌添防兵口糧等，無年份日期

FO931-1257 無撰文人，將酌擬修建修虎門廣海城寨各工及砲臺後路添築圍墻修造新戰

船籌添防兵口糧所有估計各工程銀兩分晰開列清單，無年份日期

FO931-1258　無撰文人，將校閱廣東省城旗緑各營官兵鎗箭中靶成數繕列清單，無年份日期

FO931-1259　無撰文人，議行按頂戴品級納銀捐輸報效之法，無年份日期

FO931-1260　廣州知府等，詳審辦曲江等地拿獲之在湖南拒捕戕官盜匪張觀姑等人口供並請咨覆湖廣總督咨移湖南巡撫，無年份日期

FO931-1261　廣東巡撫葉名琛，呈報廣東防剿吃緊軍餉浩繁司庫存銀無多部咨撥解廣西軍需銀難如定額，無年份日期

FO931-1262　廣西按察使姚瑩，移咨粘抄欽差大臣賽尚阿咸豐元年閏八月初三日奏永安荔浦一帶防堵太平軍情形奏片稿，無年份日期

FO931-1263　無撰文人，呈代廣西省招募潮勇四千名所用銀數，無年份日期

FO931-1264　無撰文人，開列道光三十年十二月内起官紳捐輸虎門工程銀兩收解支出數目清單，無年份日期

FO931-1265　欽差大臣賽尚阿等，奏查明各省官兵得力疲弱情形又粵西金田會匪行迹並其他各股匪犯剿捕情形，無年份日期

FO931-1266　無撰文人，茂名信宜一帶何明科黨夥潘青受等六人供詞述其入夥打單情形，無年份日期

FO931-1267　無撰文人，奏新任廣西提督向榮屢獲勝仗及各州縣弁兵團練合力助剿情形，道光三十年十二月十三日

FO931-1268　兩廣總督徐廣縉等，奏修理道光二十六年分届限師船工竣，附將道光二十

六年分廣東修造各營屆應大修拆造各米艇撈繒等船竣工日期開列簡明清單，道光三十年十二月十二日

FO931-1269 兩廣總督徐廣縉，奏請以海口營左哨千總黃開廣越級陞補硇洲營都司事，道光三十年十二月十三日

FO931-1270 兩廣總督徐廣縉，奏廣西桂平縣屬會匪抗拒官兵傷亡將弁情形現已咨向榮帶兵進剿事，道光三十年十二月二十七日

FO931-1271 兩廣總督徐廣縉，奏廣西提督向榮在橫州地方剿匪獲勝情形，道光三十年十二月二十七日

FO931-1272 兩廣總督徐廣縉，片奏廣西署涌康州知州高汝霖失城情形，道光三十年十二月二十七日

FO931-1273 兩廣總督徐廣縉等，奏瓊州外洋追捕盜匪人船全獲並起出被擄婦女幼孩及火藥刀械多件，咸豐元年正月二十二日

FO931-1274 兩廣總督徐廣縉，奏香山協外委石鈺福誣良爲盜請旨革職發往新疆其回護都司一併交部議處等，咸豐元年正月二十二日

FO931-1275 廣西巡撫鄒鳴鶴會，片奏已飭廣西布政使勞崇光暫駐梧州整飭河道剿辦游匪，無年份日期

FO931-1276 欽差大臣賽尚阿、廣西巡撫鄒鳴鶴，片奏廣西布政使勞崇光剿捕南寧太平賊匪事竣札調赴梧州督辦艇匪緣由稿，無年份日期

FO931-1277 兩廣總督徐廣縉、廣東巡撫葉名琛，奏爲高廉一帶防剿兩省交界匪徒先於靈山縣境殲斃多名復於石城縣境大獲

勝仗現在仍飭跟踪追剿並知照西省一體會辦恭摺由四百里馳奏仰祈聖鑒事，附奏准部咨增城協參將趙如勝奉旨補授湖南寶慶協副將容剿匪事竣後再赴新任，咸豐元年二月初八日

FO931-1278　上諭，著兩廣總督徐廣縉廣東巡撫葉名琛查明粵桂交界剿匪有功官員保奏施恩並嚴飭文武趕緊追剿，咸豐元年二月二十七日

FO931-1279　無撰文人，將查獲匪犯馮雲山即馮乙龍胞弟馮亞戊訊過供詞列摺呈電，無年份日期

FO931-1280　無撰文人，將咸豐元年各縣營續獲清遠英德案內匪犯共四十六名簡供列冊呈電，無年份日期

FO931-1281　兩廣總督徐廣縉、廣東巡撫葉名琛，遵旨覆奏凌十八起事情形及官員有無通匪縱匪情事，咸豐元年五月初九日

FO931-1282　兩廣總督徐廣縉，奏廣海寨游擊請以准陞吳川營都司潘慶陞署，咸豐元年三月二十七日

FO931-1283　兩廣總督徐廣縉，奏廣東水師提標中軍參將請以准陞碣石鎮中軍游擊沙兆龍陞署，咸豐元年三月二十七日

FO931-1284　兩廣總督徐廣縉，奏香山協右營都司請以擬補碣石鎮右營守備徐汝彪陞署，咸豐元年三月二十七日

FO931-1285　兩廣總督徐廣縉，奏為特參畏賊玩捕具稟窺探居心狡獪之水師總兵及在洋追捕被擄之護都司把總等請旨一併革職嚴審恭摺仰祈聖鑒事，咸豐元年三月二十七日

FO931-1286　兩廣總督徐廣縉，奏千總謝作高拿獲鄰境盜犯請獎，咸豐元年四月二十

七日

FO931-1287 兩廣總督徐廣縉，覆奏籌撥廣西軍餉及遵旨隨時將兩省會剿情形飛咨塞尚阿查照，咸豐元年四月三十日

FO931-1288 兩廣總督徐廣縉，致葉名琛函言粵桂交界剿辦軍務等事，六月十二日

FO931-1289 兩廣總督徐廣縉，致葉名琛函言粵桂交界剿辦軍務等事，六月十九日

FO931-1290 兩廣總督徐廣縉，致葉名琛函言粵桂交界審訊處決艇匪等事，六月二十三日

FO931-1291 兩廣總督徐廣縉，致葉名琛函言江蘇夷務及粵桂交界剿辦軍務等事，八月初七日

FO931-1292 兩廣總督徐廣縉，致葉名琛函言粵桂交界剿辦軍務等事，八月十三日

FO931-1293 兩廣總督徐廣縉，奏爲恭報七月三十八月初二等日兩次進剿凌十八股匪先經小捷繼獲大勝殲斃四百餘名奪獲旗幟砲械二百餘件恭摺由驛馳奏仰祈聖鑒事，咸豐元年八月十七日

FO931-1294 兩廣總督徐廣縉，致葉名琛函言湘桂軍務等事，八月二十六日

FO931-1295 兩廣總督徐廣縉等，奏爲八月初十二十一二十五閏八月初一等日四次進攻凌匪生擒殲斃各情形恭摺由驛四百里馳奏仰祈聖鑒事，無年份日期

FO931-1296 兩廣總督徐廣縉，致葉名琛函言雷雨阻礙軍事等，閏八月初十日

FO931-1297 兩廣總督徐廣縉、廣東巡撫葉名琛，奏降級調用前肇慶知府蔡振武生擒要匪情形，咸豐元年閏八月初十日

FO931-1298 咸豐元年閏八月初十日兩廣總督徐廣縉，致葉名琛函言廣西剿辦軍務等事，

閏八月二十三日

FO931-1299　大學士兼署管理户部事務祁寯藻等，奏爲粤省軍需孔亟請飭該省商民出資助餉由該督撫等奏請加恩恭摺奏祈聖鑒事，咸豐元年十月初六日

FO931-1300　無撰文人，呈廣東旗營兵米發放儲存章程沿革又道光年後欠解無存實况並提出應付辦法，無年份日期

FO931-1301　兩廣總督徐廣縉，致葉名琛函言太平軍永安突圍後廣西防堵軍情等事，三月初二日

FO931-1302　兩廣總督徐廣縉，致葉名琛函詢問狡賊既擒後是否回省城等事，三月十三日

FO931-1303　兩廣總督徐廣縉，致葉名琛函言拜發摺稿等事，二十二日

FO931-1304　兩廣總督徐廣縉，致葉名琛函贊揚葉軍務成功感謝其不分畛域等事，四月二十七日

FO931-1305　無撰文人，將道光三十年咸豐元年司庫奉撥廣西軍需兵餉銀兩開列呈閲，無年份日期

FO931-1306　欽差大臣賽尚阿，致徐廣縉函言湘桂粤交界防堵太平軍事等事，四月二十八日

FO931-1307　無撰文人，開列四月至七月粤西軍事用銀數目，無年份日期

FO931-1308　無撰文人，將四月二十一日起至七月十五日止領過經費並支發各款銀數細目列摺呈閲，無年份日期

FO931-1309　署右江道潯州知府張敬修，禀賽尚阿勞崇光官兵於廣西桂平新墟日夜截剿太平軍兩次獲勝情形，無年份日期

FO931-1310　無撰文人，將逆犯凌十八即才錦等家

屬列摺呈電，無年份日期

FO931-1311 廣東巡撫葉名琛，致祁寯藻函言廣東剿辦軍務及廣東藩庫告匱情形，無年份日期

FO931-1312 廣西布政使勞崇光，稟兩廣總督徐廣縉廣西南太等郡賊勢又籌辦會剿獲勝已粗有頭緒等情形，無年份日期

FO931-1313 無撰文人，開列咸豐二年分海關撥解銀數，無年份日期

FO931-1314 無撰文人，將剿捕羅鏡凌逆西路文武委員始終勤奮出力倍著辛勞各員開具名摺呈鑒，無年份日期

FO931-1315 欽差大臣賽尚阿等，奏爲特參堵剿不力玩泄遷延之文武各員請旨分別革職留任摘頂查詢以肅捕務事，無年份日期

FO931-1316 無撰文人，咸豐壬子科武場應行事宜摺，無年份日期

FO931-1317 兩廣總督徐廣縉，致葉名琛函，無年份日期

FO931-1318 無撰文人，今將中營威遠等九臺於道光二十八年八九兩月內被風損壞城樓各處所及遞年逐月演砲頓爛隨砲器具等項理合備開呈電，咸豐二年

FO931-1319 無撰文人，今將右營上横檔等六臺於道光二十八年八九兩月內被風損壞城樓各處所及遞年逐月演砲頓爛隨砲器具等項理合備開呈電，咸豐二年

FO931-1320 兩廣總督徐廣縉、廣東巡撫葉名琛，奏爲遵旨妥辦粤東商民出資助餉並察看地方情形今昔迥殊緣由恭摺據實先行覆奏仰祈聖鑒事，咸豐元年

FO931-1321 兩廣總督徐廣縉，致葉名琛函，十二月初八日

FO931-1322　兩廣總督徐廣縉、廣東巡撫葉名琛，奏爲遵旨查明翦除何名科全股之文武各員核實保奏恭摺仰祈聖鑒事，咸豐元年十二月二十九日

FO931-1323　無撰文人，將司庫撥解過廣西省軍需自道光三十年十月起至咸豐元年十二月止銀兩數目開列呈電，無年份日期

FO931-1324　無撰文人，奏報剿辦二次清遠英德匪徒節略各屬墊支經費銀數司庫支撥銀數奉調官兵壯勇員名冊，無年份日期

FO931-1325　兩廣總督徐廣縉、廣東巡撫葉名琛，奏爲高廉一帶防剿兩省交界匪徒先於靈山縣境殲斃多名復於石城縣境大獲勝仗現在仍飭跟踪追剿並知照西省一體會辦恭摺由四百里馳奏仰祈聖鑒事，附奏增城協參將趙如勝容剿匪事竣後再赴新任，咸豐元年二月初八日

FO931-1326　兩廣總督徐廣縉，致葉名琛函言博白白沙高州等處剿辦軍務情形，正月二十五日

FO931-1327　兩廣總督徐廣縉，致葉名琛函言廣西剿辦軍務等事，正月二十八日

FO931-1328　上諭，據孫鏘鳴奏廣西難平之患尚不在永安一處其招募之廣勇壯勇不受節制招安巨匪大頭羊等仍在潯梧剽劫如常著賽尚阿密查懲辦，附孫鏘鳴原奏，咸豐二年正月十九日

FO931-1329　無撰文人，奏遵旨購運砲位派委弁兵解往湖南轉解湖北，無年份日期

FO931-1330　廣西學政孫鏘鳴，奏大學士賽尚阿剿辦太平軍不力廣西巡撫鄒鳴鶴廢弛地方丁憂御史朱琦妄專軍務等事，無年份日期

FO931-1331　兩廣總督徐廣縉，致葉名琛函言奏報

廣西戰事並提及生擒洪秀全楊秀清之傳聞，二月二十九日

F0931-1332 無撰文人，片奏廣東捐輸接濟團練情形並率先各捐廉銀一萬兩撥解廣西軍需，咸豐二年三月十七日

F0931-1333 廣西臨桂知州，稟桂林抵禦太平軍攻城情形，三月二十七日

F0931-1334 欽差大臣賽尚阿，奏桂林抵禦太平軍進攻情形，四月初一日

F0931-1335 兩廣總督徐廣縉、廣東巡撫葉名琛，奏廣西剿辦艇匪情形及葉名琛即將出省城剿辦凌十八等事，咸豐二年四月十五日

F0931-1336 廣東巡撫葉名琛，奏出省接辦羅鏡匪徒日期，無年份日期

F0931-1337 兩廣總督徐廣縉，奏兩廣軍務及即將馳赴桂林會同賽尚阿剿辦等事，咸豐二年五月初七日

F0931-1338 無撰文人，信宜縣平塘人羅十三供其入凌十八夥並無打仗事，無年份日期

F0931-1339 無撰文人，洪大全供出盜營逆匪及廣東廣西湖南會匪名單，無年份日期

F0931-1340 卸高廉道宗元醇，稟請賞給擊退凌十八之各隊壯勇有功者軍功頂戴填給執照，咸豐二年

F0931-1341 欽差大臣賽尚阿，奏永安桂林一帶剿辦太平軍布置情形，無年份日期

F0931-1342 廣東巡撫葉名琛，奏督辦剿捕羅鏡逆匪情形，咸豐二年五月二十九日

F0931-1343 無撰文人，將扣平彌補庫虧自咸豐元年二月初一日起至二年五月底止收存銀兩數目開列呈電，無年份日期

F0931-1344 兩廣總督徐廣縉，奏爲遵旨覆奏先將馳抵梧州剿辦波山艇匪獲勝情形恭摺

由驛五百里馳奏仰祈聖鑒事，咸豐二年六月初十日

FO931-1345　兩廣總督徐廣縉，奏爲剿辦波山匪艇上下游合力夾攻將匪船全股殲除恭摺由驛五百里馳奏仰祈聖鑒事，咸豐二年六月十五日

FO931-1346　欽差大臣賽尚阿，咨奉上諭洪大泉供出之太平軍成員及粵湘會黨首領一體查拿，咸豐二年六月初三日

FO931-1347　無撰文人，將審定淩十八案犯分別列摺呈電，無年份日期

FO931-1348　兩廣總督徐廣縉、廣東巡撫葉名琛，奏爲恭報剿辦羅鏡逆匪一旬有餘晝夜併力輪攻大獲全勝各砲臺一律蕩平當將首逆擒斬匪黨盡行殄滅闔墟立見廓清地方均已安堵如常恭摺由驛五百里馳奏仰慰聖懷事，咸豐二年六月二十二日

FO931-1349　廣東巡撫葉名琛，奏奉上諭徐廣縉葉名琛捐銀一萬兩解赴廣西軍需備用著加恩交部從優議叙謹繕摺恭謝天恩，咸豐二年七月二十四日

FO931-1350　曾永源等，禀東王楊秀清北王韋昌輝太平軍進軍湖南情形及西王蕭朝貴受傷事，咸豐二年八月初九日

FO931-1351　上諭，著葉名琛等將收復新興縣城出力紳士及陣亡受傷壯勇查明請獎議恤並嚴飭追捕餘匪，無年份日期

FO931-1352　徐廣縉，奏湖南逆匪竄亂咸豐二年七月二十四日奉上諭領任欽差大臣關防已由梧州啓程督帶官兵前往湖南衡州剿辦匪黨，無年份日期

FO931-1353　無撰文人，今將咸豐二年八月初四初六二十以及九月初一十月初五等日剿

辦仁化樂昌翁源始興英德各股匪徒打獲勝仗生擒截獲多犯在事出力各員弁紳士理合查開銜名應如何分別鼓勵之處伏候宮保大人核奪，無年份日期

FO931-1354 總督銜廣東巡撫葉名琛，奏遵旨撥解湖南軍需銀兩，咸豐二年八月二十日

FO931-1355 總督銜廣東巡撫葉名琛，奏遵旨添調潮州兵勇即由廣東徑赴湖南緣由，咸豐二年八月二十日

FO931-1356 無撰文人，將粵海關撥解過廣西省軍需自道光三十年十月起至咸豐二年八月止銀兩數目開列呈電，無年份日期

FO931-1357 無撰文人，將司庫撥解過廣西省軍需自道光三十年十月起至咸豐二年八月止銀兩數目開列呈電，無年份日期

FO931-1358 無撰文人，片奏委羅定協副將瑞琳護理高州鎮總兵纂務委准陞新會營參將李仁安屬副將篆務，咸豐二年九月二十四日

FO931-1359 無撰文人，片奏奉上諭動撥粵海關稅銀二十萬兩赴湖南應用，咸豐二年十月初七日

FO931-1360 欽差大臣署湖廣總督徐廣縉，奏爲匪竄岳州城池失守現在急籌堵剿情形恭摺由驛五百里具奏仰祈聖鑒事，咸豐二年十一月二十九日

FO931-1361 上諭，賽尚阿自行請參一事乃塞責遷延今後不許再畏葸不進苟安退縮紙上談兵，無年份日期

FO931-1362 卸高廉道，將西路大營隨剿凌逆先後在事出力紳士練勇擬議仰乞恩施獎勵之處開摺並呈鈞電，無年份日期

FO931-1363 無撰文人，開列道光三十年咸豐元年廣儲司公用銀備貢銀支用數目清單，

無年份日期

F0931-1364 無撰文人，將在司庫正雜各款及粵海關稅餉撥解過廣西省軍需銀兩數目列摺呈閱，無年份日期

F0931-1365 湖南巡撫駱秉章，奏請將前署道州知州王揆一前永州知府徐嘉端暫留湖南差遣委用，無年份日期

F0931-1366 無撰文人，將梧州剿匪案內收支經費大略總數開列呈電，無年份日期

F0931-1367 無撰文人，將剿辦二次清英匪徒支用各項賞犒銀數及本案支用經費借動紋銀易番伸水項內數目另開清摺呈電，無年份日期

F0931-1368 無撰文人，將肇慶府李陞守覆造剿辦羅鏡逆匪支應軍需各項請銷銀數現擬駁詰緣由開具清摺呈核，無年份日期

F0931-1369 無撰文人，致葉名琛函言官兵進攻鬼子埝山梁未成情形又永安州城失陷及賽尚阿催撥海關解項等事，無年份日期

F0931-1370 無撰文人，曉諭鄉氓勉爲良善毋惑邪説各保身家，無年份日期

F0931-1371 高州知府彭舒萼，稟廣西剿匪經費支應剿殺凌十八等賞銀及交鎮軍發給兵勇薪糧等項現尚需銀數委員請赴轅祗領請又搬運應撤軍裝所需船隻甚多仍難覓辦等事，六月二十七日

F0931-1372 無撰文人，將訪聞廣西各府屬賊匪現在情形開列呈覽，無年份日期

F0931-1373 無撰文人，將衡州府衡陽縣至長沙省城水陸道途里數及各處口岸開列呈核，無年份日期

F0931-1374 無撰文人，將粵省新添貞吉戰船遞年應需配駕弁兵口糧並燂洗篷索油漆等

項銀兩逐一查明開列呈電，無年份日期

FO931-1375 無撰文人，將盤獲攻打道州之廣西賊匪夥黨黃非瀍等訊過供詞列摺呈電，無年份日期

FO931-1376 無撰文人，報聞兩廣地方社會情形種種，三十日

FO931-1377 無撰文人，將在省應支各項分別已支未支尚需請領銀兩數目列摺呈電，無年份日期

FO931-1378 無撰文人，將葉名琛等各官捐輸賑恤銀兩收支各數開列呈電，無年份日期

FO931-1379 無撰文人，將司庫自道光三十年起至咸豐三年六月止撥解各省餉銀數目開列呈電，無年份日期

FO931-1380 無撰文人，將廣西省城選丁清查保甲章程録呈憲鑒，無年份日期

FO931-1381 方增，禀賊匪攻陷武昌城內官兵居民殉節遇難數萬現奉旨就地捐輸辦理善後事宜另官兵在常州丹陽一帶獲勝現兵駐鐘山向軍門佈置攻剿事宜等情，無年份日期

FO931-1382 無撰文人，將咸豐元年至三年各年兵餉奉撥鹽課已未完數目開列呈閲，無年份日期

FO931-1383 無撰文人，密報賊匪由江西吉安折轉九江迤邐入湖北黃梅一帶緣由並聞江西賊衆內多爲本處土匪等情，二十七日到

FO931-1384 無撰文人，致葉名琛函言武昌城陷屋舍俱毁家人食用俱困欲奔赴轅下以求棲身，無年份日期

FO931-1385 署理兩廣總督廣東巡撫葉名琛，奏剿辦股匪追至廣西江西交界俱已分兵截

回五獲勝仗緣由，咸豐二年十一月二十八日

FO931-1386 無撰文人，報武昌被賊攻陷情形又防賊匪下竄江南江西九江一帶已調署官兵堵禦等，無年份日期

FO931-1387 江西巡撫張芾，致兩廣總督葉名琛函言安慶已失陷轉輸皆賴江西粵省應解餉銀望迅賜撥解又漕米或可撥濟楚省廣鹽越境轉賣仍待徐商等，二月上丁

FO931-1388 無撰文人，將自咸豐三年正月初一日起至二月十九卯止各官捐輸紋銀候撥列摺呈電，無年份日期

FO931-1389 户部，奉上諭開列捐輸以助軍餉之臣工親王名單奏聞，無年份日期

FO931-1390 無撰文人，呈武昌城陷時吳樂清闔門自縊盡節情由，無年份日期

FO931-1391 上諭，江寧等地失守廣東人情浮動馮雲山子在外逃回著葉名琛等嚴查奸細消患未萌又暎夷兵頭文翰回港著葉名琛柏貴等密爲籌度以備不虞另南韶匪徒仍著隨時剿捕及廣東師船毋庸調撥江南等，咸豐三年三月初九日奉上諭

FO931-1392 上諭，據大學士等奏請推廣恩綸申勸捐輸以裕軍餉一摺諭各省紳士商民捐資備餉依捐額准廣鄉試中額並生員學額，附大學士等原奏，咸豐三年四月十七日

FO931-1393 廣東巡撫柏貴，咨兩廣總督大學士等會議封奏推廣恩綸申勸捐輸以裕軍需一摺奉上諭，附大學士等奏爲推廣恩綸申勸捐輸以裕軍餉事，咸豐三年四月

FO931-1394 署理潮州知府，稟楚粵軍興以來各鄉匪徒蠢動倡爲拜會現已拿獲會首數名

嚴行究審並督飭紳商力行團練屏絶拜會另請更换惠來縣令，無年份日期

FO931-1395 惠州知府陶澐，密稟連平州張知州惜錢畏事爲省經費不雇附近之鄉勇而求請郡兵，咸豐三年五月

FO931-1396 無撰文人，抄録江西巡撫部院奏摺爲賊匪攻撲江西省城勢甚緊急請敕速發援兵以圖攻剿事，無年份日期

FO931-1397 無撰文人，開列道光三十年九月十三日至咸豐三年六月二十日廣東各營製造領去實存火藥數目清單，無年份日期

FO931-1398 無撰文人，將咸豐二年三月二十五日至咸豐三年六月十九日解過奉撥捐輸銀一百萬兩數目開列呈閲，無年份日期

FO931-1399 無撰文人，將司庫自道光三十年起至咸豐三年六月底止撥解各省軍需及兵餉銀兩動撥款目委員姓名開列呈電，無年份日期

FO931-1400 無撰文人，將前任崑協奉製火藥九萬斤前署任懷副將奉製火藥一十三萬斤自道光二十七年七月至咸豐三年六月止所有陸續支去各處領用數目理合備列清摺呈閲，無年份日期

FO931-1401 無撰文人，分别將自咸豐三年正月初一日起至七月初九七月十九卯止各官捐輸候撥紋銀已未詳奏數目列摺呈電，無年份日期

FO931-1402 無撰文人，將捐資助餉自咸豐元年十一月開捐起至本年七月初九卯止收支存剩數目列摺呈電，無年份日期

FO931-1403 無撰文人，將粤海關撥解過廣西省軍需自道光三十年十月起至咸豐三年六

月止銀兩數目開列呈電，無年份日期

FO931-1404 無撰文人，將捐資助餉自咸豐元年十一月開捐起至本年七月十九卯止收支存剩數目列摺呈電，無年份日期

FO931-1405 無撰文人，將捐資助餉自咸豐元年十一月開捐起至本年八月十九卯止收支存剩數目列摺呈電，無年份日期

FO931-1406 無撰文人，將自咸豐三年正月初一日起至八月十九卯止各官捐輸候撥紋銀已未詳奏數目列摺呈電，無年份日期

FO931-1407 無撰文人，將捐資助餉自咸豐元年十一月開捐起至本年七月二十九卯止收支存剩數目列摺呈電，無年份日期

FO931-1408 無撰文人，將自咸豐三年正月初一日起至七月二十九卯止各官捐輸候撥紋銀已未詳奏數目列摺呈電，無年份日期

FO931-1409 無撰文人，將自咸豐三年正月初一日起至九月初九卯止各官捐輸候撥紋銀已未詳奏數目列摺呈電，無年份日期

FO931-1410 無撰文人，接閱由香港來勒刻上海新聞事言吳道台圍困上海屢攻不下現已得花旗番官相助又厦門太平軍因無糧倉火藥極甚爲難等事，九月二十七日到

FO931-1411 上諭，著葉名琛查明廣西按察使許祥光虛冒戰功捏稱勝仗及曲爲陷賊偷生之知縣蔡映符解脱等情節據實具奏，咸豐三年十月二十日

FO931-1412 **抄閱廣西按察使許祥光飾詞冒功等情文件**

一 廣西興安縣紳士監生蔣方清教諭蔣方直等，具呈土匪攻克興安縣城各鄉紳士設法督同團練克復縣城懇請分別良匪剿撫

兼施以靖地方事原呈，咸豐三年六月十一日

二 廣西興安縣紳士監生蔣方清教諭蔣方直等，依許祥光飭令改後傳進公呈，咸豐三年六月十四日

三 無撰文人，奏爲知縣陷賊偷生臬司捏詞冒賞籲請嚴懲以儆欺罔而申國法事，咸豐三年十一月二十日

四 興安縣廩生何霖，興安會匪始末，咸豐三年

FO931-1413 署運同陞用同知准補廣州府通判顧炳章，將查探廣東龍川等地匪情平靜又粵鹽在贛越境行銷或有可能及潮橋行銷贛鹽試行以鹽易米之法又天津福建等地匪情等各處地方情形開列清摺呈鑒，咸豐三年十一月初四日

FO931-1414 沈儲，舌擊編卷二寫本殘片，無年份日期

FO931-1415 東錢糧稿吏王福接，稟遵將廣東藩庫奉部撥解貴州癸丑年兵餉銀數分別已解未解開列送閱，無年份日期

FO931-1416 無撰文人，呈廣東肇慶協標下那扶營已革書識邱士芬假報姓名誣告營書周祥光等歃血訂盟裝入都司印封投遞一案訊辦定擬緣由，無年份日期

FO931-1417 無撰文人，將洋商自道光二十七年起欠繳公項奏明分別先後完繳歸還各款開列清摺呈閱，無年份日期

FO931-1418 無撰文人，呈南海縣人馮仲儒供詞述其咸豐元年二年投充東莞壯勇入廣西軍營未成並無在梧滋事亦不知情等事，無年份日期

FO931-1419 無撰文人，將拿獲疑爲賊匪梁培有同夥行踪可疑人犯廉州府靈山縣人黃英

彪等訊取供詞呈覽，無年份日期

FO931-1420 無撰文人，奏爲遵旨查明全州剿賊出力官紳兵勇懇恩獎勵恭摺奏祈聖鑒事，無年份日期

FO931-1421 無撰文人，抄江南紫金山營務處王浚來稟鎮江逆匪分股撲營連失營盤失利官軍均予降罪並據探聞河南河北江南江西等各地軍營情形，無年份日期

FO931-1422 無撰文人，密稟廣西緝捕委員褚汝航招安巨匪田大鯉魚任其勾串梧州各著匪糾聚打單肆行無忌請俯賜訪問查辦，無年份日期

FO931-1423 肇慶知府李敦業，密稟探聞廣西省梧潯一帶土匪糾聚打單滋擾情形，無年份日期

FO931-1424 無撰文人，探報官兵圍困南京城追擊外逃賊匪情形，四月二十二日，四月二十四日

FO931-1425 候補通判廣州府南海縣丞許文深，將會同西關汛弁及緝捕委員在西關外等處地方先後獲解佛山等處賊營逆匪共壹百貳拾玖名開列呈電，無年份日期

FO931-1426 無撰文人，開列佛山滋事賊目陳開等五人姓名，無年份日期

FO931-1427 兩廣總督葉名琛、廣東巡撫柏貴，嚴禁拜會以安民業勸諭各村紳耆約束子弟安分守法切勿妄行結拜告示，咸豐四年七月

FO931-1428 無撰文人，將已獲西路佛山北路佛嶺市東路燕塘南路新造九江新會等廣肇惠韶各路首要各犯開列呈電，無年份日期

FO931-1429 委募練勇候選軍民府香山林福盛，爲申明大義俾知奮勇立功臚列規條各宜

遵守，咸豐四年

FO931-1430 無撰文人，將閏七月十一日起至八月初十日止收到人犯及業已開除實在羈押各數目列摺呈電，無年份日期

FO931-1431 無撰文人，將廣東省道光三十年秋間起至咸豐三年十一月底止辦理防堵並各案游匪先後由藩庫撥解銀兩赴軍營備支及文武各衙門領用經費銀數分晰列摺呈請察核，無年份日期

FO931-1432 無撰文人，探得平南逆匪胡亞金修仁武生羅日顯等叛亂情形，無年份日期

第七册提要（F0931-1433——F0931-1666）

FO931-1433 無撰文人，將奉派隨營差遣之署督標水師左哨千總右哨頭司把總記名千總六品頂戴楊鴻超等各弁擬請獎勵開列清摺呈核，無年份日期

FO931-1434 無撰文人，將各司道府截至咸豐三年止每年應解關鹽盈餘備支師船口糧各銀數分晰列摺呈電，無年份日期

FO931-1435 無撰文人，將道光十一年至咸豐四年陸續借支過撥解高廉道收存備支西路各營師船弁兵口糧銀數款目開列呈閱，無年份日期

FO931-1436 標下廣州協永靖營外委馮國光，將歷次與何員在某處打仗情形列摺呈鑒，無年份日期

FO931-1437 無撰文人，遵將粵海關移解新疆軍需銀兩自咸豐三年秋季後起至咸豐四年正月初九卯止共完解司銀數開列呈閱，無年份日期

FO931-1438 無撰文人，將奉諭飭查陳冲漢向在省開洋貨行後在夷樓學習夷醫常回西樵一帶行醫與賊匪羅亞許等結交後逃往福建現回籍招勇等實在情形列摺呈核，無年份日期

FO931-1439 線人徐賓、饒同，具切結呈明會匪總頭目陳松謀逆起事情形並開列同陳松聚謀叛逆緊要各匪犯姓名清單，無年份日期

FO931-1440 紅巾軍將領，啓爲興明滅清恢復中原戡禍亂以肅海宇事，咸豐四年

FO931-1441 博羅生員鍾庭材等，聯名具呈博羅知

縣謝玉漢自去年五月匪警以來雇請壯丁諭飭團練後失城池乃輔助知府督率丁壯時刻圍剿克復全城伏乞恩准申詳列憲以達下情以慰輿望，無年份日期

F0931-1442 兩廣總督葉名琛、廣東巡撫柏貴，奏咸豐三四年剿辦高州廉州兩府屬匪徒地方均已安靖，無年份日期

F0931-1443 無撰文人，將截至咸豐三年止肇慶府未完各年報部雜税銀兩數目開列呈閱，無年份日期

F0931-1444 無撰文人，將咸豐二年八月二十六日至咸豐三年十一月二十六日收回用剩經費解還司庫各項銀兩開列呈電，無年份日期

F0931-1445 户部，户部議覆兩廣總督奏廣東清查案內應捐養廉彌補缺穀價銀請援照豫省章程暫行停捐一摺奉旨依議相應恭錄諭旨抄錄原奏行文兩廣總督遵照，無年份日期

F0931-1446 上諭，著葉名琛查明克復興安一案廣西臬司許祥光如何冒功知縣蔡映符是否陷賊偷生情形又廣西巡撫勞崇光有無包庇粉飾確情等據實奏聞，咸豐三年十二月十四日

F0931-1447 無撰文人，將咸豐二年及三年十二月十九卯止收支各官捐輸銀數開列呈電，無年份日期

F0931-1448 標下廣東南雄協副將趙雲鵬，禀葉名琛中軍都司陳綸奉憲批出文保舉營弁兵頂銜摺內盡有漏保最爲出力用命首先拿獲要犯之兵請查核獎勵，咸豐四年正月十六日

F0931-1449 標下廣東南雄協副將趙雲鵬，禀謹將查過漏保各兵緣由及鼓舞兵心下情伏

候批示由封，咸豐四年二月初二日到

FO931-1450　標下廣東南雄協副將趙雲鵬，禀前奉札飭護暹羅差使往省交替去年及今營中所有一切公事不與睹聞刻下遇事實難商辦不得不預爲禀陳，咸豐四年正月十六日

FO931-1451　標下廣東南雄協副將趙雲鵬，禀兩廣總督葉名琛封，咸豐四年正月十六日

FO931-1452　無撰文人，佛岡高岡村人李單眼壬供詞述其於英德廣西懷集蒼梧賀縣等地滋擾後與黄毛夥合編任旗頭於翁源佛岡一帶滋擾等事，附所供散旗頭名單，二月

FO931-1453　廣東巡撫，咨兩廣總督准兵部咨恭録著各直省督撫再行嚴飭地方官於團練務宜盡心其辦有成效之員以及各紳民有捐資練勇保衛並練勇實在出力者即隨時保奏施恩奬勵上諭欽遵請煩查照施行，咸豐四年正月二十七日

FO931-1454　户部，户部議覆河南巡撫英桂所奏推廣捐例一摺奉旨依議欽遵相應刊録原奏知照兩廣總督轉行學政一體遵照，無年份日期

FO931-1455　南海大歷四堡舉人歐陽泉等，禀佛山會匪分路來攻四堡乞請添設兵船分派在各處防剿附開列各處渡頭河面，咸豐四年七月

FO931-1456　無撰文人，批右江道張道禀抵肇日期並行程遲滯緣由及另禀渡船被劫一案是否即已獲德慶藤縣等處劫船匪徒仍俟行抵該處查看情形督飭查拿據實禀報，咸豐四年四月初九日

FO931-1457　標下右營六品頂戴戓什哈劉維新，禀報查探佛山沙口一帶各路壯勇屯紮情

形，五月

F0931-1458 署理廣東鹽運同顧炳章，呈抄録省中銀號致潮州銀號公信爲惠來縣城被賊攻陷督撫憲令撥兵並撥鹽餉五萬兩先行馳赴潮郡等事，咸豐四年六月十二日

F0931-1459

一 署廣東運同陞用同知准補廣州府通判顧炳章，將五月十六日爲剿辦潮陽縣屬匪徒各事宜致委員蔣守書信清摺抄録恭呈憲鑒，咸豐四年六月十二日

二 署廣東運同陞用同知准補廣州府通判顧炳章，將五月二十六日出過諭令米行領借銀兩廣收米穀及鹽務諸色人等照常安業告示抄録恭呈憲鑒，咸豐四年六月十二日

三 署廣東運同陞用同知准補廣州府通判顧炳章，將潮州郡城文武各官意見不和公事愈形制肘等情形開列密摺恭呈憲鑒，咸豐四年六月十二日

F0931-1460 署廣東運同陞用同知准補廣州府通判顧炳章，將六月十三日親赴海陽縣屬雲浦鄉獎勞兵勇出過告示抄録恭呈憲鑒，咸豐四年六月十五日

F0931-1461 署廣東運同陞用同知准補廣州府通判顧炳章，將六月十五日爲轉求道憲中止拆毁潮州城外一帶民房事致委員蔣守信函録呈憲鑒，咸豐四年六月十五日

F0931-1462 無撰文人，開列咸豐四年廣協營都司等所借砲數清單，無年份日期

F0931-1463 張敬修，禀當全師移回剿辦以靖省疆，咸豐四年七月初四日

F0931-1464 無撰文人，致函告知現赴山東籌辦河

防已行抵阿城鎮日內可到齊河所有槍隊官兵日內亦可由景州調到等事，無年份日期

F0931-1465 太平天國春官正丞相功勛加一等鈞命卓等，移覆佛嶺市統兵大元帥李文茂甘先著再備紅粉一事目下所存僅敷本營守城俟沽料督造有成數之日呈獻，太平天國甲寅年又七月二十日

F0931-1466 無撰文人，佛山陳開大營出示拿獲奸細及私收軍餉賞格，太平甲寅閏月初四日

F0931-1467 户部，奏爲籌辦捐銅事宜以裕餉需而資鼓鑄恭摺仰祈聖鑒事，附籌辦捐銅事宜清單，咸豐四年七月十五日

F0931-1468 無撰文人，報花縣石井江村大罔脚村等各處賊匪活動情形，附開列逆目名單，無年份日期

F0931-1469 無撰文人，將各旬收到人犯已未審定及現在羈押各數目列摺呈電，無年份日期

F0931-1470 無撰文人，開列解到梁登儒等匪犯名單及訊供情形，無年份日期

F0931-1471 無撰文人，禀噗咭唎及花旗兵船在珠江口洋面尋踪搜捕海盜賊船情形，咸豐四年九月

F0931-1472 無撰文人，探聞新造佛嶺市石井英德花縣等處賊匪活動並慕德里司各村紳士辦理團練情形，八月二十四日

F0931-1473 無撰文人，禀前訂明收復順德縣城並擒賊酋給予奬賞之高蘭船早到順德不見兵船接應恐其串通賊人肆行劫掠不獨順德受害於省河大有關係，咸豐四年九月初十日

F0931-1474 無撰文人，將本年六月二十四日佛山

流匪陳添義即陳開偕同劉萬洪至鶴山縣屬古勞都勾串土匪滋事各姓名住址及起旗處所開列呈核，無年份日期

FO931-1475 無撰文人，奏遵旨鎮守省城桂林會同督飭地方文武將各屬防剿事宜妥爲籌辦事，附片奏攻剿大墟股匪獲勝情形，無年份日期

FO931-1476 安東將軍統領水陸各路兵馬管理糧餉招討都元帥陳開、鎮東將軍統領水陸各路兵馬管理糧餉招討副都元帥梁培友，洪門之師水陸並進直指省城安民告示，太平甲寅年（咸豐四年）十月初十日

FO931-1477 無撰文人，番禺黃沙崗村人江亞南供詞述其在佛嶺市拜會入李文茂夥跟隨在三元里佛嶺市官橋等地與官兵打仗等情，無年份日期

FO931-1478 無撰文人，將開平滋事已獲未獲各匪頭目花名開列清摺呈鑒，無年份日期

FO931-1479 候選州同林格等，稟逆匪黃殿元等攻破海豐縣城幸經官勇收復城垣抄辦匪鄉殺斃逆匪乞請檄行府縣飭諭紳士遵照查清賊産一概變賣充公永遠不准該匪等還鄉創造暨收産業庶免後患，咸豐四年十一月

FO931-1480 無撰文人，南海縣平地村人黃閏楊供詞述其拜會入夥隨同在石井等處與官兵打仗四次並現在陳洸隆甘先等各路賊匪約會攻打省城情形，無年份日期

FO931-1481 無撰文人，將順德協屬緝捕得力各員弁開列呈閱，無年份日期

FO931-1482 署連州知州張崇恪，密稟查訪前任連陽游擊之子車德麟車德熊以團練爲由在連肆行焚掠逼勒抄搶情形，無年份

日期

FO931-1483 署連州知州張崇恪，稟開具與車德麟兄弟在連州同惡相濟者三人名單乞請一併嚴訊分別究懲，無年份日期

FO931-1484 無撰文人，陳大即陳松供開三十六人即同席人名單，無年份日期

FO931-1485 無撰文人，陳香山盜匪充斥日甚一日而縣中於營鄉拿解之匪往往釋放以致盜匪肆行現有巨匪伍時洛肆行劫掠若不亟行剿捕必致日肆猖獗禍無了日，無年份日期

FO931-1486 無撰文人，將自咸豐三年七月初五日由韶起程至四年二月十一日在連平奉札撤兵止共計二百一十二天所雇行坐夫價用銀數目開列清摺呈電，無年份日期

FO931-1487 無撰文人，探得廣西梧州等處近日賊匪肆行無忌艇匪餘孽復萌分股於梧河上下各處打單搶劫，無年份日期

FO931-1488 無撰文人，將靈山軍營調集各起兵勇名數開列呈電，無年份日期

FO931-1489 無撰文人，開列陳顯良等新造大崗脚賊營匪首及各頭目名單，無年份日期

FO931-1490 無撰文人，將正二兩月裁撤各起兵勇巡船節省銀數開列呈閱，無年份日期

FO931-1491 無撰文人，開列裁撤各起兵勇巡船節省銀數殘本，無年份日期

FO931-1492 無撰文人，將咸豐二年及三年十一月二十九卯止收支各官捐輸銀數開列呈電，無年份日期

FO931-1493 無撰文人，佛山觀音堂鋪地方拿獲三名兵丁即行正法兵丁之母各處控告善後情形，無年份日期

FO931-1494 五斗口司巡檢張金鑑、撫標左營千總

熊應榮，將本月十三日巳初潮長會同前赴石井進剿已將賊營燒毀所有生擒留髮賊匪割取左耳記奪獲砲械旗幟僞印僞牌等件開列呈電，無年份日期

FO931-1495 無撰文人，將駐紮廣州老城新城內外各起兵勇數目列摺呈鑒，無年份日期

FO931-1496 無撰文人，將訊過各處解到英德清遠案犯內供認總散旗頭及僞軍師等姓名開列呈電，無年份日期

FO931-1497 無撰文人，呈樵西內地各堡逆首並各著名逆匪名單，無年份日期

FO931-1498 無撰文人，將靈山軍營經費收支大略總數開列呈電，無年份日期

FO931-1499 無撰文人，番禺沙灣何姓族繁人衆恃强逞凶助逆於前包庇於後諭飭何姓紳耆人等限三日內將逆首何博份拿解以憑究辦，無年份日期

FO931-1500 無撰文人，探得順德生員劉夢熊係會匪頭目及其住址處所，無年份日期

FO931-1501 無撰文人，禀覆細查博羅縣城如何失守如何收復始末情由並抄録標紅及各呈詞敬呈察核，無年份日期

FO931-1502 博羅廪生黄電英等，禀倉書禀結含糊朦混乞賜查明更正以歸核實而重欽件，無年份日期

FO931-1503 武生陳榕光，呈據實報明逆賊攻破博羅縣城奉諭辦糧聚勇擒獲賊黨懇憲備由申詳俾得議叙以邀恩典，無年份日期

FO931-1504 樊封，致賡翁函告佛山首逆陳開等夥潜伏香山黄粱都小壕涌四出招納散亡懇請密白兩廣總督葉名琛專差幹員飛赴香城令各鄉紳耆督飭丁勇設法弋獲，無年份日期

F0931-1505　玉芝堂，致甘大元帥等攻羊城策，無年份日期

F0931-1506　臨川縣知縣馬永熾，致立凡四兄大人函告江西省城與賊交戰保固城垣生擒殺斃賊匪情形並附兩次請仙判語，六月初八日

F0931-1507　海豐知縣梁鳳煇，致函告連日督率兵勇擊退攻城賊匪情形乞請轉回上憲迅速由省募勇發給糧餉遴委大員統率到縣剿辦事，二月二十九日

F0931-1508　無撰文人，密報和尚能等賊匪攻打佛山被商民擊退情形又佛山各賊營賊船所載砲械等情，無年份日期

F0931-1509　標下前營戉什哈武錫麒，稟探報北江韶郡一帶賊匪逃竄及剿捕情形，六月

F0931-1510　盧悅海，上佛嶺大營祈查蓮塘村各家單銀送達與否，無年份日期

F0931-1511　總理江西善後總局布政使司等，札飭保陞知府周汝筠迅即核明實欠口糧數目移催南雄州趕緊設法措解一面拊循各勇安分守法毋得滋生事端，無年份日期

F0931-1512　無撰文人，三合會匪醵錢立盟脅從日衆順德鶴山香山新會之間匪黨招兵搶船亂端已萌亟應別遣廉幹委員分別渠首協徒嚴行覈辦以弭亂源，無年份日期

F0931-1513　無撰文人，擬討三合會匪檄稿及破滅佛山賊匪計策，無年份日期

F0931-1514　無撰文人，將香山縣查封逆匪房地田畝開摺呈電，無年份日期

F0931-1515　無撰文人，稟南海縣江浦主簿黃鼎各屬逆匪蟻聚屯焚劫村莊各屬紳士公同商議廣招壯勇自辦軍需懇請挑派文武

官員督率進剿並賞給火藥及檄飭鄰近各堡趕辦團練等事，無年份日期

FO931-1516 委帶林勇留補廣西同知林福盛，將七月初四起至十二月十八日止圍捕省北慕德里司屬各村人犯數目開具清摺呈電，無年份日期

FO931-1517 無撰文人，將廣東各府直隸州廳州縣酌擬捐輸銀兩數目開摺呈電，無年份日期

FO931-1518 南雄州知州孫福謙，稟逆匪未入江西境內江西省城鋪户居民紛紛搬遷回粵官兵一時無船可雇尚駐紮滕王閣又探聞揚州鳳陽上猶各股賊匪逃竄情形等，無年份日期

FO931-1519 無撰文人，請檄飭順德等縣示諭税田在香山縣各業户按畝捐輸以濟軍餉紳等宜激勵沿海村民團練壯勇自衛鄉閭如能雇募漁船隨同追剿敗逃出洋之賊匪自當咸予懋獎，五月十六日

FO931-1520 無撰文人，將讞局收到正法各犯數開列旬摺呈電，無年份日期

FO931-1521 無撰文人，遵將前山營備公息排練經費水操防夷經費三款發各縣當商生息原本銀數開列呈閲，無年份日期

FO931-1522 無撰文人，前署佛山同知謝令稟獲抗查匪犯鄭錢等訊係從逆正法一案訊供真僞無可根追案情重大牽涉多人將詳慎推核判擬情形開略呈候鈞裁，無年份日期

FO931-1523 無撰文人，南海縣江浦司屬吉利堡上村一鄉賊匪竪旗立黨自置賊艇勾結關巨等各股匪焚劫各鄉現在隆慶官山等河面游弋截劫乞請札飭統帶兵勇文武就近剿洗，無年份日期

F0931-1524 無撰文人，九江堡賊匪關巨等竄擾順德舉人鍾澄修等奉飭傳諭逆匪改團練復募勇隨同搜捕逃匪現因首匪未獲疑爲庇縱冤誠莫白伏懇原請憫拯，無年份日期

F0931-1525 無撰文人，稟增城收復應搜捕餘孽以善後並將匪名擇其較著者開具於後，無年份日期

F0931-1526 無撰文人，稟咸豐三年至五年增城賊匪倡亂官紳設局團練剿辦情形，無年份日期

F0931-1527 無撰文人，呈廣東各府州縣咸豐四年至五年二月失城各處殉難革職功過相抵事前病故事後病故各員弁清單，無年份日期

F0931-1528 無撰文人，將潮郡軍需實支數目開列清摺呈鑒，無年份日期

F0931-1529 總兵大元帥陳開，告示嚴禁各營旗總兵丁私收軍餉私通奸仔私受禮物私行搶劫淫辱婦女，無年份日期

F0931-1530 統領水陸兵馬兼理糧餉大元帥李文茂、甘先，嚴禁洪兵挾私報怨以廣恩威告示，嗣統元年（咸豐四年）又吉月二十四日

F0931-1531 復明統兵大元帥洪，曉諭按稅納餉以裕軍糧告示，嗣統元年（咸豐四年）又月初六日

F0931-1532 無撰文人，呈查沙灣司屬新橋鄉紅巾匪徒現躲在番禺現差役胡剛艇內請勒令交出並開列匪徒姓名，無年份日期

F0931-1533 無撰文人，將慕德里司屬各公局自開局起至十二月十八日止捕除人犯數目開列呈電，無年份日期

F0931-1534 無撰文人，將司庫每年額定收支及咸

豐四年分現收現支並不敷數目開列呈閲，無年份日期

FO931-1535 無撰文人，稟順德人何亞六茶山人袁玉山等於東莞石龍地方起事緣由，無年份日期

FO931-1536 兩廣總督葉名琛、廣東巡撫柏，奏關聖帝君屢次顯應東粵鞏固請加封號，咸豐五年

FO931-1537 無撰文人，將領發閩省員弁兵勇薪水口糧等項銀數開列呈電，無年份日期

FO931-1538 無撰文人，將閩省初次奉調來粵官兵因風漂阻現在續到請領鹽糧按照原定高州慶鎮統帶該省兵勇章程核給銀數開列呈電，無年份日期

FO931-1539 無撰文人，將水陸兵勇收復佛山全鎮各帶兵勇備弁開送尤爲出力員弁兵勇擬請轉稟奏請獎勵彙開清摺呈核，無年份日期

FO931-1540 九龍洞衙前村耆老吳惠香等，稟九龍洞衙前村被賊匪圍困搶奪財物婦女乞准迅飭兵弁捉獲究辦事，咸豐四年十二月

FO931-1541 太平等六十六街，聯街團練新增章程，咸豐四年十二月

FO931-1542 **名單供詞七紙**

一 無撰文人，番禺林敬聯供詞述其拜會隨林陳洸隆起旗受封三法大元帥在大石小港新造等處與官兵打仗等事，正月二十七日

二 無撰文人，番禺林亞聚復訊供詞述其並未入林陳洸隆夥其所做各事亦不知底細事，正月二十六日

三 無撰文人，番禺林亞聚初訊供詞述其爲林陳洸隆賊營各廟司香燈又現在賊衆逃

往李村各處等情，正月二十五日

四　無撰文人，章太老爺訊林亞聚點名單，正月二十七日

五　無撰文人，林亞聚供述其聽信拜會後嚴守營盤並無隨同打仗事，正月二十七日

六　無撰文人，章太老爺訊林敬聯點名單，正月二十七日

七　無撰文人，番禺新村人馮增華梁惟賓供詞述其奉諭挖漂崗下林陳洸隆祖墳後解林亞聚送案事，正月二十五日

FO931-1543　無撰文人，奏查明南海縣金利三江各司屬河榮河西各團練局殺賊出力紳勇懇恩准予獎叙事，附將出力紳士叙具切實事蹟備列清單恭呈御覽，正月初一日

FO931-1544　無撰文人，片奏廣西司庫所存無幾川粵撥餉均遙遙無期各營兵餉延欠太久若以應徵地丁抵發又輸納寥寥實屬無款可籌，咸豐五年正月十二日

FO931-1545　無撰文人，將此次剿辦匪徒自咸豐四年五月起至十二月底止收支經費各款銀數開列呈電，無年份日期

FO931-1546　無撰文人，將自咸豐四年六月起捐資助餉項內收支銀兩開列呈電，無年份日期

FO931-1547　**名單供詞四紙**

一　無撰文人，訊番禺林敬聯林亞聚高長年等三人點名單，正月二十八日

二　無撰文人，林敬聯供詞述其入陳洸隆夥受封三法大元帥並供高九如被陳夥打單後拜會入夥等情，正月二十八日

三　無撰文人，林亞聚供詞述其在陳洸隆夥內看守營盤僅知高九如被打單之事，正月二十八日

四　無撰文人，高長年即高九如供詞述其被

陳洸隆打單勒要銀兩火藥後逼勒拜會隨同商議攻打新造砲臺等情，正月二十八日

F0931-1548 江西巡撫陳啓邁，欽奉上諭立即移飭贛南道欽遵查照確探韶郡近日軍情應否添調南康練勇前往協剿相度情形熟籌妥辦，無年份日期

F0931-1549 無撰文人，將殲除番禺沙茭兩司水陸攻破大石新造賊匪巢穴奪獲波山船隻砲械及收復南安砲臺剿擊獅子洋賊船大獲全勝所有在事出力文武員弁擬請獎勵開列清摺呈核，無年份日期

F0931-1550 無撰文人，將此次剿辦匪徒自咸豐四年五月起至五年正月底止收支經費各款銀數開列呈電，無年份日期

F0931-1551 無撰文人，將水陸兵勇克復佛山全鎮各備弁開送次爲出力弁勇擬請外獎轉乞憲恩分別給予獎勵彙開清摺呈核，無年份日期

F0931-1552 護理順德協左營都司馮元亮，將咸豐五年春收復順德縣城原委開具節略呈電，無年份日期

F0931-1553 效莊、金鑑，密禀錦瀾潘涌大基等鋪公局司事紛紛具控佛勇糾聚多人妄拿無辜劫犯復仇等情乞請箝制消患未萌，無年份日期

F0931-1554 東稿吏何長琚，禀前奏粵東軍務吃緊差遣需人所有水陸各營員缺現擬查照成案毋庸候部文開缺即行揀員請補緣由一摺奉到朱批照所請事合將合例陞補廣州協右營守備等九缺之千總開列送候揀選並附開呈不合例之員，二月二十六日

F0931-1555 **名單供詞二紙**

一　無撰文人，訊番禺高長年即高九如點名單，三月初四日

二　無撰文人，番禺高長年供詞述其被陳洸隆擄捉打單佔去當鋪後並未給賊匪火藥穀米及拜會入夥商量攻打新造砲臺等事，三月初四日

FO931-1556　**名單供詞三紙**

一　無撰文人，訊番禺高長年林敬聯林亞聚三人點名單，三月初六日

二　無撰文人，林敬聯供詞述高長年與陳洸隆拜會後被陳擄去打單勒銀並聞有議及攻打新造砲臺事後有火藥穀米交送賊營等情，三月初六日

三　無撰文人，高長年供詞述其並未與陳洸隆拜會商量攻打新造砲臺及寄放陳洸隆打單銀兩等事，三月初六日

FO931-1557　無撰文人，將此次剿辦匪徒自咸豐四年五月起至五年二月底止收支經費各款銀數開列呈電，無年份日期

FO931-1558　無撰文人，博羅縣人葉祖扶供詞述其拜會及與何亞六陳開等人招衆在增城佛山等地搶劫及打殺官兵事，無年份日期

FO931-1559　無撰文人，將奉飭自咸豐元年八月起至本年三月止陸續製造及撥出現存帳房各數目備列清摺呈閱，無年份日期

FO931-1560　兩廣總督葉名琛，行肇慶協廣東布政司咨廣東巡撫廣州將軍廣東陸路提督給護理肇慶協中軍都司柯維委牌，咸豐五年四月十九日

FO931-1561　兩廣總督葉名琛，咨兵部移兵科行肇慶協廣東布政司咨廣東巡撫廣州將軍廣東陸路提督查照肇慶協中軍都司事務以千總柯維護理，無年份日期

F0931-1562 楊琳，稟業師函述逆匪梁丙等糾合內外土客紅匪突攻高明縣城情形，五月初一日

F0931-1563 無撰文人，密稟探得匪首陳大春吉現正藏匿於廣西賀縣地方請轉飭拘拿，咸豐五年五月十四日到

F0931-1564 無撰文人，將此次剿辦匪徒自咸豐四年五月起至五年四月底止收支經費各款銀數開列呈電，無年份日期

F0931-1565 無撰文人，開列尹達章雇三板船用銀數目，無年份日期

F0931-1566 無撰文人，將佛山富紳姓名及財產開列以籌經費殲除賊匪，無年份日期

F0931-1567 無撰文人，呈報逆首陳顯良已轟斃及藤縣進剿情形，五月

F0931-1568 無撰文人，呈闔鄉公推辦理團練紳士姓名清單，咸豐五年五月

F0931-1569 無撰文人，鶴山縣人呂子桂供詞述其拜會及夥黨攻打鶴山縣城並往佛山投陳開賊營到處打單殺掠等事，無年份日期

F0931-1570 無撰文人，將賀縣土著人民被惠潮嘉客匪擾害情形列摺恭呈憲鑒，附咸豐四年六月十二日客匪僞示，無年份日期

F0931-1571 無撰文人，將此次剿辦匪徒自咸豐四年五月起至五年五月底止收支經費各款銀數開列呈電，無年份日期

F0931-1572 無撰文人，將截至咸豐五年五月止硝商尚未領價煎辦各案借撥局硝數目開列呈閱，無年份日期

F0931-1573 無撰文人，致轅下右營戓什哈馮汝輝函述潯州藤縣賊匪與團練官兵打仗情形，無年份日期

F0931-1574 廣東陸路提標後營游擊陳國輝，將統

領惠潮官兵壯勇進剿新造大石收復南安臺等處尤爲出力弁兵壯勇列摺呈核轉請奏獎以示鼓勵，咸豐五年七月十七日

FO931-1575 無撰文人，將此次剿辦匪徒自咸豐四年五月起至五年六月底止收支經費各款銀數開列呈電，無年份日期

FO931-1576 無撰文人，將此次剿辦匪徒自咸豐四年五月起至五年七月底止收支經費各款銀數開列呈電，無年份日期

FO931-1577 無撰文人，開列現竄潯郡賊首陳顯良陳開等共十五人名單，無年份日期

FO931-1578 無撰文人，將城西局自咸豐四年七月起至五年八月十四日止捐輸數目開列呈電，無年份日期

FO931-1579 無撰文人，占援救潯州府城利於何日進兵卦文，咸豐五年八月二十日

FO931-1580 無撰文人，占潯州府可保否兵勇得力否卦文，咸豐五年八月二十日

FO931-1581 無撰文人，將讞局自咸豐四年閏七月中旬起至五年九月底止收到審辦並現押各犯清數開列呈電，無年份日期

FO931-1582 倡首勸團太平等聯街值事捐職從九品陳珍泉等，將倡捐支銷銀數並各聯街捐發練勇口糧及支銷各項經費又獲犯名數分晰開列清摺呈請電鑒，無年份日期

FO931-1583 轄下武巡捕梁玉瓏，將驗收大小砲子群子數目開列呈閱，咸豐五年十月

FO931-1584 無撰文人，將此次剿辦匪徒自咸豐四年五月起至五年十月底止收支經費各款銀數開列呈電，無年份日期

FO931-1585 無撰文人，將咸豐四至五年奉飭陸續鑄造及收儲撥出現存各封群砲子斤重數目開列呈鑒，無年份日期

FO931-1586 陳自修，呈稟探得香港澳門附近一帶夷兵及各股賊匪消息緣由並請發給各款銀兩以募壯勇等情，十月十二日

FO931-1587 無撰文人，順德縣人何若庸兄弟等五家被同族逆匪何庸鏗等搶掠劫殺等情節略，無年份日期

FO931-1588 無撰文人，東門內道現存咸豐四年改鑄砲位七尊重一千七八百觔不等問東門查城委員可以同往點驗，無年份日期

FO931-1589 無撰文人，稟羅格鄉巨匪何亞翰等誘人入會勒索族人到處搶掠請盡快札飭究辦，無年份日期

FO931-1590 無撰文人，將北路已獲首要逆匪甘先等未獲首要逆匪李文茂等列摺呈電，無年份日期

FO931-1591 無撰文人，將剿除北路賊匪尤爲出力之管帶兵勇員弁並隨營當差始終奮勉各員擬請獎勵開具清摺，無年份日期

FO931-1592 調署廣州府南海縣五斗口司巡檢張金鑑，將稟請憲恩察轉鼓勵弁目各員名開列呈電，無年份日期

FO931-1593 無撰文人，香山縣人蕭亞實供詞述其於咸豐四年拜會從賊攻打縣城等事，無年份日期

FO931-1594 無撰文人，呈奉委審馮雲山家屬等一案如何辦理候示，無年份日期

FO931-1595 無撰文人，將司庫收支營中支存公費銀兩簡明數目開列呈閱，無年份日期

FO931-1596 無撰文人，占獲首要各犯何日得手卦文，壬戌日

FO931-1597 無撰文人，呈撫憲批查海豐縣業已據報收復首犯黃殿元等仰再協同官兵實力搜捕各匪産業候飭州縣諭飭紳士逐一查明呈請變價充公，無年份日期

FO931-1598　無撰文人，計開逆匪黄殿元等姓名住址呈電，無年份日期

FO931-1599　無撰文人，再提甘先訊問各夥黨均係何處人氏現在逃往何處，無年份日期

FO931-1600　無撰文人，FO931-1381　FO931-1394　FO931-1395　FO931-1422　FO931-1423　FO931-1482　FO931-1483　FO931-1518　FO931-1588 和 FO931-1601 號文件信封，無年份日期

FO931-1601　無撰文人，稟查商人何崑官李正廣躲匿不捐請飭交南海知縣華廷傑專請派捐，無年份日期

FO931-1602　無撰文人，將訊過逆首甘先供開夥黨姓名年籍住址列摺呈電，無年份日期

FO931-1603　無撰文人，將剿除北門外棠夏三家店等處大小賊巢攻破陳田江夏等地各賊營尤爲出力員弁兵勇擬請轉稟分次奏請奬勵彙開清摺呈核，無年份日期

FO931-1604　無撰文人，呈查署五斗司巡檢洸口司巡檢張金鑑管帶香山壯勇協剿賊匪奮不顧身請保逾格以知縣補用，無年份日期

FO931-1605　無撰文人，將順德白藤鄉匪犯黄亞列等姓名開列呈電，無年份日期

FO931-1606　署廣州府南海縣五斗口司巡檢張金鑑，將佛山總局尤爲出力紳士擬請奏奬敬列呈電，無年份日期

FO931-1607　無撰文人，將紳士伍崇曜等捐雇紅單船經費截至十二月底止收支銀數開列呈電，無年份日期

FO931-1608　無撰文人，呈報西江各地兵勇與土匪打仗失利情形，六月

FO931-1609　無撰文人，覆廣西提督惠慶函謂兩廣剿匪頗爲奏效惟廣西永寧岑溪平樂等

州縣匪勢尚熾須設法捕除其餉銀兵米亦必照數補給，五月

FO931-1610 無撰文人，將本標中右營各臺儲備藥彈數目及隨砲器具並右營大虎大角蕉門三臺倒壞及送廠未修之貞吉戰船合就備開呈察，無年份日期

FO931-1611 無撰文人，開列咸豐五年八月初九日起至十二月十九日止通共支解旗贍息銀軍裝息銀旗舉水脚息銀數目，無年份日期

FO931-1612 無撰文人，將正二兩月裁撤各起兵勇巡船節省銀數開列呈閱，無年份日期

FO931-1613 無撰文人，將奉委查明各局各行認捐銀兩分別已繳未繳按照原定限期開具簡明清摺呈電，無年份日期

FO931-1614 無撰文人，將咸豐六年隨同委員勘過逆首周豆皮春之三代墳墓挖掘情形詳具節略呈鑒，無年份日期

FO931-1615 無撰文人，將南海縣鹽步河西局首倡團練辦事出力紳士姓名開列呈候核獎，無年份日期

FO931-1616 廣西梧州府容縣舉人李毓英廪生覃端元，禀兩廣總督容縣團練無官長督率各團長心力不齊屢遭喪敗請移潯州剿匪官兵至容，密禀同仁甲團練不遵號令擾害鄉村請飭黃鵬奮封蔚礽爲團練總長並有文武大員爲之彈壓諒同仁甲團練紳士陸某再不敢違拗自異。無年份日期

FO931-1617 無撰文人，禀覆查明廣東捐輸奉部撥解廣西軍需未解銀數與部中據西省咨報未入款數不符緣由查明開列呈閱，無年份日期

FO931-1618 無撰文人，詳兩廣總督請覆奏禁潮惠遊民出外充勇滋擾，無年份日期

FO931-1619　無撰文人，占天下大勢何時清浄應以天子事决之，咸豐六年正月二十一日

FO931-1620　管帶湘勇選用道王鑫、即選府經歷縣丞王勳，禀湘粤邊境剿辦朱洪英等賊匪情形，咸豐六年

FO931-1621　管帶湘勇選用道王鑫，禀由湘入粤進剿連陽各處賊匪情形並凱旋道州裁汰各勇即往衡郡暫難遵札赴霷防剿等情，咸豐六年四月初一日

FO931-1622　無撰文人，將此次剿辦匪徒自咸豐四年五月起至六年四月底止收支經費各款銀數開列呈電，無年份日期

FO931-1623　無撰文人，將五年十二月起至本年六月止獲解攻打新會佛山等處人犯名數列摺呈閲，無年份日期

FO931-1624　無撰文人，將此次剿辦匪徒自咸豐四年五月起至六年六月底止收支經費各款銀數開列呈電，無年份日期

FO931-1625　無撰文人，抄録七月初九日至九月十八日湖南河南剿匪各事奏摺上諭，無年份

FO931-1626　署潮州運同顧炳章，呈咸豐元年江西硤江縣曾教職所占六壬課問廣西賊匪何時可平課名判句並詳查巳宫分野繕具清單，咸豐六年八月

FO931-1627　署潮州運同顧炳章，將潮州鹽務及地方事宜繕具清摺呈鑒，咸豐六年九月初六日

FO931-1628　無撰文人，番禺收監人犯李金成王理馮培長點名單及供詞，咸豐六年十月初二日

FO931-1629　無撰文人，將此次剿辦匪徒自咸豐四年五月起至六年九月底止收支經費各款銀數開列呈電，無年份日期

FO931-1630 擬補碣石鎮標左營守備前請陞補澄海右營守備譚蛟，造報請領攻毀夷船所有需用雇募壯勇買辦船隻器具等項銀兩冊，咸豐六年十月

FO931-1631 無撰文人，呈查粤省歷年收封典職銜捐繳舊例請免追解粤省咸豐四年以前收捐接濟團練捐輸加收解部飯食銀等情，無年份日期

FO931-1632 無撰文人，將此次剿辦匪徒自咸豐四年五月起至六年十月底止收支經費各款銀數開列呈電，無年份日期

FO931-1633 無撰文人，將此次剿辦匪徒自咸豐四年五月起至六年十一月底止收支經費各款銀數開列呈電，無年份日期

FO931-1634 無撰文人，將咸豐四年六年讞局收到審辦各犯數目開列呈電，無年份日期

FO931-1635 無撰文人，遵將順德公義局督帶船勇勸辦軍務並捐資出力各紳開列姓名懇請鼓勵緣由具摺呈核，無年份日期

FO931-1636 無撰文人，南雄咸豐四五兩年軍務暨各項收支節略，無年份日期

FO931-1637 無撰文人，將未赴局領口糧各官弁紳士管帶壯勇名數開單呈電，無年份日期

FO931-1638 無撰文人，將南雄州孫牧先後禀請匯兑贛餉銀數呈電，無年份日期

FO931-1639 無撰文人，將奉委接辦城西局捐輸數目開摺呈鑒，無年份日期

FO931-1640 無撰文人，將奉裁兵勇欠支口糧銀兩數目列摺呈電，無年份日期

FO931-1641 無撰文人，廣西提埠餉銀記録，無年份日期

FO931-1642 無撰文人，黄錫培陳亞成等十一名犯人供詞各述其拜會在虎門蕉門萬頃沙潭州等處打單事，十一月

FO931-1643 無撰文人，南海縣人潘亞品供詞述其代姑丈梁志中看守花旗鬼空行轉帶梁志中在澳門寄來信件時被壯勇捉獲，十一月

FO931-1644 無撰文人，東莞金敖州人葉華長供詞述其拜會與鄉民官兵打仗情形，十一月

FO931-1645 無撰文人，候補守備潮州鎮標右營左哨千總方源親供述其自咸豐元年以來在兩廣奮勇剿匪咸豐六年平南之戰並無臨陣退縮私逃出城等情，無年份日期

FO931-1646 南海縣生員孔傳良等，稟廣東軍需總局上年平定之僕匪造謡誣揑混造名冊回村居住今奉飭查明各匪按辦在案並將逆産列單稟明乞飭查封核辦，附廣東軍需總局批及逆産清單，咸豐六年十二月二十三日批

FO931-1647 兩廣總督葉名琛，憲牌飭軍需局核議清遠縣稟請再籌銀五千兩解縣以濟賊匪圍城急需事，咸豐七年正月初五日

FO931-1648 軍需局聲息科，稟清遠縣被匪圍城前蒙局憲發給經費六千兩已告罄再請籌撥銀五千兩應否由局照數籌出，咸豐七年正月初八日

FO931-1649 廣東軍需總局兼辦團練布政使江國霖等，札委員及清遠縣令呈廣東巡撫衙門兩廣總督領解清遠縣經費銀二千兩交署清遠縣令查收，咸豐七年正月初九日

FO931-1650 廣東軍需總局兼辦團練布政使江國霖等，札南海縣將孔燕宗等各逆産查封充公具報，咸豐七年正月二十九日

FO931-1651 無撰文人，將此次剿辦匪徒自咸豐四年五月起至七年正月底止收支經費各款銀數開列呈電，無年份日期

FO931-1652 無撰文人，將咸豐六年十月至七年正

月岡尾局招勇開仗支需列冊呈電，無年份日期

FO931-1653 軍需局聲息科，稟據生員孔傳良等稟爲遵諭查明逆産列單稟明擬批即請查封一案飭令南海縣查明分別辦理，咸豐七年正月二十一日

FO931-1654 無撰文人，潮州府澄海縣王興順供詞述其自咸豐四年拜會攻打澄海縣城後復在群帶路新造黃埔澳門等洋面行劫等情，咸豐七年二月

FO931-1655 無撰文人，將此次剿辦匪徒自咸豐四年五月起至七年二月底止收支經費各款銀數開列呈電，無年份日期

FO931-1656 無撰文人，將此次剿辦匪徒自咸豐四年五月起至七年三月底止收支經費各款銀數開列呈電，無年份日期

FO931-1657 兩廣總督葉名琛、廣東巡撫柏貴，奏英德清遠匪徒竄擾四會廣寧兩縣交界地方經官兵紳勇擊敗散竄焚毀賊巢殲擒多名飛飭追剿餘匪，咸豐七年

FO931-1658 無撰文人，將此次剿辦匪徒自咸豐四年五月起至七年五月底止收支經費各款銀數開列呈電，無年份日期

FO931-1659 上諭，准兩廣總督葉名琛俟軍務稍定再行查閱廣東省營伍仍著該督隨時查察如有營務廢弛防剿不力將弁即行嚴參懲辦，咸豐七年八月初七日

FO931-1660 兵科給事中李鶴年，奏兵部侍郎曾國藩奏請開缺守制擬請飭下宜迅赴軍營督師立功勉符衆望，咸豐七年八月十三日

FO931-1661 上諭，葉名琛所奏克復清遠縣城出力官紳練勇均著以恩施獎勵，咸豐七年八月十七日

FO931-1662　上諭，據葉名琛所奏詳查博羅縣被擾時署博羅縣知縣謝玉漢親率斬擒賊匪情形著准謝玉漢開復原官仍交部議處，咸豐七年八月十九日

FO931-1663　湖南巡撫駱秉章，恭録上諭著駱秉章查明保奏克復龍泉興安等地有功之官紳兵勇又據兵科給事中李鶴年奏請飭丁憂侍郎曾國藩仍赴江西軍務奪情著將李鶴年原摺抄給閲看諭令曾知之，咸豐七年八月二十四日

FO931-1664　兩廣總督葉名琛、廣東巡撫柏貴，奏爲分剿清遠敗竄餘匪迭獲勝仗並佛岡股匪業已殲滅地方肅清恭摺由驲奏祈聖鑒事，八月二十五日

FO931-1665　廣東軍需局兼辦團練布政使江國霖等，詳廣東巡撫兩廣總督請將克復博羅縣城在事出力官紳分别獎勵，附將克復博羅縣城並拏獲逆首洪亞沅等在事出力應行内外奬叙各官紳開列姓名清摺呈候核奬，咸豐七年九月初二日

FO931-1666　無撰文人，奏惠州府龍川縣屬老隆鎮地方被匪佔踞滋擾業經官軍紳勇攻剿收復殲擒首夥殆盡地方一律肅清，十月二十日

第八冊提要（F0931-1667—F0931-1954）

F0931-1667 無撰文人，軍需收支各款月報摺底，分別爲咸豐七年二月、三月、四月、五月、閏五月、六月、七月、八月、九月逐月報呈之咸豐四年五月以來剿辦匪徒收支經費各款銀數及順德縣屬捐輸剿匪軍需自五年二月起至七年閏五月底止已發局收各款，咸豐七年二月至九月

F0931-1668 署標下水師營參將揀發委用參將松林，呈兩廣總督葉名琛報添派弁兵馳赴禄步森塘砲臺實力堵剿弁兵員名軍裝器械冊驗文，咸豐七年十一月十六日

F0931-1669 兩廣總督葉名琛，札廣西布政使司恭録上諭著葉名琛督飭將弁乘勝進攻迅圖克復横州永淳二城一律肅清毋留餘孽等因轉行欽遵，咸豐七年十一月十一日

F0931-1670 兩廣總督葉名琛，札左江鎮恭録上諭著葉名琛督飭將弁乘勝進攻迅圖克復横州永淳二城一律肅清毋留餘孽等因即便轉行欽遵查照督率在事各文武激勵兵勇迅圖克復横永二城，咸豐七年十一月十一日

F0931-1671 無撰文人，將黑底快船暨三板船奪獲匪船砲械旗幟等件理合列摺呈電，咸豐七年十一月十八日

F0931-1672 無撰文人，將沙灣快船奪獲砲械旗幟等件列摺呈電，咸豐七年十一月十八日

F0931-1673 無撰文人，將軍需總局及釐局並查城

最爲出力各員開叙勞績擬請奬勵開具清摺呈鑒，無年份日期

FO931-1674 無撰文人，將沙茭局辦事出力各紳開列銜名呈電，無年份日期

FO931-1675 無撰文人，將前代理增城縣陳宜之任內交代庫項應交應抵總數開列清摺呈電，咸豐六年

FO931-1676 無撰文人，將廣東省與江西省交界各州縣營稟報剿捕賊匪打獲勝仗情形開列連案送閱，十一月二十四日

FO931-1677 無撰文人，將沙茭兩司各社村莊辦理團練紳士姓名開列呈電，無年份日期

FO931-1678 無撰文人，呈據湯都司騏照開列來高妥辦土客事宜出力官弁壯勇擬請奬勵清摺，無年份日期

FO931-1679 無撰文人，將拖船五十號分撥水師各營數目開列呈閱，無年份日期

FO931-1680 無撰文人，將中左右三營各貞吉戰船並米艇拖船原配及添配兵丁軍火砲械等項開列呈電，無年份日期

FO931-1681 無撰文人，新安縣託領墊發陳月樵壯勇口糧銀貳千兩飭補具印領存案，二月十六日

FO931-1682 無撰文人，開列東莞砲勇應領已領口糧工食銀細數，無年份日期

FO931-1683 正稿房，遵將先後據廣州協稟報各員弁獲犯名數開列呈閱，無年份日期

FO931-1684 大學士卓秉恬等，奏京師緝捕事宜，無年份日期

FO931-1685 無撰文人，開列何亞新等九人別名名單，無年份日期

FO931-1686 無撰文人，開列各營解羅坑始興仁化犯姓名籍貫所屬夥黨打仗次數清單，無年份日期

F0931-1687 無撰文人，將二月分廣州協左右二營各汛員弁先後獲解賊犯共七十七名開列呈閱，無年份日期

F0931-1688 無撰文人，將八月中旬收到人犯審定供情開列清摺呈電，無年份日期

F0931-1689 無撰文人，將五月分收訊人犯總數開列清摺呈電，無年份日期

F0931-1690 無撰文人，將解省擬辦各犯姓名籍貫所屬夥黨打仗次數開列清摺呈電，無年份日期

F0931-1691 無撰文人，將擬辦解省十九犯姓名籍貫所屬夥黨打仗次數開列清摺呈電，無年份日期

F0931-1692 管帶香山壯勇南海縣五斗口司巡檢張金鑑，將赴軍營蘭石勝門頭一帶連獲勝仗生擒賊匪開列呈電，無年份日期

F0931-1693 章京吳錫振，呈擬實行團練條議十則懇祈代奏，無年份日期

F0931-1694 無撰文人，將西江德慶州上下河岸西寧東安等屬三處賊巢開列呈電，無年份日期

F0931-1695 無撰文人，將太平關稅羨等款截至十月初三卯止實存數目開列呈閱，無年份日期

F0931-1696 無撰文人，開列四月二十日解赴潘參將行營備用軍火數目又六月二十七日支應西省軍火及遵擬撥交委員張映奎帶赴西省支應軍火數目清單，無年份日期

F0931-1697 無撰文人，開列分別保東之仁化樂昌等縣各犯姓名，無年份日期

F0931-1698 無撰文人，開列未訊病故之犯許雙朋等十三人姓名，無年份日期

F0931-1699 無撰文人，賴觀招即觀嬌所供夥黨名

單，無年份日期

FO931-1700 無撰文人，將各州縣解到滋擾仁樂曲翁等縣匪徒除解赴憲臺行轅審辦並解赴清遠勻禁外尚存監禁及病故人犯姓名開列呈電，無年份日期

FO931-1701 無撰文人，將水師提標及順德新會各協營巡船數目開列呈閱，無年份日期

FO931-1702 無撰文人，開列泥羊背村等地旗頭賊夥姓名，無年份日期

FO931-1703 無撰文人，將審擬解省謝老三夥黨賴茂貴等二十八犯並附解另案一犯開列清摺呈電，無年份日期

FO931-1704 無撰文人，潮陽陳娘康鄭游春等結拜雙刀會糾約會黨圍攻情形，無年份日期

FO931-1705 無撰文人，將奉諭查過李元清把總管帶紅單船七號船身丈尺及舵水人數配砲觔重開列呈電，無年份日期

FO931-1706 無撰文人，將剿捕土匪支應員弁兵勇薪水口糧長夫各項擬定章程逐一開造清冊呈請鑒核，無年份日期

FO931-1707 無撰文人，將派往西下緝捕盗匪其紅單各船合就開列，無年份日期

FO931-1708 無撰文人，字寄德圃五弟知悉查辦攻虎門寨之土匪若制軍問及不妨從容露出，無年份日期

FO931-1709 無撰文人，附陳擊剿九江賊計策圖説，無年份日期

FO931-1710 無撰文人，將在韶籌借過各處經費銀兩開列呈閱，無年份日期

FO931-1711 無撰文人，將石龍鎮等七埠布店暨佛山鎮等五埠棉花行分別酌擬派捐銀數開列呈覽，無年份日期

FO931-1712 無撰文人，遵將奉委往番禺各村鄉曉

諭沿河衿老姓名開列呈電，無年份日期

FO931-1713 無撰文人，將勸諭茭塘沙灣二司屬團練各社學及各鄉名開列呈覽，無年份日期

FO931-1714 無撰文人，將查過清遠連州翁源一帶水路各營盤情形開列，無年份日期

FO931-1715 廣東陸路提督祥麟，將省惠各標並南韶連鎮現調來官兵分駐防堵數目開列呈閲，無年份日期

FO931-1716 無撰文人，將上下砙現在官兵應用人夫數目列摺呈閲，無年份日期

FO931-1717 無撰文人，將三水縣捐局已認捐數目列摺呈電，無年份日期

FO931-1718 無撰文人，自十月初起至十二月底止所收砲子分別列呈，無年份日期

FO931-1719 無撰文人，呈澳門吴天華投誠後假托緝捕爲名在高欄海面聚夥打劫請水師提臺捉拿到省嚴辦，無年份日期

FO931-1720 無撰文人，將順德公局每月用項銀數開列呈電，無年份日期

FO931-1721 無撰文人，將自本年六月後解過西臬司行營經費銀兩開呈鑒，無年份日期

FO931-1722 無撰文人，具報捕獲會匪陳亞吉後黨情形，無年份日期

FO931-1723 無撰文人，將精造火藥需用製辦器具一切什物並工價逐一開列呈電，無年份日期

FO931-1724 無撰文人，梁鹿鳴鍾彬供石井橋頭官窑三處大營火藥收裝處所，無年份日期

FO931-1725 無撰文人，開列由佛岡廳英德縣英德東鄉至下汰之水陸路程，無年份日期

FO931-1726 無撰文人，開列自正月起至四月止共

鑄就大小砲子觔數及工料銀兩數，無年份日期

FO931-1727 無撰文人，將永豐倉存貯大小砲子群子除領去外現存數目開列呈閱，無年份日期

FO931-1728 無撰文人，將某縣令自去年三月到任起至本年六月初二日止共獲辦各犯列摺呈電，無年份日期

FO931-1729 無撰文人，柳早沅吳亞富梁亞受所供正月二十四日姚田敗仗後逃往黃毛五家吃飯黨夥，無年份日期

FO931-1730 無撰文人，將二月十五日解省之龍川和平等處賊犯九十九名開列清摺呈電，無年份日期

FO931-1731 無撰文人，將上年十二月分廣州協左右二營各汛員弁先後獲解賊犯共一百零六名開列呈閱，無年份日期

FO931-1732 無撰文人，將二月分收審人犯數目分別已解未解擬減擬保病故未認各項並呈擬減擬保病故各供詞開列呈電，無年份日期

FO931-1733 無撰文人，開列草場隆慶等各營汛獲犯共一百十五名清單，無年份日期

FO931-1734 無撰文人，查得鶴山大鯉魚於月之中至梧州糾集舊夥於戎墟近地私造大船情形，無年份日期

FO931-1735 東卷稿吏劉陞，稟督標六營撫標左右二營平等各官軍政考語冊底已繕就履歷乞核定發房以便填注入冊，九月

FO931-1736 無撰文人，將現在由東西水路進剿各船開摺呈鑒，無年份日期

FO931-1737 無撰文人，提標惠州協七營把總外委額外員名摺，無年份日期

FO931-1738 無撰文人，開列北江剿捕各起兵勇口

糧數目，無年份日期

FO931-1739 無撰文人，將酌留省河緝捕巡船十號水手支用口糧船租銀數開列呈電，無年份日期

FO931-1740 無撰文人，將千總黃曜吉所帶弁兵壯勇八百三十七員名由韶城起程赴南雄需用船價數目開列呈閱，無年份日期

FO931-1741 無撰文人，將二月初十日解省之和平龍川仁化樂昌等處賊犯四十六名開列清摺呈電，無年份日期

FO931-1742 無撰文人，將五月十四日解省之英陽樂昌仁化等處賊犯五十三名開列呈電，無年份日期

FO931-1743 無撰文人，將三月二十六日解省之仁化樂昌龍川等處賊犯三十九名附另案一犯開列呈電，無年份日期

FO931-1744 無撰文人，擬省城防守五條呈覽，無年份日期

FO931-1745 無撰文人，將殲除番禺縣屬沙灣茭塘兩司屬水陸兩路攻破大石新造賊匪巢穴奪獲波山船隻砲械及收復南安砲臺剿除四沙獅子洋賊船大獲全勝各營將備員弁開送請奬清摺，無年份日期

FO931-1746 無撰文人，將截至十月初四日止大有倉永豐廠原存及委員吳邦英繳回大有倉蘇海劉錦榮繳存海珠臺各砲子群子觔重數目開摺呈電，無年份日期

FO931-1747 無撰文人，開列佛岡廳解到首民名單，無年份日期

FO931-1748 無撰文人，將現存軍裝數目列摺呈電，無年份日期

FO931-1749 無撰文人，查得賊首封滿到平洲掠取糖房沙糖兼收打單銀兩躲在舉人陳子元家下及在平洲各匪數目行踪請及時

趁勢撲滅，無年份日期

FO931-1750 無撰文人，遵查捐資效力各紳民勇練或擒斬立功或打仗受傷以及分堵要隘均屬始終勤奮著有微勞除分別酌賞頂戴以示獎勵外理合開具名數清摺呈核，無年份日期

FO931-1751 無撰文人，具列團約保衛章程條款，無年份日期

FO931-1752 無撰文人，將司馬鄉附近三十里内大小各鄉村情形列摺呈核，無年份日期

FO931-1753 無撰文人，將金丹教匪案内已獲各犯姓名開列呈鑒，無年份日期

FO931-1754 無撰文人，將湖廣案内收支經費大略總數開列呈電，無年份日期

FO931-1755 無撰文人，將四月分收訊人犯分別已解候解擬減擬保及病故未認各項開列清摺呈電，無年份日期

FO931-1756 無撰文人，將此次剿辦匪徒自五月起至八月二十二日止收支經費各款銀數開列呈電，無年份日期

FO931-1757 無撰文人，將會同順德協容奇汛把總陳榮先等於柳坡涌地方拏獲盜犯黃亞源一名列摺呈電，無年份日期

FO931-1758 無撰文人，將守備任士魁署守備涂得照千總梁肇倫孔超齡紳士譚成煥等稟請鼓勵打仗出力各兵勇姓名開列呈閲，無年份日期

FO931-1759 無撰文人，將會同林署備揀選國字紅單拖船編次號數船户姓名水勇名數砲位大小備列清摺呈電，無年份日期

FO931-1760 廣東雷瓊道，將查出雷州營不法弁兵姓名開列清摺呈鑒，無年份日期

FO931-1761 無撰文人，將差千總粟友鵬領回總局銀支用各項開列清單，無年份日期

FO931-1762 番禺縣縣丞汪以增，稟番禺慕德里司辦團練防禦外匪清查保甲事並開列番禺慕德里閣司各社衿耆姓名，無年份日期

FO931-1763 無撰文人，昌隆當店被劫情形並撫恤傷亡具稟勘驗所支銀兩數目，無年份日期

FO931-1764 無撰文人，將大有倉除吳邦英領去外實存大小砲子個數斤重開列呈電，無年份日期

FO931-1765 無撰文人，將現存大有倉封口砲子觔重個數群子數目列摺呈電，無年份日期

FO931-1766 無撰文人，將大有倉現存大小砲子個數斤重開列呈電，無年份日期

FO931-1767 無撰文人，將五月二十九日查勘東路各砲臺情形開列呈電，無年份日期

FO931-1768 無撰文人，開列東靖東安東固中流砥柱等各砲臺餘存砲位，無年份日期

FO931-1769 無撰文人，都司銜署順德協左營守備前山營千總即補守備藍翎羅福安已補守備實缺乞保以都司即補並賞換花翎候補縣丞馬長庚保補缺後乞保以知縣補用，無年份日期

FO931-1770 無撰文人，將各捐户認捐欠繳銀兩飭委各員前往守催銜各開列呈電，無年份日期

FO931-1771 無撰文人，開列司庫實存銀數，無年份日期

FO931-1772 無撰文人，開列賞副將參將游都司守備千總把總外額及候補世職等官及馬兵步守兵鳥鎗打靶刀牌兵丁物件清單，無年份日期

FO931-1773 無撰文人，開列北中東平南五櫃各埠

應徵餉雜銀銀兩數目清單，無年份日期

F0931-1774 委員廣東文昌縣青藍頭司巡檢徐溥文、試用從九品吳毓瑛，將二三四月緝捕花紅支發夫價銀兩數目開列清冊呈鑒，無年份日期

F0931-1775 王謨，將管理支發東勇夫價截至正月二十一日止存銀連二月初十日領銀支用數目一併開列清摺呈電，無年份日期

F0931-1776 無撰文人，將奉委支發督標廣協官兵夫價銀兩前報截至二月三十日止今又自三月初一日起至初十日止支過官兵並自用夫價銀兩數目列摺呈電，無年份日期

F0931-1777 無撰文人，將捐局現在各行捐輸所有未繳銀兩數目列摺呈覽，無年份日期

F0931-1778 無撰文人，將各號戰船配駕弁兵月需口糧銀數開列清摺呈閱，無年份日期

F0931-1779 無撰文人，將擬改營制節略開列呈電，無年份日期

F0931-1780 無撰文人，將本年春間置造淺水戰船工料開列呈覽，無年份日期

F0931-1781 無撰文人，將二起管帶紅單船十四隻駛赴江南聽候調遣應領官兵薪水口糧銀兩數目開列呈閱，無年份日期

F0931-1782 無撰文人，將廣州將軍滿漢八旗及水師旗營周歲共需俸餉動支款項開列呈電，無年份日期

F0931-1783 無撰文人，將通省武職各官兵歲需養廉俸餉紅白公費草價師船燂洗口糧各項銀兩開列呈閱，無年份日期

F0931-1784 無撰文人，將奉委代兩湖購買籐牌竹帽業已遵辦齊足所有支用過價銀數目

理合開列呈閱，無年份日期

FO931-1785 無撰文人，平遠縣長田鄉長田汛圖説，無年份日期

FO931-1786 無撰文人，開列簝絲繩纜等物料清單，無年份日期

FO931-1787 無撰文人，開列炸砲藥丸等軍械火藥清單，無年份日期

FO931-1788 無撰文人，將置造淺水戰船估實工料什物價銀細數開列呈電，無年份日期

FO931-1789 無撰文人，將舊銅砲鎔化鑄新各項工料大略數目開列呈電，無年份日期

FO931-1790 無撰文人，將十一月分所造火箭噴筒數目列摺呈電，無年份日期

FO931-1791 無撰文人，開列餉項兩款合用擔保費用及委員隨從並行李各件合用脚費銀數，無年份日期

FO931-1792 無撰文人，開列餉項兩款合用擔保費用及委員隨從並行李各件合用脚費銀數，無年份日期

FO931-1793 無撰文人，將老城内勸捐局自十一月十八日起至二十七日止十日内勸捐銀數列摺呈電，無年份日期

FO931-1794 無撰文人，將水師提標右營第一號米艇擬將貞吉第十六號全船拆下改造該營舊式米艇估用工料銀兩開具節略呈鑒，無年份日期

FO931-1795 無撰文人，將現存軍裝火器數目備開呈電，無年份日期

FO931-1796 無撰文人，開列把總戴文英等官兵壯勇十二人名單，無年份日期

FO931-1797 無撰文人，稟遵諭分四段落分垛守禦並經費發給支應情形，無年份日期

FO931-1798 無撰文人，將奉委驗收永靖營南安砲臺製竣砲架砲蓋及砲洞門扇等件除逐

一驗收外合先列摺呈電，無年份日期

FO931-1799 無撰文人，將置造各號淺水戰船銀價總數開列呈電，無年份日期

FO931-1800 無撰文人，上海夷人刻有六合叢談內開載英議院爲粵事集議英師船絡繹前抵香港福州欲向英商貸銀等情，無年份日期

FO931-1801 廣東水師提標中營右哨二司額外外委曾見陞，將蛇頭灣砲臺配防兵丁花名理合備開列摺呈繳伏候察核施行，咸豐六年九月

FO931-1802 無撰文人，稟虎門沙角砲臺防禦之弁官貪生兵丁思亂以至虎門失陷情形，二十九日

FO931-1803 無撰文人，開列七品頂戴郭有性西關千總黄賢彪分别解得從逆投紅毛夷攻犯砲臺犯人二名，無年份日期

FO931-1804 無撰文人，南海縣丁長秋供詞述其在花旗鬼子哈二華艇工作後隨同攻打東砲臺屢次在西關放火未遂等情事，十月

FO931-1805 無撰文人，新寧縣王亞興供詞述其拜會投陳開夥攻打鶴山縣城後入紅毛鬼船傭工並隨同攻打省城毁拆西砲臺情事，十月

FO931-1806 無撰文人，新會縣蔡亞松供詞述其用迷藥誘拐唐人賣與番鬼使用又隨同紅毛夷攻打靖海門入城丢放火藥等，咸豐六年十月

FO931-1807 無撰文人，花縣許亞麗供詞述其拜會投入甘先夥在金溪石門等處與官兵打仗後又聽從聚夥俟鬼子鬧便乘機起事未成等，咸豐六年十月

FO931-1808 無撰文人，花縣湯逢吉供詞述其拜會

投入甘先夥與官兵打仗後逃往香港與紅毛夷人煮飯紅毛鬼子叫伊回鄉欲糾夥竪旗未成等，咸豐六年十月

FO931-1809　無撰文人，遵將自嘆夷滋事起至今止據各官紳禀報拿獲漢奸放火匪犯姓名開列送閲，咸豐六年

FO931-1810　兩廣總督葉名琛，札廣州府軍需總局廣東布政司按察司等咨廣東巡撫水師提督將堵擊嘆夷不力之水師提標後營守備梁定海等看守聽候參辦，咸豐六年十月二十七日

FO931-1811　慕德里團練公所紳士周椿齡等，謹將分團壯勇守禦章程列摺呈電，咸豐六年十一月

FO931-1812　無撰文人，將沙茭屬岡尾局防夷防匪勝仗情形及辦事出力各紳銜名列摺呈電，無年份日期

FO931-1813　無撰文人，遵將驗過管帶東莞義勇把總連美等各起壯勇於十一月初七日在東定砲臺與夷匪打仗受傷分別輕重及陣亡名數列摺呈核，咸豐六年十一月

FO931-1814　新安闔邑公啓，爲嚴禁接濟嘆夷食物事，咸豐六年十一月二十二日

FO931-1815　無撰文人，討嘆夷檄，無年份日期

FO931-1816　無撰文人，擬新安紳士下嘆咭唎戰書稿呈覽，無年份日期

FO931-1817　無撰文人，呈防範逆夷十三條，無年份日期

FO931-1818　四十九街公啓，遵憲諭聯街團練防範夷人入境滋擾土匪乘機作亂，無年份日期

FO931-1819　蕭定安，禀報探得初七八日由港内開行英火船一隻前往鵝斯國打仗又米船到港仍有搶置情形等，三月初八日

FO931-1820　東莞闔縣紳士，擬東莞紳士致沿海各縣紳士書稿請傳知各鄉在港貿易子弟及早棄去以免毀於兵火，無年份日期

FO931-1821　千總李國英，稟報探得播箕大石等處仍泊有夷兵船三板船等十數隻並搶去年菓粉食等項，無年份日期；無撰文人，稟報探得香港泊有夷兵船和貨船數十又咦匪在港防守周密另有三桅鬼船二隻到新造附近斬去松樹以爲內河火船柴火等情，初八日；無撰文人，稟報探得新造河面灣泊火船一隻又大石至烏涌河面有火船搶劫過往商船等事，初八日

FO931-1822　無撰文人，闔省紳士討嘆夷檄文，無年份日期

FO931-1823　堯章，稟嘆夷在嗎礚招兵引致生變又嘆逆從本國遣來一火兵輪戰船來粵開行之後忽然崩裂及漢奸引同嘆夷上岸侵擾村莊等情形，無年份日期

FO931-1824　無撰文人，稟英國公使去年英國兵船放砲攻城逼令五仙門外行棧鋪搬遷旋即放火延燒各棧鋪銀貨皆空求懇察核秉公辦理，咸豐七年；無撰文人，稟英國公使去年巴領事不顧前言擅將十三行鋪户拆毀又英兵場起火延及各街洋樓立意拒救以致各鋪延燒受累求懇察核辨別秉公理處，咸豐七年；無撰文人，稟英國公使自去年起事以來英官兵於同德清平等處各街行棧鋪叠次放火焚燒民房肆害愈深遭毒愈慘迫得歷陳聯訴求懇察核秉公理處，咸豐七年

FO931-1825　盧玉堂，呈報港夷防守甚嚴在港洪匪被擒逮盡又來往客商盤查甚緊今後差

人以各憑口述即可，十二月二十二日

FO931-1826 無撰文人，吐⿰口養供詞述其僅爲紅毛華艇舵工其餘紅毛動向並不知情，二月

FO931-1827 無撰文人，將沙茭局奉諭防夷防匪勝仗情形及辦事出力各紳銜名列摺呈電，無年份日期

FO931-1828 無撰文人，據東莞耆老赴港稟陳英夷到莞活動，咸豐七年五月二十八日

FO931-1829 無撰文人，順德縣局造報捐生請換局收數目銀兩清冊，咸豐七年五月三十日

FO931-1830 無撰文人，稟報探得大鳳臺邊有火船拋泊換班另白帽墩大石海口等處有火船龜崗臺仍插花白旗等事，閏五月二十五日報單

FO931-1831 余銘新，稟報探知嘆夷酋確往吉大新兵頭即將來港是否北上仍待訪查又吉大黑夷兵變及港內華夷貿易等情，七月十六日

FO931-1832 余銘新，嘆夷經營嗌吖喇咕大地方情形，無年份日期

FO931-1833 余銘新，稟報探得港中夷情寂靜而謠言不一諒係販私屯烟夷商播弄無奈因病難以執筆特請代筆呈報等事，十月初十日

FO931-1834 上諭，據葉名琛所奏著將剿辦洋匪出力人員量予恩施獎賞，咸豐七年八月二十日

FO931-1835 廣州漢軍副都統雙齡，致總督將軍告急夷人進攻城北官兵所剩無幾請速賜我官兵前來接應，十五日

FO931-1836 無撰文人，稟報探知陳自修所獲紅毛火兵船情形，無年份日期；無撰文人，稟報探實嘆夷船隻在內河新造至

海珠一帶活動情形又聽實嘆兵頭文漢在港訓練新招客家勇及嘆夷急於入城等情，無年份日期

FO931-1837 無撰文人，繕在聯各街捐輸經費逐款開列清摺並附列獲犯名數合併報明呈請電察，無年份日期

FO931-1838 無撰文人，稟報探知俄羅斯與紅毛和議賠款情形又紅毛決意進城及沙角大角虎門橫檔等砲臺尚存其餘皆焚毀等事，無年份日期

FO931-1839 廣東省防虞公局，英人執意入城乃爲徵取賠俄兵餉務須同心聯絡阻其入城，無年份日期

FO931-1840 無撰文人，探得加剌吉打埠頭土人謀反殺去紅毛兵頭官商千餘人又兵頭文翰士擬來香港似有和意，二十四日

FO931-1841 無撰文人，將沙茭屬岡尾局團練紳士銜名列摺呈電，無年份日期

FO931-1842 壽蓂階，致松圃先生札奉聞香港署理量地官等下葬並澳門有紅匪被捉拿解赴軍民府等事，十一月初九日

FO931-1843 無撰文人，探得攻打東砲臺時巴酋受傷甚重生死未知又紅夷在黃浦造鐵砲車並已派人赴港探知俄羅斯消息思就中取策以制紅夷等事，無年份日期

FO931-1844 無撰文人，探得攻打東砲臺時巴領事受傷又近日俄羅斯在港索紅夷償欠甚緊港民多有遷來省者等情，無年份日期

FO931-1845 無撰文人，兵頭逼士在東砲臺受傷身亡，無年份日期

FO931-1846 司員陳桂籍，稟近日團勇前赴裙帶路一帶殲擒嘆夷請將解獲嘆夷首級並搜獲夷物器皿委員查驗照賞給領以示鼓

勵，無年份日期

FO931-1847　無撰文人，南海縣佛山人林亞釗供詞述其爲鬼人買取飯食探聽兵勇消息情形，十一月

FO931-1848　無撰文人，番禺竹横沙蛋民梁亞滿供詞述其在鬼子華艇當水手與官兵打仗等情，十二月

FO931-1849　無撰文人，三水縣銀洲新村人黎亞四供詞述其拜會打單復當鬼兵攻打獵德砲臺及拐誘唐人往當鬼兵未成等事，十一月

FO931-1850　無撰文人，省河蛋民譚亞美供詞述其爲夷人採買食物裝送夷人往來等事，十一月

FO931-1851　無撰文人，呈防剿夷人建議十款，無年份日期

FO931-1852　無撰文人，稟報探知石立國兵到港與各國鬼兵漢奸等一併操練嚴守各國銀兩貨物搬運至澳門又紅毛國王行文石立國使徹查粵省戰事起因等情，無年份日期

FO931-1853　無撰文人，呈番禺縣黄埔新洲河道圖説及擬行阻塞河道阻斷夷船往來之法，無年份日期

FO931-1854　無撰文人，將防剿夷匪各起兵勇口糧開列呈電，無年份日期

FO931-1855　無撰文人，將防剿夷匪各起兵勇口糧開列呈電，無年份日期

FO931-1856　無撰文人，謹將查明朱京玉等六名是否漢奸分别列摺呈電，無年份日期

FO931-1857　無撰文人，呈番禺沙茭局鄔菁華李玉培所議火攻英夷之法，無年份日期

FO931-1858　無撰文人，稟南海順德鶴山等處多有奸商劣弁藉販私以營私請嚴飭查辦以

剔其弊，無年份日期

FO931-1859 無撰文人，陳進攻逆夷管見，無年份日期

FO931-1860 無撰文人，稟沙頭堡仁安澳門渡爲劣紳把持走私日多接濟者絡繹不絕並開列渡主並販私各店名單，無年份日期

FO931-1861 六品軍功林桐芳，呈陳或夜襲逆夷或以水砲破其火船等策略，無年份日期

FO931-1862 潮州鎮標儘先即補把總饒人龍，呈以草船火攻夷船策略，無年份日期

FO931-1863 無撰文人，謹將公捐夷務軍需銀兩數目開具清摺呈鑒，無年份日期

FO931-1864 無撰文人，南海縣百滘村人梁亞洪供詞述其誘拐唐人轉賣情形，十一月

FO931-1865 無撰文人，南海縣屬省河蛋民郭亞奀供詞述其代鬼子採買食物情形，無年份日期

FO931-1866 無撰文人，省河蛋民梁亞容供詞述其接濟渡送夷人等情，十一月

FO931-1867 無撰文人，三水縣老村人何亞有供詞述其拐賣良家子弟並接濟夷人等情，十一月

FO931-1868 無撰文人，南海縣金利埠蛋民周亞九供詞述其接濟紅毛鬼子情形，十一月

FO931-1869 無撰文人，各鄉並蛋船禁與夷匪交易後其物食往來悉從外洋販運而來宜以東莞各鄉沙艇埋伏設法堵截，無年份日期

FO931-1870 無撰文人，探得大王窖砲臺大石閘上下虎門口等處紅毛火輪兵船數目，無年份日期

FO931-1871 千總李國英，稟報探得大山村大石閘口等處灣泊火兵船數目及四沙河面有夷火兵船搶去渡船載米西瓜扁船等情，

無年份日期

FO931-1872 無撰文人，探得十五十六日夷人攻打小大横檔三遠等砲臺官兵俱逃夷人焚燒火藥而去砲臺現無人踞守，無年份日期

FO931-1873 無撰文人，探得夷人駐扎河南洲頭嘴各棧房及泊於白鵝潭河面各火船旗幟等情形，無年份日期

FO931-1874 無撰文人，呈報探得花旗人煙地吉身家及其與紅毛合謀進城以圖分踞河南近水一帶起造，十一月

FO931-1875 前廣西按察使張敬修，向總局支領各項銀兩函札及憑據，十一月十五日等

FO931-1876 無撰文人，具報十五日新會滘頭餉渡開砲打沉夷賊三板淹死賊十餘人又聯興横水渡被賊開槍打死一人打傷二人，無年份日期

FO931-1877 無撰文人，番禺縣屬省河蛋民郭亞就供詞述其受雇紅毛火輪船當水手幫遞火藥攻打東砲臺，無年份日期

FO931-1878 無撰文人，呈探得滘洲南北兩路大王砲臺洋樓大濠頭等處河道通行狀況，無年份日期

FO931-1879 無撰文人，將夷務案内自九月二十七日起至十二月二十九日止支用各款開列呈電，無年份日期

FO931-1880 無撰文人，將各路兵勇獲解漢奸供認案情摘由呈電，無年份日期

FO931-1881 葆常，稟逆夷佔守鳳凰等砲臺控制西北一帶須以勁勇駐紮城西各要隘以資保衛又當相機奪回海珠砲臺即時拆毀等，二十四日

FO931-1882 無撰文人，探得香港夷衆驚慌多有遷走澳門又各莊口鬼子催索紅毛賠償款

項甚急等，無年份日期

FO931-1883 山東登萊青道張鳳池，奉差來粵督造拖船謹將被夷燒搶拖罾等船一十七隻減造十隻是否有當開摺呈電，附將造船銀兩數目開摺具呈核奪，無年份日期

FO931-1884 無繪圖人，廣西上思州輿圖，無年份日期

FO931-1885 無繪圖人，廉州營汛防圖，無年份日期

FO931-1886 無繪圖人，標示夷人欲租建署監處之黃埔長洲形勢圖，無年份日期

FO931-1887 無繪圖人，標示擬建砲臺處之省城西北部各村落分布圖，無年份日期

FO931-1888 無繪圖人，廣西平南縣城附近地圖，無年份日期

FO931-1889 無繪圖人，黃岡協左右營汛防圖，無年份日期

FO931-1890 無繪圖人，廣東南雄州百順司屬汛防圖，無年份日期

FO931-1891 無繪圖人，廣西永安荔浦藤縣昭平等州縣軍事形勢圖，無年份日期

FO931-1892 無繪圖人，廣東省城北部軍事形勢圖，無年份日期

FO931-1893 保極臺，廣東省城北部防禦地圖，無年份日期

FO931-1894 無繪圖人，廣東省城北部軍事形勢圖，無年份日期

FO931-1895 無繪圖人，廣東省垣西北地圖，無年份日期

FO931-1896 無繪圖人，廣東省垣周邊地圖，無年份日期

FO931-1897 無繪圖人，南海縣平洲堡地理圖，無年份日期

FO931-1898 無繪圖人，廣東省城西部北部賊匪分佈圖附官軍進攻策略，無年份日期

FO931-1899 無繪圖人，番禺縣慕德里司賊匪分佈及水陸交通圖，無年份日期

FO931-1900 無撰文繪圖人，龍門協左右二營轄屬塘汛山海形勢男女服飾全圖附圖説，無年份日期

FO931-1901 無繪圖人，英德縣浛洸司地圖，無年份日期

FO931-1902 無繪圖人，肇慶府西江沿綫各砲臺砲位分佈圖，無年份日期

FO931-1903 無繪圖人，新造海沿岸營汛砲臺佈防圖，無年份日期

FO931-1904 無繪圖人，廣西大黄江圩一帶軍事形勢圖，無年份日期

FO931-1905 無繪圖人，南海縣五斗口汛附近軍事交通地圖，無年份日期

FO931-1906 無繪圖人，湖南長沙軍事形勢圖，無年份日期

FO931-1907 無繪圖人，羅定州塘汛地圖，無年份日期

FO931-1908 無繪圖人，仁化縣屬汛防圖，無年份日期

FO931-1909 無繪圖人，南韶連鎮右營韶州城汛屬輿圖，無年份日期

FO931-1910 無繪圖人，瓊州府屬臨高儋州昌化等州縣軍事佈防圖，無年份日期

FO931-1911 無繪圖人，廣州河南一帶軍事地圖，無年份日期

FO931-1912 無繪圖人，東安縣地方思約南江口二水汛圖説，無年份日期

FO931-1913 無繪圖人，徐聞縣地方錦囊所城汛圖説，無年份日期

FO931-1914 無繪圖人，瓊州府屬瓊山文昌等地軍

事佈防圖，無年份日期

FO931-1915 無繪圖人，平遠縣地方大信石正壩頭東石等四汛圖説，無年份日期

FO931-1916 無繪圖人，欽州地方龍門協營汛輿圖，無年份日期

FO931-1917 無繪圖人，廣東省河兩岸砲臺海閘分佈圖，無年份日期

FO931-1918 無繪圖人，東莞石龍一帶水道交通圖，無年份日期

FO931-1919 無繪圖人，英德佛岡一帶軍事交通圖説，無年份日期

FO931-1920 無繪圖人，廣東省垣北部道路交通地圖，無年份日期

FO931-1921 無繪圖人，封川至梧州西江沿岸駐防圖，無年份日期

FO931-1922 無繪圖人，進剿翁源縣賊匪黃毛五軍事地圖，無年份日期

FO931-1923 無繪圖人，佛岡廳英德縣之間地圖，無年份日期

FO931-1924 無繪圖人，廣東省垣東郊諸村草圖並甘先陳火姑等賊匪起旗地點圖説，無年份日期

FO931-1925 無繪圖人，東安縣地方古霧六都滓水楊柳雲朋都騎附城頭永豐腰古等水陸塘汛圖説，無年份日期

FO931-1926 無繪圖人，廣東水師提標後營汛地輿圖，無年份日期

FO931-1927 無繪圖人，江西省南昌城內外街道溝渠湖濠津閘全圖，道光十九年十二月

FO931-1928 無繪圖人，文昌縣地方文昌汛圖説，無年份日期

FO931-1929 無繪圖人，定安縣地方太平黎汛圖説，無年份日期

FO931-1930 無繪圖人，定安縣地方定安汛圖説，

無年份日期

F0931-1931 無繪圖人，瓊山縣地方赤草汛圖，無年份日期

F0931-1932 無撰文人，瓊州鎮標左營圖説，無年份日期

F0931-1933 無繪圖人，乳源汛屬輿圖，無年份日期

F0931-1934 無繪圖人，英德東部墟汛輿圖，無年份日期

F0931-1935 無撰文人，儋州營分防石牌港砲臺圖説，無年份日期

F0931-1936 無繪圖人，廣東省城南部地方砲臺汛防分佈圖，無年份日期

F0931-1937 無繪圖人，惠州府歸善縣交通圖，無年份日期

F0931-1938 無繪圖人，廣東省垣東部北部軍事要道草圖，無年份日期

F0931-1939 無繪圖人，廣西永安州地圖，無年份日期

F0931-1940 清遠孝廉郭鍾熙，清遠縣高田各鄉圖，無年份日期

F0931-1941 無繪圖人，廣西永安州城周邊軍事交通圖，無年份日期

F0931-1942 無繪圖人，佛岡廳汛堡輿圖，無年份日期

F0931-1943 無繪圖人，廣西全省輿圖，無年份日期

F0931-1944 無繪圖人，湖南長沙衡州水陸交通圖，無年份日期

F0931-1945 無繪圖人，增城從化長寧龍門一帶軍事交通圖，無年份日期

F0931-1946 無繪圖人，欽州城至靈山陸屋並州屬小董大寺那蒙板城青塘各等處簡明圖，無年份日期

FO931-1947 無繪圖人，廣西永安州城周邊軍事交通圖，無年份日期

FO931-1948 無繪圖人，達尊堂平面圖，無年份日期

FO931-1949 無繪圖人，永安州平樂府軍事形勢圖，無年份日期

FO931-1950 無繪圖人，廣東東安新興陽春三縣塘汛圖說，無年份日期

FO931-1951 無繪圖人，羅定協右營守備兼轄千總專管水陸塘汛輿圖，無年份日期

FO931-1952 無繪圖人，花縣南部賊首甘先等起旗處周邊地圖，無年份日期

FO931-1953 無繪圖人，廣東省城西石門至泮塘口一帶水面賊船兵船分佈圖，無年份日期

FO931-1954 無繪圖人，佛山順德以南水面潘梁二參將進剿賊船形勢圖，無年份日期